Reinhard Schulz
Waltraud Roth-Schulz

MIT DEM WOHNMOBIL NACH SARDINIEN

Die Anleitung für einen Erlebnisurlaub

DER WOHNMOBIL-VERLAG
D-98634 Mittelsdorf/Rhön

Bibliografische Information der Deutschen Bibliothek

Die Deutsche Bibliothek verzeichnet diese Publikation in der Deutschen Nationalbibliografie.
Detaillierte bibliografische Daten sind im Internet über <http://dnb.ddb.de> abrufbar.

Titelbild: An der Scala Sarraina (Tour 16)

Neu bearbeitete und erweiterte 7. Auflage 2012

Druck:
Appel & Klinger, 96277 Schneckenlohe

Vertrieb:
GeoCenter, 70565 Stuttgart

Herausgeber:
WOMO-Verlag, 98634 Mittelsdorf/Rhön
Position: N 50° 36' 37.3" E 10° 07' 56.3"

Fon: 0049 (0) 36946-20691
Fax: 0049 (0) 36946-20692
eMail: verlag@womo.de
Internet: www.womo.de

Autoren-eMail: Schulz@womo.de

ISBN 978-3-86903-077-7

EINLADUNG

Eines ist sicher – es soll ein Sommer-Sonne-Badeurlaub sein! Ein bisschen Kultur – gut. Vielleicht auch eine Wanderung – aber nicht zu lang!
Die Hauptsache jedoch: Bitte kein Gedränge am Strand ....
Was, da könne ich lange suchen?
Stimmt! Im Umkreis von 1000 km ist im Sommer so ziemlich alles "dicht", was nach warmem Wasser aussieht!
Besonders schlimm ist die Situation in der Hochburg deutscher Urlaubssehnsucht, in Italien – und im Gefolge der Urlauber-massen schwimmen "Killeralgen", Handtaschen- und Autodiebe.
Aber es gibt eine Ausnahme – Sardinien!
Dort ist das Wasser noch sauber, die Strände sind nicht überfüllt, ja an manchen Stellen sogar menschenleer (wenn Sie nicht gerade im August kommen). Sie können wählen zwischen riesi-gen, saharaähnlichen Dünenlandschaften und kleinen, felsum-rahmten Sandbuchten.
Falls es Ihr Urlaub zulässt – wir haben über sechzig der schönsten Badeplätze für Sie ausgesucht....
Aber nicht nur ans Meer sollen Sie uns folgen! Sardinien hat eine Jahrtausende alte Kultur, die noch weitestgehend unerforscht ist.
Auf Schritt und Tritt trifft man auf gewaltige Nuraghen, geheimnis-volle Feenwohnungen, riesige Gigantengräber, jedoch auch die kulturellen Leistungen der Punier, der Römer, der Spanier, der Pisaner und der Genuesen wollen bestaunt werden.
Nach so viel Kultur kommt ein Ausflug in die Berge gerade recht! Und weil man im Sommer schnell ins Schwitzen gerät, haben wir ganz leichte Bergtouren, aber auch Schluchtenwanderungen ausgesucht und die besten Badeseen geprüft. Falls Ihnen das alles noch nicht reicht: Wir haben auch noch zwei Heilquellen gefunden und die alten Römerthermen, wo Sie sich gesund-baden können.
Sie sehen, es ist garantiert für jeden etwas dabei, auch für Sie!
Das wünscht Ihnen jedenfalls

Ihre

Waltraud Roth – Schulz

N.B.
In den letzten Jahren hat die Zahl der WOMO-Urlauber in Sardinien stark zugenommen. Viele Badeplätze sind mit WOMO-Verbotsschildern der Gemeinden zugepflastert, manchmal ist bereits die Zufahrt untersagt.
Ein durchgestrichenes WOMO bedeutet in der Regel: Parken (und Übernachten) erlaubt – aber freies Camping verboten.
Für einen längeren Aufenthalt an einem Ort sollte man unbedingt einen Campingplatz aufsuchen!

Sehr geehrter Leser, lieber WOMO-Freund!

Reiseführer sind für einen gelungenen Urlaub unverzichtbar – das beweisen Sie mit dem Kauf dieses Buches. Aber aktuelle Informationen altern schnell, und ein veralteter Reiseführer macht wenig Freude.

Sie können helfen, Aktualität und Qualität dieses Buches zu verbessern, indem Sie uns nach Ihrer Reise mitteilen, welchen unserer Empfehlungen Sie gefolgt sind (freie Stellplätze, Campingplätze, Wanderungen, Gaststätten usw.) und uns darüber berichten (auch wenn sich gegenüber unseren Beschreibungen nichts geändert hat).

Bitte füllen Sie schon während Ihrer Reise das Info-Blatt am Buchende aus und schreiben Sie evtl. Korrekturen auch in unser Forum unter: www.forum.womoverlag.de

Dafür gewähren wir Ihnen bei Buchbestellungen direkt beim Verlag (mit beigefügtem, vollständig ausgefülltem Info-Blatt oder entsprechender eMail) ein Info-Honorar von 10%.

Aktuelle Korrekturen finden Sie unter: www.forum.womoverlag.de

Um die freien Übernachtungs- und Campingplätze auf einen Blick erfassen zu können, haben wir diese im Text in einem Kasten nochmals farbig hervorgehoben und, wie auf den Karten, fortlaufend durchnummeriert. Wir nennen dabei wichtige Ausstattungsmerkmale und geben Ihnen eine kurze Zufahrtsbeschreibung. "Max. WOMOs" soll dabei andeuten, wie viele WOMOs dieser Platz maximal verträgt und nicht, wie viele auf ihn passen würden (schließlich gibt es auch Einwohner und andere Urlauber)!

Übernachtungsplätze mit **B**ademöglichkeit sind mit hellblauer Farbe unterlegt. **W**anderparkplätze sind grün gekennzeichnet. **P**icknickplätze erkennen Sie an der violetten Farbe. Auf Schlafplätzchen, denen die gerade genannten Merkmale fehlen – also auf einfache **S**tellplätze – weist die Farbe gelb hin.

Empfehlenswerte **C**ampingplätze haben olivgrüne Kästchen. Wanderungen, die wir Ihnen besonders ans Herz legen möchten, haben wir hellgrün unterlegt.

Und hier kommt das Kleingedruckte:

Jede Tour und jeder Stellplatz sind von uns meist mehrfach überprüft worden, wir können jedoch inhaltliche Fehler nie ganz ausschließen. Bitte achten Sie selbst auf Hochwasser, Brandgefahr, Steinschlag und Erdrutsch!

Verlag und Autoren übernehmen keine Verantwortung für die Legalität der veröffentlichten Stellplätze und aller anderen Angaben. Unsere Haftung ist, soweit ein Schaden nicht an Leben, Körper oder Gesundheit eingetreten ist, ausgeschlossen, es sei denn unsere Verantwortung beruht auf Vorsatz oder grober Fahrlässigkeit.

INHALT

Anreisewege
über die Alpen, durch die Schweiz, Österreich
und Italien, Fährverbindungen

16 Touren durch Sardinien

Tipps und Tricks

Zeichenerklärungen für die Tourenkarten

Touren / abseits der Touren

▬▬▬ Autobahn (Maut)	**?** Problemstrecke (s. Text)
▬▬▬ 4-spurige Straße	♦ ♦ Kirche, Kloster
▬▬▬ Hauptstraße	♪♪♪ Burg, Schloss, Ruine
▬▬▬ Nebenstraße	∴ ⋮ Ausgrabung/Nuraghe
▷▷▷ Schotterstraße	✳✳✳ Sehenswürdigkeit
▬▬▬ Wanderweg	⌐ ⌐ Trinkwasser/Dusche
▷ 11 ▶ Badeplatz (ohne/mit freier Übernachtung)	
Ⓢ 11 Stellplatz (ohne/mit freier Übernachtung)	06 ⌒ Campingplatz/Höhle
Ⓦ Ⓟ Ⓑ Wander-, Picknick-, Badeplatz	⌂ ⌂ Ver-/Entsorgung/WC
12 13 14 geeignet für freie Übernachtungen	

Alle freien Übernachtungsplätze sind im Text
und auf den Tourenkarten fortlaufend durchnummeriert. N 50° 36′ 12.5″ E 10° 07′ 4.8″ **GPS-Daten**

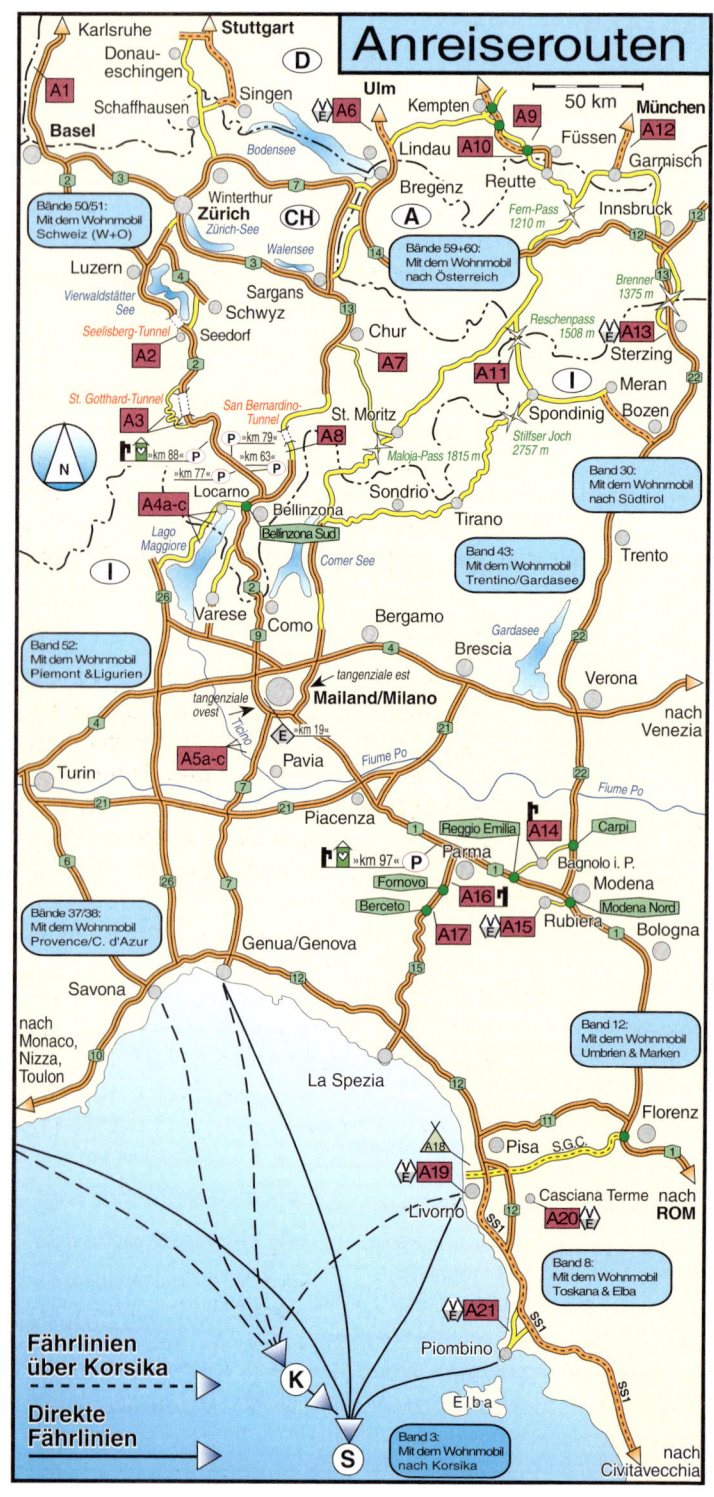

Wir starten Richtung Sardinien!

Sicher, Sie sind "Größeres" gewöhnt, waren schon in Griechenland und an der Costa Brava. Aber Alpenübergänge, Mautautobahnen und Fährlinien sollten schon verglichen werden: Brennerpass oder Alpentunnel – und welcher? Kostenlose Landstraße oder teuere Autobahn – was kostet die eigentlich?
Und schließlich die Fähre: Ist die kürzeste Fährstrecke auch die billigste – und welche ist die beste, muss man vorher buchen?

Vorüberlegungen

Wohnen Sie nördlich oder südlich der Linie Stuttgart – Nürnberg? Haben Sie etwas gegen Schweizer – oder nur etwas gegen die Vignette? Möchten Sie jede Straßenbenutzungsgebühr umgehen, wenn es sich machen lässt, auch wenn's dann länger dauert? Wollen Sie die preiswerteste, die zeitlich kürzeste oder die kilometermäßig am nächsten liegende Fährlinie benutzen?

Wege über die Alpen

Alle Urlauber nördlich der Linie Stuttgart – Nürnberg können auf die teuere Brennerverbindung leicht verzichten und entweder über Basel oder Singen durch die Schweiz fahren. Trotz Vignette kommt das 20 € billiger als über den Brenner; wir beschreiben die zwei Hauptstrecken und Tunneldurchfahrten. Den Urlaubern aus dem Augsburg/Ulm/München-Bereich steht der Pfänder-Tunnel bei Bregenz offen, dann geht's ebenfalls durch die Schweiz. Unsere Freunde aus Österreich, viele Münchner und „psychische Tunnelverweigerer" werden natürlich über den Brenner fahren, er ist aus diesem Raum die „schnellste" Verbindung. Zusätzlich haben wir noch drei „Gebühren-Verweigerer-Strecken" getestet, denn man kommt auch ohne Straßenzoll über die Alpen, sogar durch die Schweiz! Natürlich ist das mit zusätzlichem Zeitaufwand verbunden; wer aber nicht auf die Uhr schaut, bekommt einige der schönsten Alpengegenden zu Gesicht.

FÄHRVERBINDUNGEN

Barcelona, Marseille, Toulon, Nizza, Savona, Genua, Livorno, Piombino, Civitavecchia, Neapel, Palermo und Trapani – das sind sämtliche Orte, von denen aus Sie nach Sardinien schippern können, mit "Umweg" über Korsika oder direkt – aber nur ein Bruchteil von ihnen kommt überhaupt für Sie in Betracht!
Sage und schreibe **sechs Fährlinien** buhlen um Ihre Gunst (und Ihren Geldbeutel) – und können gebucht werden:
1. Die französische **SNCM** (Société Nationale Maritime Corse-

Méditerranée). Fährt Marseille bzw. Toulon – Porto Torres. Die teuerste Linie. Interessant nur für Franzosen, die eine weite Anreise scheuen. Buchung: Jedes Reisebüro.
Infos: www.sncm.fr
2. Die italienische **CORSICA & SARDINIA FERRIES** fährt Livorno und Civitavecchia – Golfo Aranci.
Saubere, schnelle Schiffe, pünktliche Abfahrt.
Corsica & Sardinia Ferries Georgenstraße 38, 80799 München
Tel.: 089-389991-11 Fax: 389991-13, www.corsicaferries.com, info@corsicaferries.com, problemlose Internetbuchung.

corsica ferries 🏴 sardinia ferries

3. Die italienische **MOBY LINES**. Fährt Livorno und Genua – Olbia bzw. Genua – Porto Torres. Vergleichbar der Sardinia Ferries. Infos, Katalogbestellung und Buchung in Deutschland: MOBY Lines Europe, Wilhelmstr. 36-38, 65183 Wiesbaden, Tel. 0611-14020, Fax 1402244; info@mobylines.de; www.mobylines.de, problemlose Internetbuchung.
4. **LINEA DEI GOLFI** (gibt es nicht mehr, ist inzwischen von der MOBY LINES einverleibt worden). Ihre Schiffe boten "Camping an Bord an", dies macht die Moby Lines leider nur sporadisch (aktuelle Infos im Internet unter: www.mobylines.de), sondern transportiert meist nur Fracht auf den alten Kähnen.
5. Die staatliche italienische **TIRRENIA**. Fährt Genua – Porto Torres, Olbia, Arbatax und Cagliari, Livorno – Porto Torres, La Spezia – Golfo Aranci, Civitavecchia – Olbia, Arbatax und Cagliari, Fiumicino – Golfo Aranci. Preiswerte Linie, häufig überfüllt und unpünktlich (lt. Leserinformation). Internetbuchung mühsam (italienisch) unter: www.tirrenia.it
Besser bei: www.aferry.de, directferries.de oder seetour24.de
6. **GRANDI NAVI VELOCI**. Fährt Genua – Olbia und Genua – Porto Torres. Spezialität: Kabinen für Hundebesitzer. Buchung online über www.gnv.it möglich oder bei:
Voigt Seereisen Agentur, Herrenholz 10/12, 23556 Lübeck, info@seereisen-agentur.de, Tel.: 0451-505617-0.
Bei flüchtigen Preisvergleichen fällt die französische Staatslinie sofort raus, sie ist viel teurer als die anderen und bietet uns auch bezüglich der Fährorte (Marseille, Toulon) nur Nachteile. Die italienischen Linien liefern sich nicht nur einen Preis-, sondern auch einen Qualitätskampf, der dem Kunden Vorteile bringt. Für zwei Erwachsene und WOMO bis 6 m muss man je nach Saison und Buchungszeitpunkt (!) zwischen 200 € und 600 € rechnen (hin und zurück).
Auch die Überfahrtszeiten spielen für manche eine wichtige Rolle:

	Civitavecchia – Golfo Aranci: .... 6 1/2 Std.
	Piombino – Olbia: .... 6 1/2 - 7 Std.
	Toulon – Porto Torres: ....9 Std.
	Livorno – Olbia (G. Aranci): .... 6 (9, 11) Std.
	Genua – Olbia: .... 9 1/2 Std.
	Genua – Arbatax: ....18 Std.
Aber:	Piombino – Bastia (Korsika) ....3 Std.
	Bonifacio (Korsika) – S. Teresa (Sardinien) ..1 Std.

Empfehlung: An- oder Rückfahrt über Korsika in Erwägung ziehen. Alle Prospekte besorgen, preiswerteste Überfahrtstage heraussuchen, vergleichen, **rechtzeitig** buchen.

ANREISEROUTEN

Haben die „Vorüberlegungen" Ihnen etwas geholfen? Dann suchen Sie sich jetzt IHRE Tour heraus. Routenführung und Fahrstrecke (jeweils für hin und zurück angegeben!) werden Ihnen die Wahl leichter machen. Und wenn Sie sich nicht entscheiden können - nehmen sie für Hin- und Rückfahrt einfach zwei verschiedene Strecken, z. B. eine über Korsika!

St. Gotthard-Route I – unser An- und Rückreisetipp mit freien Übernachtungsplätzen

(Basel – Livorno – Basel 1280 km - 1440 km)
Basel – Luzern – Gotthard-Tunnel – Bellinzona – Mailand – Genua (oder Parma, oder Florenz) – Livorno (– Piombino).

Es handelt sich um die schnellste und bequemste Verbindung – und eine der kürzesten. Nahezu jeder Meter ist gepflegte Autobahn. Einziger Nachteil: Die Autobahn Mannheim - Karlsruhe - Basel ist (nicht nur zur Ferienzeit) meist heillos überlastet; Staus sind geradezu vorprogrammiert.
Spätestens wenn es zu eng wird, sollten Sie auf die andere Rheinseite flüchten! Von Ludwigshafen bis Wörth ist die »A 65« fertig; von Kandel Süd bis franz. Grenze nur 14 km zweispurig, dann mautfreie »AB 35« über Straßburg bis Basel!
Macht man ab Bellinzona einen Sight-Seeing-Abstecher zum Lago Maggiore, so kann man an seinem Südende auf die neue A 26 rollen, die direkt nach Süden auf Genua zuhält.
Vorteil: Man meidet den verkehrsreichen Milano-Bereich.
Nimmt man südlich Mailand statt der A 1 die A 7 über Genua, so hat man pro Strecke 25 km mehr und wird zwischen Genua und La Spezia von über 50 Tunneldurchfahrten genervt. Sie wollen ab Monaco bzw. Nizza (über Korsika) oder ab Toulon Fähre fahren? Dann sind Sie auf der A 7/A 10 richtig!

Sehenswertes:
-Basel: Münster, Altstadt, Spalentor.
-Luzern: Hofkirche, Kapellbrücke, Gletschergarten.
-Lugano: Kathedrale San Lorenzo.
-Mailand: Dom (größte gotische Kirche der Welt).
-Piacenza: Stadtmauer, Dom, Renaissance-Paläste.
-Parma: Altstadt mit romanischem Dom.
-La Spezia: Dom (14. Jahrh.), Kastell, Stadtmauer.

A 1: Deutsche AB an der AS 64A Bad Krozingen verlassen. Nach ca. 5 km, in der Ortsmitte von Hartheim, nach rechts dem Wegweiser "Zum Rhein" folgen. Direkt am Rhein ruhiger Picknickplatz mit Tischen und Bänken, Schutzhütte und Grillstelle [N47° 56' 36.4" E7° 35' 54.2"].

A 2: Schweizer AB A 2 an der AS Altdorf Nord/Schwyz (hinter dem Seelisbergtunnel am Ende des Vierwaldstätter Sees) verlassen und dem Wegweiser nach Seedorf folgen. Im Ort der Hauptstraße folgen bis zum Ortsende. Dort (nach 3,8 km) links schöne Stellplätze [N46° 53' 09.5" E8° 36' 16.4"; 435 m] bei der Miniseilbahn "Gitschenberg". An der Bergstation freut sich Marlis Arnold auf Ihren Besuch, serviert Ihnen gern ein Vesper und erklärt Ihnen, wie Sie zu Fuß wieder zum WOMO zurückfinden (2 Std.).
Toiletten & Wasser beim Friedhof (200 m), Gaststätte & Badeplatz mit Grillstelle (400 m).

A 2 bei der Seilbahn "Gitschenberg" in Seedorf

A 3a: Schweizer AB A 2 bei der AS Göschenen (von Norden) bzw. Airolo (von Süden) verlassen und ca. 16 km zum St. Gotthard-Pass fahren. Auf dem Pass gemütliche Gaststätte und ruhig-frische Parkplätze [N 46° 33' 25.5" E 8° 34' 0.7"; 2102 m] u. a. neben dem kleinen See auf der Passhöhe. Der sehr lohnenswerte Umweg über den Pass (statt Tunnel) beträgt 17 km. Zwei Straßenvarianten sind möglich: Die alte, gepflasterte Passstraße oder die gut ausgebaute, neue Streckenvariante.

A 3b: Schweizer AB A 2 bei der AS Airolo/St. Gotthard-Pass/Nufenenpass verlassen und Richtung Nufenenpass bis zur Talstation des Airolo-Liftes fahren, dort viele, ebene Parkplätze [N 46° 31' 25.6" E 8° 36' 11.7"; 1186 m]; gegenüber St. Gotthard-Käserei mit Gaststätte, Käseverkauf und Schaukäserei.

A 4 a-c: Schweizer AB A 2 bei der AS Belinzona Süd verlassen und bis Locarno fahren. Dort den Wegweisern "Camping Delta" folgen (Nähe Mündung Maggia-Fluss). Kosten-pflichtiger Stellplatz in der Via alla Lanca degli Stornazzi [N46° 09' 37.4" E8° 48' 03.8"]. Von dort nur 200 m zum Lago Maggiore. Weitere Plätze in Cannobio [N46° 3' 41" E8° 41' 27"] und Oggebbio [N45° 59' 49" E8° 39' 11"].

A 5a: Italienische AB A 7 bei der AS Pavia-Nord/Bereguardo (»km 21«) verlassen und auf SS 526 nach Bereguardo. Hinter dem Kriegerdenkmal in der Ortsmitte links (Wegweiser: Fiume Ticino) zum großen, ruhigen Friedhofsparkplatz am Ortsende links [N 45° 15' 13.3" E 9° 01' 26.0"]. Wasser hinter Friedhofstor rechts.

A 5b: Von Bereguardo weiter nach Motta Visconti. Von der Umgehungsstraße an der ersten Ampel links zum großen Parkplatz [N 45° 16' 47.5" E 8° 58' 25.9"] am Ufer des Fiume Ticino mit beliebtem Tanzcafé, Picknickplatz und Flusswanderweg.

A 5c: Von Motta Visconti weiter nach Besate. Am Kriegerdenkmal (Brunnen) links auf Schotter 2 km zum ruhigen Flussparkplatz [N 45° 17' 58.7" E 8° 57' 03.5"] am Ticino.

A 16: Italienische AB A 15 bei der AS Fornovo (»km 23«) verlassen, ca. 8 km auf SS 62 Rtg. Parma bis Gaiano. Dort 100 m vor der Ampel links noch 1100 m bis zum Wanderparkplatz (mit Brunnen) des "Parco fluviale di Taro" [N 44° 43' 47.8" E10° 9' 38.6"].

A 17: Italienische AB A 15 bei der AS Berceto (»km 51«) verlassen. Nach 400 m Richtung Berceto großer Parkplatz links [N 44° 30' 14.2" E 9° 57' 21.5"] an kaum befahrender Straße. Gegenüber Ristorante "Bacher" (Mi geschl.) mit weiteren Parkplätzen für Gäste. Nach 4 km in Berceto Gaststätten und Campingplatz 1 km außerhalb Rtg. Fornovo.

A 18: Italienische AB A 12 bei der AS Livorno verlassen und den Wegweisern nach Calambrone/Tirrenia folgen. Camping "Mare&Sole" [N 43° 35' 13.6" E 10° 17' 57.0"] in CALAMBRONE nur 7 km vom Hafen in Livorno entfernt, weiterer Camping "Pineta" 500 m.

A 19: Offizieller WOMO-Stellplatz in LIVORNO am Hafen (nach dem Check-in). Bereits ab der Autobahn gut ausgeschildert, mit Ver-/Entsorgung [N 43° 33' 21.7" E10° 18' 14.8"]; in der Saison meist überfüllt, nachts erstaunlich ruhig.

A 19 im Hafen von Livorno

A 20: Italienische AB A 12 südl. PISA bei der AS Collesalvetti verlassen, 35 km bis Casciana Terme fahren [N43° 31' 35.5" E10° 36' 45.6"]. Dort Ver-/Entsorgung und kostenlose Stellplätze (ausgeschildert); bis zum Fährhafen von LIVORNO ca. 40 min.

A 21: Ab Livorno statt AB 12 auf der SS 1 (Via Aurelia) nach Süden. Ab San Vincenzo weiter der Küste bis Populonia im Golf von Baratti folgen. Offizieller WOMO-Stellplatz, im Sommer kostenloser Bus zum Strand [N 43 0' 6.0" E 10° 31' 41.0"]; Wasserhahn, Entsorgung, Mülleimer (Gebühr).

St. Gotthard-Route II

(Singen – Livorno – Singen 1320 km)
Singen – Winterthur – Zürich – Luzern (oder z. T. ohne Autobahn Schwyz) – Altdorf, dann wie St. Gotthard-Route I.

Mit Sicherheit die „Leib- und Magenstrecke" der Stuttgarter. Wer dann auch noch weiß, dass man dem Stau am Autobahnende bei Singen entgehen kann, indem man über Donaueschingen – Schaffhausen – Winterthur fährt, der ist fein raus. Südlich Zürich fehlen noch etwa 25 km Autobahn, hier kann's bei Berufs- und Urlaubsverkehr Stau geben.

San Bernardino-Route I

(Singen – Livorno – Singen 1430 km)
Singen – Winterthur – Zürich – Walensee – Sargans – San Bernardino (Tunnel) – Bellinzona, dann wie Gotthard-Route I.

Bis Zürich befinden wir uns auf der St. Gotthard-Route II, dann geht es auf der Autobahn (N 3) weiter, die inzwischen auch am Walensee fertiggestellt ist. Jedoch vor und hinter dem San Bernardino-Tunnel gibt es je 25 km "nur" sehr gut ausgebaute Straße.

San Bernardino-Route II

(Lindau – Livorno – Lindau 1230 km)
Lindau – Sargans, dann wie San Bernardino-Route I.

Diese San Bernardino-Route ist wesentlich interessanter! Bietet sie doch den Urlaubern aus dem Nürnberg/Ulm/Münchner Raum eine echte Alternative zur Brenner-Strecke.
Spätestens bei der Autobahnabfahrt Lindau muss man jedoch wählen: Weiter auf der AB und bequem durch den Pfändertunnel um Bregenz herum (Korridorvignette 2 €) – oder mühsam durch Bregenz hindurch und gleich hinüber auf die schweizerische Autobahn?

A 6: Deutsche AB A 96 an der AS Wangen-Nord (von Süden) bzw. Leutkirch West (von Norden) verlassen und über schmale Landstraßen nach Kißlegg. Dort ausgeschildert "Obersee/Strandbad/WOMO-Symbol" zum großen Gelände [N 47° 47' 45.5" E 9° 52' 46.1"] am See/Strandbad mit Ver-/Entsorgung. Weiterer Stellplatz beim Hotel "Sonnenstrahl" mit Thermalbad beim Zeller See [N 47° 46' 57.7" E 9° 52' 48.8"; 645 m].

A 6: Strandbad Kisslegg mit Ver-/Entsorgung

A 7: Schweizer AB A 13 an der AS Chur-Süd verlassen. Zunächst 3 km Rtg. Lenzerheide, dann links 8 km schmal und steil nach Tschiertschen; großer, ruhiger Parkplatz [N 46° 49' 10.2" E 9° 36' 16.0"; 1338 m] am Ortsbeginn links mit toller Aussicht (wenige Schritte zur Gaststätte "Gürgaletsch" mit guter Pizza und Kübelbier).

A 7: Gigantischer Blick am Ortsbeginn von Tschiertschen

A 8: Schweizer AB A 13 ca. 18 km südlich des San Bernardino-Tunnels an der AS Mesocco-Sud/Soazza verlassen (dort Toilette). Großer Parkplatz [N 46° 22' 03.2" E 9° 13' 22.7"; 638 m] am Ortsbeginn von Soazza links bei der Bushaltestelle (Foto: Blick vom WOMO-Stellplatz).

Fernpass-Malojapass-Route I

(Kempten – Livorno – Kempten 1390 km)

Kempten – Pfronten – Reutte – Fernpass – Landeck – Stuben/Pfunds – St. Moritz (Engadin) – Maloja-Pass – Chiavenna – Colico – Vimercate – Mailand, dann wie St. Gotthard-Route I.

Nach der Entfernungsangabe klingt es gar nicht schlecht, aber der niedrige Preis hat auch seinen Preis: Fernpass 8% Steigung, Maloja-Pass 15 %, allein in Österreich und der Schweiz über 250 km Landstraße. Aber wenn Sie Zeit haben – allein der Silser See oberhalb St. Moritz mit dem verschneiten Corvatsch dahinter – ein Traum.

Fernpass-Reschenpass-Route II

(Kempten – Livorno – Kempten 1450 km)
Bis Stuben/Pfunds wie Fernpass-Route I, dann Nauders – Reschenpass – Meran - Bozen (weiter wie Brenner-Route I). Dies ist der "Geheimtipp" für Pickerlverweigerer. Sie fahren nur auf Landstraßen durch Österreich (Aufpassen: Zwischen Imst und Landeck nicht die AB, sondern die Bundesstraße 171 benutzen!).

A 9: Deutsche AB A 7 an der AS 138 Marktoberdorf/Rückholz verlassen, nach <u>links</u> 2 km bis Rückholz zum Sportplatz [N47° 39' 18.4" E10° 32' 44.5"] (Foto).

A 10: Deutsche AB A 7 an der AS 138 Marktoberdorf/Rückholz verlassen, nach <u>rechts</u> 1,4 km zur wohnmobilfreundlichen Gaststätte "Löwen" [N47° 37' 56.0" E10° 31' 03.0"].
A 11: Nach dem Grenzübergang nach Südtirol in Reschen rechts Richtung Rojental abbiegen. Stellplatz nach 1300 m am Reschensee beim Schönebenlift [N46° 49' 17.2" E10° 30' 37.4"]. In Rojen wohnmobilfreundliche Gaststätte "Haus Rojen".

Brenner-Route I

(Rosenheim – Livorno – Rosenheim 1370 km)
Rosenheim – Innsbruck – Brennerpass – Bozen – Trient - Verona – Modena – Florenz – Livorno
Viele werden diese Strecke fahren, weil sie bequem und „schnell" ist. Aber sie ist mit Abstand die teuerste und auch nicht gerade die kürzeste. Da sich auf ihr auch noch die meisten Italienurlauber drängeln, sollte man sie wirklich nur benutzen, wenn man aus Österreich oder dem Münchner Raum kommt.

Sehenswertes:

-Innsbruck:	Altstadt (Tiroler Erkerhäuser), Laubengassen, Dom zu Sankt Jakob, Kaiserliche Hofburg.
-Bozen:	Historische Altstadt mit Laubenstraßen.
-Verona:	Römisches Amphitheater, Stadttore, Dom, Basilika San Zeno, Rathaus, Scaligerburg.
-Modena:	Romanisch/gotischer Dom, dessen 87 m hoher Glockenturm schräg steht.
-Florenz:	Allein wegen des Domes mit der achteckigen Brunelleschi-Kuppel fahren viele um die halbe Welt.

A 12: Deutsche A 95 an der AS 10 verlassen und über Großweil zum großen, nachts völlig ruhigen Parkplatz beim Freilichtmuseum Gentleiten [N 47° 40' 00.5" E 11° 17' 09.5"].
A 13: Ausgeschilderter (kostenpflichtiger) WOMO-Parkplatz "Top Stopp" in AB-Nähe. Direkte Zufahrt von der italienischen Autobahn A 22 (ausgeschildert) oder von der SS 12 bei Sterzing/Vipiteno [N 46° 52' 52.6" E 11° 26' 22.9"].
A 14: Italienische AB A 1 (von Milano kommend) bei der AS Reggio nell'Emilia bzw. die AB A 22 (vom Brenner kommend) bei der AS Carpi verlassen, bis zur Kirche von Bagnolo in Piano fahren und dort zum Parco Europa beim weit sichtbaren Wasserturm abbiegen. Viele ruhige Parkplätze [N 44° 45' 53.6" E 10° 40' 16.9"] am Park mit Kinderspielplatz, Bänken, Liegewiesen, Schattenbäumen und Mineralwasserbrunnen; zentrumsnah.
A 15: Italienische AB A 1 bei der AS Modena-Nord verlassen, auf SS 9 Rtg. Reggio Nell' Emilia bis Rubiera. Dort an der zweiten Ampel links bis zum Picknickplatz (mit Entsorgung) bei den Campi sportivi (Sportplätzen) der Fa. Tetra Pak [N 44° 38' 31.8" E 10° 46' 40.6"; 56 m].

Brenner-Route II

(Rosenheim – Livorno – Rosenheim 1375 km)
Rosenheim – Innsbruck – AB-Abfahrt Schönberg – alte Brennerstraße (Nr. 12) – AB-Auffahrt Vipiteno (Sterzing), dann wie Brenner-Route I.

Die österreichische Brennermaut hat man gespart, aber dadurch wird die italienische Autobahn auch nicht billiger. Man sollte jedoch nicht glauben, die alte Brennerstraße sei ein abgewrackter Karrenweg: Für uns ist sie eine der schönsten Alpenstraßen. Zumindest bei Staus sollte man sich an sie erinnern!

Blick von der "alten" Brennerstraße auf die Brennerautobahn

Letzter Tipp:
FERRAGOSTA – dieses Wort zergeht jedem Italiener auf der Zunge, beschreibt es doch den beliebten Ferienmonat August. Wer's kann, sollte in diesem Zeitraum, in dem in Italien Schulen **und** große Firmen geschlossen haben, Sardinien den ca. 1,2 Millionen italienischen Touristen überlassen!

TOUR 1 (ca. 75 km / 1-2 Tage)

Olbia – Lido del Sole – San Paolo – Porto de Taverna – Capo Coda Cavallo – Lu Impostu

Freie Übernachtung: u. a. Di Bocca, Mau-Beach, Lido del Sole (Nord & Süd), Porto S. Paolo, Coda Cavallo, Lu Impostu.

Trinkwasserstellen: keine.

Campingplätze: Porto de Taverna, Capo Coda Cavallo.

Baden: Di Bocca, Mau-Beach, Lido del Sole (Nord & Süd), Porto S. Paolo, Porto de Taverna, Capo Coda Cavallo, Lu Impostu.

Besichtigungen: u. a. Olbia: Stadtbild; Capo Coda Cavallo.

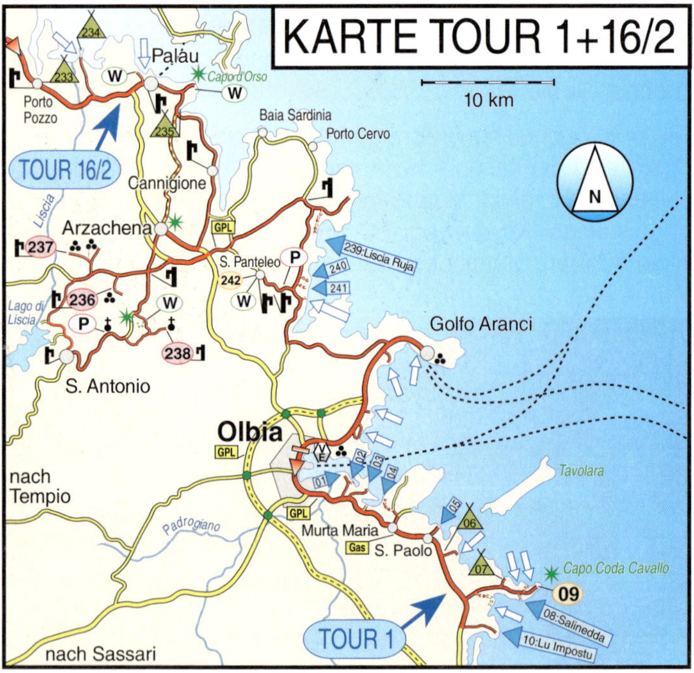

KARTE TOUR 1+16/2

Palau
Capo d'Orso
Porto Pozzo
Baia Sardinia
Porto Cervo
10 km
N
TOUR 16/2
Cannigione
Arzachena
Liscia
237
GPL
S. Panteleo
239:Liscia Ruja
240
242
241
Lago di Liscia
236
Golfo Aranci
238
S. Antonio
Olbia
GPL
nach Tempio
Tavolara
Padrogiano
01
GPL
Murta Maria
06
Gas S. Paolo
07
Capo Coda Cavallo
09
08:Salinedda
nach Sassari
TOUR 1
10:Lu Impostu

Fähre fahren ist für Erwachsene wenig aufregend, wenn man mal von der ständigen Suche nach den "lieben Kleinen" absieht – und spätestens nach neun Stunden (Livorno – Olbia oder Golfo Aranci) dürfte die Spannung auf dem Tiefpunkt angelangt sein...

Doch dann, nach den ersten Silhouetten der ersehnten Urlaubsinsel, erwartet uns ein grandioser Empfang in Form einer vorgelagerten Inselparade, angeführt von dem wuchtigen **Tavolara-Felsen**, der die Stimmung schlagartig wieder ansteigen lässt.

Vorsichtig tastend, vorwitzige Freizeitkapitäne wütend zur Seite hupend, schlängelt sich unsere Fähre zwischen Leuchttürmen, steilen, roten Klippen und seichtem Schwemmland hindurch, hinter dessen Sandstränden, im lockeren Kiefernwald, wir die bunten Flecken abgestellter Fahrzeuge ausmachen – das Urlaubsfieber erwacht...

Die Riesentore der Mega Express II (Corsica & Sardinia Ferries)

OLBIAs Fährhafengelände verlassen wir im Gänsemarsch der vielen Gleichgesinnten, die aufatmend aus dem dieselstickigen Schiffsbauch herausquellen und rollen über einen langen Damm bis zur ersten Gabelung: Links geht's nach PALAU/GOLFO ARANCI, rechts nach SASSARI/CAGLIARI/NUORO/OLBIA Centrum/Aeroporto. Wir halten uns rechts und an der nächsten Gabelung links, nach Süden (Wegweiser u.a. Aeroporto/NUORO), denn Inseln pflegen wir stets im Uhrzeigersinn zu umfahren. An mancher zu schnell genommenen Spitzkehre waren wir dankbar, dass wir die "sichere Bergseite" hatten, und die schwappenden Wellen und die spitzen Klippen noch eine Straßenbreite entfernt waren.

Sofort verschwinden wir in einer Unterführung, sehen von OLBIAs Zentrum so viel wie nichts, denn unmittelbar darauf schwingt sich die Hauptstraße über einen Meeresarm, hohe

Leitplanken flankieren den Brückenbereich.

Die Straßengabelung (rechts: SASSARI, geradeaus: NUORO/CAGLIARI/Aeroporto) knapp 4 km seit der Hafenmole, gibt uns Neulingen Rätsel auf, so dass wir während einiger Nachdenksekunden den ersten Verkehrsstau fabrizieren.

Dann rollen wir geradeaus weiter auf der SS 125, passieren die Flughafenzufahrt (nach rechts), 700 m weiter den größten Supermarkt "Auchan" (links), nach weiteren 400 m eine Tankstelle mit **Autogas** und überqueren schließlich auf einer langen Brücke, einbahnstraßenschmal und ampelgesteuert, den **Rio Padrogiano**.

Jetzt aufpassen!

Es folgt eine wie mit dem Winkelmesser gezogene 90°-Linkskurve und kurz darauf die Abzweigung LIDO DEL SOLE bei »km 310,6«. Diese Stichstraße führt als holprige Einbahnstraße um die gleichnamige Feriensiedlung herum, zwei Stichstraße zweigen von ihr ab.

Die erste (mit dem Hinweisschild: Mau-Beach) führt, recht schmal, bereits nach 50 m zu einem Sandbadeplatz und endet wenig später an einem großen Parkplatz vor einigen Ferienhäusern, direkt hinter dem Sandstrand.

(001) WOMO-Badeplatz: Lido del Sole (Mau-Beach)
GPS: N40° 54' 48.5" E9° 33' 56.8"   max. **WOMOs:** je 1-2.
Ausstattung/Lage: kein Schatten, Sandstrand/außerorts bei Feriensiedlung.
Zufahrt: Von Olbia auf SS 125 nach Süden. Bei »km 310,6« links.

Die zweite zweigt 300 m später rechts ab, zwischen zwei Torpfosten geht's auf sandigem Weg mit tiefen Schlaglöchern zu einem weitläufigen, verzweigten Areal, vorbei an großen

Macchiebüschen und endet in einem Kiefernwäldchen. Bereits vorher findet man jedoch Stellplätze direkt am seichten Sandstrand mit Blick auf die kleine Leuchtturminsel **Di Bocca** und den Fährverkehr im Golf von OLBIA.

(002) WOMO-Badeplatz: Lido del Sole (Di Bocca)

GPS: N 40° 55' 09.1" E 9° 33' 46.7"   **max. WOMOs:** 2-3.
Ausstattung/Lage: Pinienschatten, zeitweise vermüllter Sandstrand/außerorts bei Feriensiedlung.
Zufahrt: Von Olbia auf SS 125 nach Süden. Bei »km 310,6« links.

Fährt man an der Abzweigung zum Lido del Sole vorbei, einer ebenso rechtwinkligen Rechtskurve folgend, und biegt 600 m später, direkt am großen Kilometerstein »km 310«, links in die (unbeschilderte) Abzweigung, so kommt man zur Feriensiedlung am **Capo le Saline**.
Auf dem Weg zu ihr, an der engsten Stelle der Landzunge (nach 1400 m), führt rechts hinab ein Holperweg zu einem schönen Wiesenplatz direkt über dem Sandstrandrund am Nordwestrand des **Lido del Sole**.

(003) WOMO-Badeplatz: Lido del Sole (Nord)

GPS: N 40° 54' 34.1" E 9° 34' 15.8"   **max. WOMOs:** 2-3.
Ausstg./Lage: Liegewiese, Sandstrand, saisonale Strandbar, Surfschule/außerorts.
Zufahrt: Von Olbia auf der SS 125 nach Süden. Bei »km 310« links und noch 1,4 km.

Nur der Vollständigkeit halber erwähnen wir den Badeplatz "Le Vecchie Saline", zu dem man bei »km 309,6« links abbiegen müsste. Man landet an einem großen, saisonal kostenpflichtigen, palmenumringten Parkplatz [N 40° 54' 15.6" E 9° 34' 24.9"] hinter den Dünen des Sandstrandes (WOMO-Verbot).
Viel besser gefällt uns die nächste Entdeckung, zu der man am Kreisverkehr von MURTA MARIA zunächst dem Wegweiser PORTO ISTANA/LI CONCHEDDI folgt und sich nach 400 m an einer Gabelung links hält. Nach nochmals 900 m biegt man links in einen Sandweg ab und findet die Zufahrten zu idyllischen Badeplätzchen nach 50 m, 350 m und 500 m.

(004) WOMO-Badeplatz: Lido del Sole (Süd)

GPS: N 40° 54' 05.2" E 9° 35' 33.1"   **max. WOMOs:** 2-3.
Ausstattung/Lage: Liegewiese, kleine Sandstrände mit Felsklößen/außerorts.
Zufahrt: In Murta Maria links, nach 400 m links, nach 900 m links; siehe Text.

Nach dem Ortsendeschild von MURTA MARIA, bei »km 306«, sichten wir rechts das Schild einer **Gasflaschenabfüllstelle**. Dort [N 40° 52' 58.1" E 9° 35' 22.6"] kann man seine deutsche (!) Gasflasche füllen lassen, aber auch graue Campinggasflaschen tauschen (12 kg kosten 36 Euro!).
Östlich des **Lido del Sole** schiebt sich eine gewaltige Felsenbarriere mit dem **Capo Ceraso** ins Wasser, schirmt die nächsten Strände gegen den Fährverkehr OLBIAs ab.
Also weiter nach Südosten!
Dürres Gras und frischgrüne, aber sicher ungenießbare Macchiesträucher als magerer Bewuchs zwischen Handlesemauern begleiten unser hitzeflimmerndes Teerband, lustlos knabbert ein müder Esel an den aufgeplatzten Melonen, die über ein riesiges Feld verstreut liegen wie nach einer Kanonade...

3 km weiter sind wir in PORTO SAN PAOLO links zum Hafen abgebogen. Dort geht es rechts zum Sandstrand mit Schatten-bäumen, Kinderspielplatz und Gaststätten. Wohnmobile wer-den hinter dem Sportplatz nach links zu einem großen, saisonal kostenpflichtigen Parkplatz an der Via del Corallo geschickt.

(005) WOMO-Badeplatz: Porto San Paolo

GPS: N40° 52' 49.8" E9° 38' 02.4"   **max. WOMOs:** > 5.
Ausstattung/Lage: Nur 8-22 Uhr, Sandstrand und Gaststätten 200 m/im Ort.
Zufahrt: In Porto San Paolo links, nach 800 m links in die Via del Corallo.
Hinweis: Sollte es nachts Probleme geben: 400 m landeinwärts gibt es weitere große Parkplätze ohne Einschränkungen [N40° 52' 37.3" E9° 37' 54.0"].

Wir sind seit OLBIA bereits 17 km auf der Straße nach Süden unterwegs, da liegt links der Straße, weit ab vom Strand der Campingplatz "Tavolara" (die Campinggäste werden allerdings mit einem Bus-Shuttle an den Strand gebracht).

(006) WOMO-Campingplatz-Tipp: San Damiano

GPS: N40° 51' 31.5" E9° 38' 35.1"   **Öffnungszeiten:** 1.4. - 31.10.
Zufahrt: Von Olbia 17 km auf der SS 125 nach Süden, an der Straße links.
Ausstattung: schattig, Laden, Gaststätte, V/E, Strand 700 m; nächster Ort: 4 km.
Preise: WOMO + 2 Personen: 21-36 €, Strom: 3,50 €, V/E ohne Aufenthalt: 15-25 €.

COMUNE DI
I OIRI PORTO SAN PAOI O
ORD. SIND. N° 15 · 16 · 17 DEL 04 · 07 · 1997

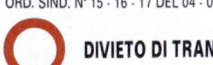 **DIVIETO DI TRANSITO**

 **DIVIFTO DI SOSTA**

 **DIVIETO DI CAMPEGGIO**

A CAMPERS · ROULOTTFS · TIR AUTOARTICOLATI ED AUTO CARAVAN

200 m nach dem Camping weist uns bei »km 300,1« ein kleines Hinweis-schild nach PORTO DE TAVERNA. Die folgenden 1000 m, einst die Zu-fahrt zu einem menschenleeren Ba-deplatz [N40° 51' 32.5" E9° 39' 10.7"] am feinsandigen Strandrund, durch-queren nun ein Ferienhausdickicht; zu allem Überfluss versuchen sich die Bewohner auch noch mit einem Durchfahrtsverbot gegen WOMOs abzuschirmen.

Am Sandstrand von Porto de Taverna

Wir sichten mehrere Müllcontainer, zwei Gaststätten sowie Umkleidekabinen, Duschen und Wasserhähne. Im Stagno hinter dem Strand schnattern Flamingos, Kormorane trocknen bewegungslos ihre abgespreizten Flügel.

Das Wasser ist ein Traum: Kristallklar und türkisblau lockt es uns immer wieder – und bei 25 - 26 °C Wassertemperatur (im Sommer) kann man auch ausgedehnte Ballspiele in die seichten Fluten verlegen. Als Blickfang dient der vorgelagerte Inselklotz **Tavolara**, dessen Hauptgipfel **Punta Cannone** ihm das Aussehen einer im Wasser vergessenen Schirmmütze gibt.

Wir kehren zur Hauptstraße zurück (SS 125), biegen nach Süden. Im Gespräch mit Strandnachbarn waren uns die Sandbuchten am Südrand der Halbinsel mit dem **Capo Coda Cavallo**, nur ein paar Kilometer nach Süden, empfohlen worden. Die Abzweigung zum "Pferdeschwanz" = "Coda Cavallo" bei »km 296,5« ist leicht zu finden, obwohl man zwischen den Reklameschildern der Gaststätten, Feriensiedlungen, Campingplätzen und Hotels den Wegweiser erst suchen muss.

Nach weiteren 900 m zweigen wir im spitzen Winkel in eine breite Staubpiste nach rechts ab – und stehen sofort an einem Kassierhäuschen. Folglich zahlen wir knurrend einen Obolus von 12 €/WOMO und rumpeln gut 500 m auf der breiten Waschbrettpiste bis zu einer Gabelung, vor der die WOMOs von 7.30 - 19.30 Uhr parken "dürfen" [N 40° 49' 55.3" E 9° 40' 47.8"], denn die zwei 300-m-Zufahrten zu den Traumstränden an der **Cala Brandinchi** im Norden und der **Cala Lu Impostu im Süden** sind mit 2-m-Balken verbarrikadiert.

WOMO-Tipp: Was besseres suchen...

... vielleicht entdecken wir doch noch etwas an der Stichstraße zum **Capo Coda Cavallo**!?

Wir halten uns folglich rechts, passieren nach 2,2 km die Abzweigung zum **Campingplatz** "Cala Cavallo".

2000 m später rollen wir zwischen dem Feriendorf "Le Farfalle" (links) und der "Residence Baia Salinedda" (rechts) vorbei, biegen bei einem großen Parkplatz (links) nach rechts in eine steile Sand-/Felspiste, die nach 500 m an einem großen, ebenen, schatten- aber auch kostenlosen Parkplatz endet. Von ihm aus führt ein 350-m-Fußweg, an einem kleinen Stagno vorbei, zum herrlichen, weißen **Sandstrand** am Südostufer der Pferdeschwanz-Halbinsel.

Bei langen Spaziergängen lernen wir die Strandflora kennen: Die Glöckchendolden der Italienischen Strohblume, die blaugrünmetallische Stranddistel, die an Nato-Stacheldraht erinnert, die Strandwolfsmilch und die gelben Körbchen der Strandfilzblume. Die schmalen Blütenrispen des zartvioletten Strandflieders bilden von ganz allein kleine Sträußchen.

Ganz anders sieht es im salzgetränkten, ausgetrockneten Stagno hinter dem Strand aus. Dieser Salzsumpf durchläuft, je nach Witterung, einen Wechsel zwischen "Totem Meer", "Karl-

May-Salzsumpf" und trockener Flugzeuglandebahn. Die Vegetation ist auf karge, salzverträgliche Kümmerpflanzen reduziert.

Am üppigsten ist noch der Streifen zwischen Stagno und Sandstrand bewachsen: Zwischen kuhfladenförmigen Mastixsträu-

Strandfilzblume (Otanthus maritimus)

chern, Wacholderbüschen, die von der weißblühenden Mandelwaldrebe überwuchert sind und dem Wilden Stachelspargel winden sich die Pfade der Badegäste zum Strand.

Eine tolle Überraschung versteckt sich hinter dem großen Parkplatz [N 40° 50' 25.4" E 9° 42' 16.5"] links der Straße! Ein 200-m-Fußweg schlängelt sich, vorbei an der Bar "Chiosco" zwischen Privatgrundstücken zur traumhaften **Cala Suaraccia**, einem halbkreisförmigen Sandstrandidyll. Leider ist an dem Parkplatz die Übernachtung verboten – und das WOMO lässt man ja auch nicht gerne unbeaufsichtigt stehen ...

Cala Suaraccia

Nach weiteren 1200 m auf der Asphaltstraße parken wir und genießen die Aussicht. Der Blick schweift über den weißen Sandstrandbogen der **Spiaggia Capo Coda Cavallo**, zu dessen (saisonal kostenpflichtigem) Tagesparkplatz [N 40° 50' 19.8" E 9° 43' 16.6"] eine sandige Piste (zeitweise mit Balken

Blick vom Capo Coda Cavallo

versperrt) hinabführt und die letzten Riffe des Kaps bis zum gewaltigen Felsklotz **Tavolara**, dessen prägnante Form wir bereits gut kennen.

Spiaggia Capo Coda Cavallo

Schön steht man auch auf dem großen, ebenen Besucherparkplatz, zu dem man nach rechts hinaufgeleitet wird.

(009) WOMO-Stellplatz: Capo Coda Cavallo

GPS: N40° 50' 20.0" E9° 42' 53.9"   max. **WOMOs:** 3-4.

Ausstattung/Lage: keine, Sandstrand 500 m/Ortsrand.

Zufahrt: Von Olbia auf SS 125 nach Süden. Bei »km 296,5« links Richtung Capo Coda Cavallo, vor dem Ende der Straße rechts hoch (ausgeschildert).

Capo Coda Cavallo, Besucherparkplatz

Zurück an der SS 125 halten wir uns links (Richtung SAN TEODORO) und nach 1600 m auf der Höhe des Kilometersteins »295« wieder links zur MARINA DI LU IMPOSTU am Südrand der **Cala Lu Impostu** (Foto).

Die Stichstraße endet nach 2 km am Südrand der wunderschönen Bucht. Vom Parkplatzrund, dessen Mittelteil schön mit Büschen angelegt ist, sind es nur wenige Schritte hinab zum babyflachen, reinweißen Sandstrand mit kristallklarem Wasser (saisonale Gebühr).

(010) WOMO-Badeplatz: Cala Lu Impostu

GPS: N 40° 49' 15.3" E 9° 40' 53.5" **max. WOMOs:** 2.
Ausstattung/Lage: Herrlicher Sandstrand, LKW nur bis 5 m Länge/außerorts.
Zufahrt: Von Olbia nach Süden. Bei »km 295« links Richtung Marina di lu Impostu.

TOUR 2 (ca. 220 km / 3-4 Tage)

San Teodoro – Agrustos – Budoni – Posada – San Giovanni – La Caletta – Capo Comino – Berchida – Orosei – Cala Gonone – Dorgali – Su Cologone

Freie Übernachtung:	u.a. Agrustos, Spiaggia di Budoni, Posadamündung, San Giovanni, Riu Berchida, Orosei, Su Cologone.
Trinkwasserstellen:	Straula, Budoni, Brunella, Torpe (3x), S. Lucia, Su Cologone.
Campingplätze:	Coda Cavallo, S. Teodoro, Budoni, S. Lucia, Cala Liberotto.
Baden:	S. Teodoro, Agrustos, Ottiolu, Budoni, Posada-Mündung, Posada, San Giovanni, Riu Berchida, Orosei.
Besichtigungen:	u. a. Orosei, Ispinigoli (Tropfsteinhöhle), Serra Orrios (Nuraghendorf), Gola su Gorropu, Su Cologone (Karstquelle).
Wanderungen:	Gola su Gorropu (Schlucht), Lanaittu-Tal (Monte Tiscali).

KARTE TOUR 2

10 km

„In SAN TEODORO kann man sicher gut einkaufen!" sagen wir uns, tuckern nach Süden und wollen bei dieser Gelegenheit auch die sagenhafte **Cala d'Ambra** besichtigen, den südlichsten Strand von SAN TEODORO.

Resümee unseres Tagesauftaktes: SAN TEODORO ist ein überfülltes Urlauberkaff, in dem man alles bekommt – nur kein Wasser – aber der Reihe nach!

Die Strände sind super, sie haben aber nur knappen bzw. überfüllten Parkraum. Am besten ist noch der nördlichste Platz am Südrand des STAGNO DI SAN TEODORO. Man biegt bereits in die erste Zufahrt (500 m nach der Abzweigung zur Schnellstraße) nach SAN TEODORO ein, schwenkt nicht rechts ins Zentrum, sondern hält sich geradeaus. Sofort steht man direkt hinter dem schönen Dünenstrand **La Cinta** auf einem riesigen, saisonal gebührenpflichtigen Parkplatz. Übernachten ist natürlich verboten, um so mehr, als in SAN TEODORO gleich zwei Campingplätze auf zahlende Kunden warten!

(011) WOMO-Badeplatz: Stagno di San Teodoro (La Cinta)
GPS: N 40° 47' 6.2" E 9° 40' 13"
max. WOMOs: > 5.
Ausstattung/Lage: kein Schatten, Sandstrand, saisonale Gebühr/Ortsrand.
Zufahrt: Auf SS 125 nach Süden. 1. Abfahrt nach San Teodoro links (ausgeschildert).

In der Nebensaison können wir ein kleines Plätzchen direkt am Strand empfehlen. Man findet es, wenn man links am Parkplatz vorbei fährt und sich dahinter rechts wendet.

Immerhin bekamen wir dort kostenlose Auskünfte:

Eine WOMO-Ver- und Entsorgung gibt es in der Kläranlage von SAN TEODORO. Sie liegt ganz nahe: Vom **La Cinta-Strand** 250 m Richtung Zentrum und dann rechts in den Schotterweg [N 40° 46' 59.9" E 9° 39' 58.7"; Mittagspause].

Die nächste Querstraße links führt zum Campingplatz "La Cinta".

(012) WOMO-Campingplatz-Tipp: "La Cinta"
GPS: N40° 50' 34.3" E9° 41' 23.1"   **Öffnungszeiten:** 1.5. - 15.10.
Zufahrt: Von Olbia auf der SS 125 nach Süden, dann die 1. Abzweigung links nach San Teodoro, am Strand rechts, erste Querstraße wieder links.
Ausstattung: Schatten, Laden, Gaststätte, V/E, am Strand; nächster Ort: 500 m.
Preise: WOMO + 2 Personen: 22-42 €, Strom 4 €, Hundeverbot.

Den Strand **Cala d'Ambra** fährt man am besten auf der neuen Straße südlich von SAN TEODORO an – und wegen des relativ geringen Parkraumes und des starken Besucherandrangs keinesfalls in der Hauptsaison.

Hinweis: Der benachbarte Camping "Cala d'Ambra" [N40° 46' 18.2" E9° 40' 46.1"; 22-44 €] ist eher für kleinere WOMOs geeignet.

(013) WOMO-Badeplatz: San Teodoro (Cala d'Ambra)
GPS: N 40° 46' 10.5" E 9° 40' 59.9"   **max. WOMOs:** 2.
Ausstattung/Lage: kein Schatten, Sandstrand, saisonale Gebühr/Ortsrand.
Zufahrt: Auf SS 125 nach Süden. 2. Abfahrt nach San Teodoro links (ausgeschildert).

Die beste **Quelle** der Gegend sprudelt oberhalb des Dörfchens BUDDITOGLIU am Gebirgshang!

Wir informieren uns auf der Karte und tuckern die paar Kilometer nach Süden. Genau 200 m hinter dem Ortsschild BUDDI-TOGLIU, bei der ersten Abzweigung (Wegweiser Fonte Acqua Aresola) bei »km 287,2«, biegen wir rechts ab und winden uns auf einem Teersträßchen 700 m bergan (an der Gabelung rechts halten), unterqueren die neue Autobahn. Direkt dahinter links wartet eine schön gemauerte Brunnenwand. Von den sage und schreibe acht **Wasserhähnen** sprudelt aber kein einziger mehr! Während wir enttäuscht auf die "trockene Pracht" starren, brummt ein Dreiradkarren die Fortsetzung der Asphalt-bahn herab (welch' Zufall!). Der Fahrer studiert kurz unsere Mimik und erklärt mit einem Wink zunächst auf seine gefüllten Wasserkanister und dann auf die Fortsetzung des Weges: „Fonte presso fiume!"

Es geht steil hinauf und genauso steil (und schmal!) hinab zu einem Flüsschen, über das eine Betonbrücke führt. Direkt dahinter entdecken wir links den ersehnten Wasserhahn [N 40° 45' 12.3" E 9° 37' 59.6"] – aber für das Wendemanöver nach der

Tankfüllung wünschen wir Ihnen ein kurzes WOMO.

Viel einfacher ist die Kirche von STRÁULAS anzufahren! Sie liegt nur 200 m weiter südlich an der SS 125 und hat einen Wasserhahn auf ihrer Rückseite [N 40° 44' 55.0" E 9° 38' 49.3"].

Auf der SS 125 halten wir weiter nach Süden, berühren kurz vor BUDONI fast die neue Autobahn, nachdem wir sie bereits zweimal unterkurvt hatten.

Hier biegen wir links Richtung AGRUSTOS/OTTIOLU. Nach knapp 2 km kommen wir an der Abzweigung zu einem Clubhotel vorbei und biegen 150 m später rechts zur "Spiaggia Agrustos" ab. Die Teerstraße führt rechts an einem weiteren Ferienclub vorbei bis zu einem großen Parkplatz mit einigen Schattenbäumen direkt am Rande der Strandpineta.

Wer will (und kann) zwängt sein WOMO links weiter zwischen Hotel und Strand nach Norden durchs Pinienwäldchen. Es wird immer einsamer, bis wir völlig allein am Strand weilen: Fahrzeug, Tisch und Stühle im kühlen Schatten unter einer Riesenpinie, wir wenige Meter weiter am feinen Sandstrand, der fotogen von einigen Felsklippen durchsetzt ist.

(014) WOMO-Badeplatz: Agrustos

GPS: N 40° 43' 18.8" E 9° 42' 41.4"   **max. WOMOs:** > 5.
Ausstattung/Lage: Schatten, Sandstrand, saisonale Strandbar + Gebühr/außerorts.
Zufahrt: Auf SS 125 nach Süden. Vor Budoni links Rtg. Agrustos, nach 2 km rechts.

1300 m weiter sind wir in PORTO OTTIOLU. Dort landen wir, rechts abbiegend, am saisonal gebührenpflichtigen Parkplatz des Sandstrandes [N 40° 44' 12.9" E 9° 42' 36.2"], zu dem man etwa 200 Schritte traben muss. Hält man sich vor dem Badeparkplatz links, so erreicht man den Touristenhafen mit Wasserhähnen an jeder Anlegestelle und einer öffentlichen Toilette. Hinter dem WC links abbiegend findet man weitere Parkplätze mit einem kleinen (gebührenfreien) Badeplätzchen.

(015) WOMO-Badeplatz: Porto Ottiolu
GPS: N 40° 44' 26.5" E 9° 42' 41.8"   **max. WOMOs:** 1-2.
Ausstattung/Lage: Sandstrand, WC/Ortsrand.
Zufahrt: Auf SS 125 nach Süden. Vor Budoni links Rtg. Agrustos/Ottiolu; siehe Text.

Natürlich haben wir keinen Grund, hier schon wieder unser Lager aufzuschlagen, schließlich hatten wir unseren ersten Badehunger bereits am Morgen gestillt.

Wir haben für den Rest des Tages etwas ganz andere im Sinn! Stauseen dienen im Süden der Notwasserversorgung im Sommer, sei es für Mensch, Vieh oder Bewässerung. Lohnt es sich, dort nach einem Badeplätzchen zu suchen? Probieren geht über ...

Direkt vor BUDONI, noch vor dem typisch südländischen Friedhof (zwei **Wasserhähne** am Friedhofsparkplatz [N40° 42' 39.4" E9° 41' 31.4"]), unterqueren wir die Autobahn nach rechts Richtung BRUNELLA und schrauben uns in die ausgetrocknete, sonnendurchglühte Gebirgslandschaft hinauf.

In BRUNELLA fragen wir bei der Dorfschmiede nach Wasser: „Dove trovo una fontana?" und der ölverschmierte Geselle trottet freundlich mit uns quer über die Straße zu einer Art geplätteltem Tanzplatz, an dessen Rand ein schöner, gusseiserner **Wasserspender** [N 40° 41' 18.4" E 9° 38' 9.2"] wartet. Stolz dreht er am Hahn – und zuckt bedauernd die Schultern: „Niente, estate (Sommer)!" (Bei unserem letzten Besuch sprudelte er prächtig und war mit langen Schlauch ausgestattet; zweiter **Wasserhahn** am Ortsende links).

Das kann ja heiter werden! Ob der Stausee überhaupt noch Wasser führt? Hinter TALAVA geht der Teer in Schotter über, dessen kalkweiße Farbe den sardischen Schotterstraßen ihren Namen gegeben hat: "Strada bianca" (inzwischen komplett geteert).

Die schwarzgrauen Wolken und der brenzliche Geruch eines Macchiebrandes ziehen herüber, während wir recht komfortabel den Hang in Kurven hinabschwingen – eine Fata Morgana vor Augen: Tiefgrün, so als hätte man Farbe mit dem Flugzeug abgesprüht, liegt der See von POSADA im ausgebleichten Tal, zieht unser Fahrzeug magisch an. Wir erreichen ihn an einer Straßengabelung und halten uns links, auf TORPE zu.

Der See ist wohlgefüllt bis an seine saftiggrünen Grasufer. Wir brauchen nur noch an seinem Ostufer nach Süden zu fahren, nach einer Abfahrt, einem Bade- und Übernachtungsplätzchen zu suchen .... da – ein Schock!

Die "Fortsetzung" der Straße führt über die Krone des Staudammes – und

die ist schmal wie ein Handtuch. Kräftige Stahlrohrgeländer rechts und links geben die Sicherheit, nicht in die Tiefe stürzen zu können, aber ab 2,10 m WOMO-Breite kommt akute Platzangst auf (unser WOMO ist 2,10 m breit)!

Pfeifend entweicht mir hinter dem Damm die angehaltene Atemluft, dann führt die Straße weiter am Seeufer nach Süden (Hinweis: Breitere WOMOs fahren 1,8 km Richtung TALAVA zurück und dort rechts nach TORPE).

Erst an der Südspitze, wo die Straße nach Osten den See verlässt, entdecken wir eine miese Schotterpiste (man kann auch oben an der Straße parken), die zu einem schönen Lager- und **Badeplätzchen** [N 40° 37' 44.5" E 9° 37' 1.2"] am Wasser führt, zwischen Tamarisken und blau blühenden Sommerfliederbüschen.

Zunächst lädt der See nicht zum Bade, denn das Ufer besteht weniger aus glimmerglitzerndem Sand, sondern mehr aus großen Steinen, und das Wasser ist im Gegensatz zum klaren Blau des Meerwassers "naturtrübe". Aber muntere kleine Fische und Felder von Schwimmendem Laichkraut zeigen uns die gute Wasserqualität an, und es ist ein Vergnügen, sich in dem lauwarmen Nass zu entsalzen. Wer also mal den ewigen Meereswellen entfliehen möchte – hier findet er ein absolut einsames, spiegelglattes Süßwasserdomizil!

In TORPE, innerlich noch angefüllt von dem saftiggrünen Seepanorama, registrieren wir einen **Brunnen** [N 40° 37' 46.3" E 9° 40' 44.4"] am Straßenrand ohne größere Überraschung. Die Probe aufs Exempel – ein Druck auf den Hahn – er sprudelt kräftig!

Beim Durchqueren des kleinen Dörfchens quellen uns dann aber doch die Augen heraus: 5 (fünf) Brunnen sichten wir am Straßenrand, so dass für Wasserbedürftige ein Abstecher von der Küstenstraße sicher nicht vergeblich sein wird. Wir unterqueren die Autobahn – da grüßt schon das **Castello di Fava** herüber.

Hinweis: Bei unserem letzten Besuch war der Staudamm wegen Reparaturarbeiten komplett gesperrt.

Nun könnte es ja sein, dass Sie an unserem Badeseeabstecher gar nicht interessiert sind!?

Dann gehen wir in Gedanken mit Ihnen wieder zurück nach BUDONI, passieren die Friedhofswasserhähne und fahren auf der SS 125 weiter nach Süden Richtung SINISCOLA.

Bereits nach 1000 m führt ein Stichsträßchen nach links zum Strand (Wegweiser: Salamaghe). Damit ist ein inzwischen aufgegebener Campingplatz gemeint, so dass das Parkplatzrund uns übernachtungsgeeignet erscheint. Ein gepflasterter Steg führt in 100 Schritten zum Sandstrand.

(016) WOMO-Badeplatz: Budoni (Salamaghe)
GPS: N40° 42' 39.8" E9° 42' 40.6"   max. WOMOs: 2-3.
Ausstattung/Lage: Sandstrand, Mülleimer/außerorts.
Zufahrt: Von Olbia auf SS 125 nach Süden bis Budoni. Links Richtung Salamaghe.

Kaum 600 m weiter folgen wir dem nächsten Abstecher "Mare & Pineta" zu einem großen Parkplatz direkt hinter dem feinen Sandstrand, dessen besonderer Luxus in einem (funktionierenden) gusseisernem Brunnen besteht. Eine breite Sandpiste zieht unmittelbar hinter der Pineta weiter nach Süden....

(017) WOMO-Badeplatz: Budoni (Mare & Pineta)
GPS: N40° 42' 26.5" E9° 42' 55.9"   max. WOMOs: je 2.
Ausstattung/Lage: Sandstrand, Baumschatten, Brunnen, Mülleimer/außerorts.
Zufahrt: Von Olbia nach Süden bis Budoni. Links Richtung "Mare & Pineta".

Badeplatz Budoni "Mare & Pineta"

Am Ortsende von BUDONI bietet der **Campingplatz** "Pedra & Cupa" auch Platzfremden (gegen Gebühr) WOMO-Ver- und Entsorgung an.

---

(018) WOMO-Campingplatz-Tipp: "Pedra & Cupa"

GPS: N40° 42' 01.4" E9° 42' 50.8"   **Öffnungszeiten:** 15.5. - 5.10.
Zufahrt: Von Olbia auf der SS 125 nach Süden, am Ortsende von Budoni links.
Ausstattung: Schatten, Laden, Gaststätte, V/E, Strand 50 m; nächster Ort: 500 m.
Preise: WOMO + 2 Pers.: 22-46 €, Strom 4 €, Hund 2-4 €, V/E ohne Aufenthalt: 10 €.

Kurz darauf, bei »km 277,7«, zeigt wieder ein brauner Wegweiser "Mare Pineta" zur **Spiaggia di Budoni** nach links. Auf einem schmalen, staubigen Weg wackeln wir zu einem Pinienstreifen, vor dem viele Fahrzeuge auf der schattenlosen Lehmfläche parken (saisonale Gebühr).

Hat man den heißen, disteligen Dünenstreifen durchquert, in dem auch eine Barackenbar (mit Toilette) die Badegäste mit Getränken versorgt, landet man auf einem schönen, weißen Sandstrand, dessen Tanganschwemmungen ab und zu von der Gemeinde BUDONI mit dem Bagger entfernt werden.

---

(13) WOMO-Badeplatz: Budoni

GPS: N 40° 42' 00.3" E 9° 43' 12.5"
max. WOMOs: > 5.
Ausstattung/Lage: Sandstrand, saisonale Gebühr, Mülleimer, WC, Strandbar, nur 8-20 Uhr/außerorts.
Zufahrt: Von Olbia nach Süden bis hinter Budoni. Bei »km 277,8« links.

Der Hügel am Südrand der Bucht (CALA DI BUDONI) ist von einem dichten Pinienwäldchen überwuchert; das farbige Blinken daraus zeigt an: Eine Piste, vielleicht sogar eine Straße muss dorthin führen!

Wir entdecken die Zufahrt von der Küstenstraße SS 125 aus, etwa 600 m südlich der nächsten Autobahneinfahrt (LIMPIDDU) bei »km 277«, noch vor den ersten Häusern von TANAUNELLA.

Wir biegen links, und 400 m später geht es bei einem großen, rot-weiß gestrichenen Antennengittermast (gegenüber dem Supermarkt) wieder links und auf glattem Teer direkt aufs Wäldchen zu, wo ein Zaun verhindert, dass man den nahezu schattenlosen Parkplatz verschmäht und zwischen die Schattenbäume hineinkurvt. Die Unzahl der aufgestellten Feuerlöscher zeigt: Der Zaun allein reicht wohl nicht!

(020) WOMO-Badeplatz: Tanaunella

GPS: N 40° 41' 49.8" E 9° 43' 28.1"
max. WOMOs: > 5.
Ausstattung/Lage: Sandstrand, Mülleimer, wenig Baumschatten, WC bei der Rotkreuzstation, Wasserhähne bei der Bar und an der Rückseite vom Pater-Pio-Denkmal, saisonale Gebühr, nur 8-20 Uhr/außerorts.
Zufahrt: Von Olbia auf SS 125 nach Süden bis hinter Budoni. Bei »km 277,0« links.

Weiter rollen wir nach Süden. Nach knapp 5 km, wir haben uns gerade am Blick auf den quadratischen Festungsturm des **Castello di Fava** oberhalb POSADA gelabt, das einen zerklüfteten, aus der Küstenebene gewachsenen Felsklotz beherrscht, da lockt uns ein unbeschilderter Asphaltweg bei »km 271,2« (und etwa 100 m vor der geteerten Abzweigung ins Landesinnere Richtung BRUNELLA) nach links.

Nach knapp 1,5 km halten wir in einem langgestreckten Pinienwald hinter einem wunderschönen Sandstrand. Oh Mann, könnten hier viele WOMOs im Schatten stehen! Wir legen uns, wie viele der anderen Badegäste, im Schatten zur Siesta nieder und werden nur einmal von einer blauberockten, bärtigen Amtsperson gestört, die mit Blick auf unser WOMO streng fragt: „Camping?"

Wir antworten mit Unschuldsmiene: „No, no, solo bagnare!" und er trottet, scheinbar zufrieden, weiter.

(021) WOMO-Badeplatz: Posada-Mündung

GPS: N 40° 39' 09.5" E 9° 44' 38.2"   **max. WOMOs:** > 5.
Ausstattung/Lage: Sandstrand, Baumschatten, Mülleimer/außerorts.
Zufahrt: Von Olbia auf SS 125 nach Süden bis hinter Budoni. Bei »km 271,2« links.

Unser Platz liegt direkt am Nordufer der Posada-Mündung. Zum Baden lockt das Flüsschen, das sich hinterm Strand aufstaut und durch den Sand hindurchsickert, nicht gerade, aber die salzigen Hand- und Badetücher kann man prima auswaschen.

Hochwasserwarntafeln stehen am Ufer – aber falls wirklich mal der Damm des Posada-Stausees brechen sollte, brauchen Sie in diesem breiten Tal sicher nur die Füße anzuheben ...

Auch hier wurden am Strand Tangmassen angeschwemmt, aber sie sind überall von Sandbergen bedeckt, und es federt wie auf einem Trampolin, wenn man auf ihnen hüpft.

In POSADA treffen wir 100 m hinter der Esso-Tankstelle auf die Straße, die rechts, von TORPE und dem Posada-Stausee kommend, in die SS 125 einmündet. Hier treffen wir wieder auf unsere Stausee-Ausflügler und biegen mit ihnen links ab, aufs Meer zu (Richtung LA CALETTA).

Sie wollen sich einen Überblick über die Gegend verschaffen? Dann sind Sie auf dem quadratischen Aussichtsturm des **Castello di Fava** genau richtig! Das WOMO allerdings sollten Sie rechtzeitig abstellen, denn das mittelalterliche Dorf POSADA, dessen Häuser sich um den Burgberg drängen, ist mit seinen verwinkelten Gassen nicht auf modernen Verkehr eingestellt - und steinerne Häuserecken sind viel, viel härter als 0,4 mm Alu-WOMO-Blech!

Zum Ausgangspunkt unserer Burgbergbesteigung kommt man,

Posada mit Castello di Fava

wenn man nach 500 m Richtung LA CALETTA links abbiegt und am Friedhof vorbei (dort **Wasserhahn** [N 40° 38' 6.6" E 9° 43' 22.0"]) 1000 m bis zur nächsten Kreuzung [N 40° 38' 14.5" E 9° 43' 35.0"] rollt. Hier kann man fein parken und nach links steil hinaufspazieren.

Nach der Aussicht steht Ihnen der Sinn nun nach Meersicht bzw. Meereskühle? Dann müssen Sie sich an der Kreuzung nur rechts halten und stehen nach 1,4 km auf einem großen Parkplatz mit Schattenbäumen; eine geschwungene Fußgängerbrücke führt über ein Flüsschen zum prächtigen Sandstrand.

(022) WOMO-Badeplatz: Posada

GPS: N 40° 37' 49.2" E 9° 44' 26.1"   **max. WOMOs:** 2-3.
Ausstattung/Lage: Zwei Brunnen, Mülleimer, Pizzeria, Sandstrand/außerorts.
Zufahrt: Von Posada Rchtg. La Caletta, nach 500 m links und 1000 m rechts.
Bemerkung: Hauptsaison Gebühr und Übernachtung 20-8 Uhr verboten (benachbarter Campingplatz "Ermosa"!); sonst frei.

(022a) WOMO-Campingplatz-Tipp: "Ermosa"

GPS: N40° 37' 51.5" E9° 44' 20.5"   **Öffnungszeiten:** 15.4. - 15.10.
Zufahrt: Von Olbia auf der SS 125 nach Süden, am Ortsbeginn von Posada links.
Ausstattung: Schatten, Laden, Gaststätte, V/E, am Strand; nächster Ort: 1,5 km.
Preise: WOMO + 2 Pers.: 21-30 €, Strom 3 €.

Posada, Stagno Longu

Wir kehren nicht nach POSADA zurück, sondern nehmen bereits 500 m nach dem Strand die erste Abzweigung scharf nach links.

Die schmale Asphaltbahn ist Teil eines "Percorso naturalistico", führt am Rand des **Stagno Longu** entlang. Ein Teil davon ist so trocken, dass man ihn bedenkenlos als **Wanderparkplatz** [**23**: N 40° 37' 30.6" E 9° 44' 11.5"] empfehlen kann.

Am Sportplatz erreichen wir wieder die Hauptstraße, schwenken links und nach weiteren 500 m Richtung SAN GIOVANNI, entlang des Stagno Longu.

Zwischen Stagno und Strand überrascht uns linkerhand eine Piniengruppe mit **Picknickplatz**.

(024) WOMO-Picknickplatz: San Giovanni

GPS: N 40° 37' 18.4" E 9° 44' 34.2" **max. WOMOs:** 2.
Ausstattung/Lage: Baumschatten, Tisch & Bank/außerorts.
Zufahrt: Von Posada Richung San Giovanni, am Ortsbeginn links.

Eine Pizzeria läutet den "Sandstrandkomfort" ein, der sich, vorbei an einem kleinen Kirchlein bis zur Pineta vor dem **Sarazenenturm** hinzieht, nach rechts schließt sich die Marina an. Am besten haben uns die Badeplätze beim Kirchlein gefallen.

(025) WOMO-Badeplatz: San Giovanni

GPS: N 40° 36' 57.1" E 9° 45' 02.2"
max. WOMOs: 2-3.
Ausstattung/Lage: Sandstrand, Baumschatten, Mülleimer/Ortsrand.
Zufahrt: Von Olbia auf SS 125 nach Süden bis Posada, dort links.

Die Marina passierend und weiter am Meer entlang erreichen wir nahtlos LA CALETTA, halten auf SANTA LUCIA zu.

Gerade haben wir das Ortsendeschild von LA CALETTA erreicht – da beginnt die "Südsee": 1-2-3.....8 sandige Zufahrten führen zu Parkplätzen in einem lockeren Pinienwaldstreifen, vor dem sich ein Prachtstrand dahinzieht. Dabei ist die Pineta keineswegs überfüllt, nur einzelne Schattenbäume sind belegt, die meisten sind für Sie noch frei. Wem es hier nicht gefällt (nur 6-22 Uhr), der muss wahrlich bis zu den Seychellen weiterfahren!

(026) WOMO-Badeplatz: La Caletta

GPS: z. B. N 40° 35' 41.2" E 9° 45' 14.6"   **max. WOMOs:** > 5.
Ausstattung: Pinienschatten, Sandstrand, Mülleimer.
Zufahrt: Auf SS 125 nach Süden bis Posada. Dort links.
Hinweis: Bei "Problemen" kann man nachts im Freizeithafen von La Caletta stehen.

Der einzige Platz, auf dem selbst das WOMO Schatten fände, ist der letzte, direkt vor der Brücke über den Riu de Siniscola. Auch rechts und links des Ortes SANTA LUCIA wartet ein schattiger Pinienwald, aber der nördliche Teil ist von den **Campingplätzen** besetzt ...

(027) WOMO-Campingplatz-Tipp: "Selema"

GPS: N40° 34' 42.9" E9° 46' 23.0"   **Öffnungszeiten:** 1.4. - 31.10.
Zufahrt: Von Olbia auf der SS 125 nach Süden, 10 km südlich von Posada links.
Ausstg.: Schatten, Laden, Gaststätte, V/E, 2 Pools, am Strand; nächster Ort: 300 m.
Preise: WOMO + 2 Pers.: 21-45 €, Strom 3-4,50 €, V/E ohne Aufenthalt: 10-17,50 €.

(028) WOMO-Campingplatz-Tipp: "La Mandragola"
GPS: N40° 34' 47.0" E9° 46' 30.0"   **Öffnungszeiten:** 1.5. - 31.10.
Zufahrt: Von Olbia auf der SS 125 nach Süden, 10 km südlich von Posada links.
Ausstg.: Schatten, Laden, Gaststätte, V/E, am Strand; nächster Ort: 300 m.
Preise: WOMO + 2 Personen: 12-34 €, Strom 3 €, V/E 5 €.

... und beim Versuch, den Wald im Süden zu entern, bleiben wir prompt im Sand stecken.

So bleibt von SANTA LUCIA zu berichten, dass man beim **Sarazenenturm** am Hafen nett bummeln kann bis man, ein paar Schritte landeinwärts, die kleine, gemütliche Gastätte "Mama Mia" entdeckt.

Ach ja, ein freundlicher Einwohner hat uns einen **Brunnen** verraten, den man, obwohl er der Mittelpunkt einer großen, natursteingemauerten Anlage ist, leicht übersieht! Er liegt am Ortsbeginn links der Straße, zwischen den Campingplätzen und der "Zona militare" = Polizeiposten [N 40° 34' 50.3" E 9° 46' 34.2"]. Achtung! Der einzige Wasserhahn ist auf der Rückseite!

Was höre ich da? Sie hätten eine Weile vom Strandleben genug, möchten etwas unternehmen?

Dann umrunden Sie doch mit uns den **Monte Albo**, dessen auffälliger, gezackter Rücken den Horizont im Westen dominiert!

Schnell ist südlich SINISCOLA die vierspurige Schnellstraße Nr. 131 d.c.n. geentert, die uns bereits zu Füßen der Monte Albo entlang trägt. Nach gut 40 km verlassen wir sie an der Ausfahrt LULA/BITTI (kurz vorher Tankstelle mit GPL) und kurven, durch Berg und Tal, vorbei am **Kloster San Francesco** [N 40° 27' 21.9" E 9° 29' 9.5] hinauf zum Örtchen LULA. Dort schwenken wir hinter der Kirche rechts Richtung LODÈ, kurven nun westlich des Gebirgskammes mit freier Sicht ins Landesinnere entlang.

Wer hat nur die vielen Erdbeerbäume an den Straßenrand gepflanzt? Sie stehen in voller Blüte, tragen aber auch gelbe und reife, rote Kugelfrüchte. Schnell ist ein Körbchen von ihnen eingesammelt, und Waltraud hat mal wieder eine Idee: „Heute Abend koche ich Erdbeerbaummarmelade!"

Ein prima Plätzchen für die Mittagsrast ist nach 7,5 km die Ruine der **Cantoniera Ianna e Rughe** [N 40° 30' 12.1" E 9° 32' 37.7"]. Die nächste, auf der TCI-Karte heißt sie **Cant. Guzzurra**, wird gerade renoviert, so dass wir weiterrollen und nach 4 km das schönste Rastplätzchen unseres Ausfluges finden: Ein ebenes Wiesenstück [N 40° 33' 33.8" E 9° 37' 55.7"] links der Straße mit Blick durch eine Kerbe im Gebirgsrücken, schräg gegenüber ein toller **Brunnen** mit Tränktrog.

So, als wolle sich der Berg für unseren Besuch bedanken, überrascht er uns 1000 m weiter nochmals mit einem **Brunnen** (Funtana sa Mela) direkt rechts der Straße.

Der optische Höhepunkt der Tour indes ist der Abstieg vom Berg, nachdem wir an der **Cant. di S. Anna** nach rechts abgebogen sind. Wie mit "Google-Earth" blicken wir hinab auf die Küstenebene, während wir ihr Kurve um Kurve näher kommen. Jetzt freuen wir uns auf den nächsten Strandtag!

Weiter nach Süden beherrscht der ausgedehnte **Camping-platz** "Cala Pineta" den Pinienwald – dann kann man wieder auf verschlungenen Waldwegen zum Meeresstrand vordringen. Einen davon testen wir bei »km 250,2« (300 m nach der Campingplatzeinfahrt). Am Meeresstrand entdecken wir unter Pinien einen schönen Picknickplatz und einen beschaulichen Strandwanderweg, auf dem man nach 2 km wieder in SANTA LUCIA ankommt.

(029) WOMO-Bade- und Picknickplatz: Cala Pineta

GPS: N 40° 34' 2.7" E 9° 47' 24.3"   **max. WOMOs:** 2-3.
Ausstattung/Lage: Picknickplatz, Pinienschatten, Kies-/Felsstrand/außerorts.
Zufahrt: Von La Caletta nach Süden, bei »km 250,2« links.

Eine Hügelkette taucht nun vor uns auf, scheint uns den weiteren Weg versperren zu wollen. Aber etwa 1 km südlich des Ortes CAPO COMINO gabelt sich die Straße. Drei Verkehrsinseln und das Hinweisschild "Capo Comino" weisen Ihnen den weiteren Weg, wir biegen nach links ab.

Bereits nach 500 m führt links ein schmales Teersträßchen eukalyptusbaumflankiert mitten in eine aufgetürmte Dünenlandschaft, weiß glänzend und mit dunkelgrünen Mastixsträuchern verziert. Der Teerweg endet nach 600 m an einem Rondell, dann geht es (zu Fuß) noch 50 m weiter vor bis zu einem kleinen, schattigen Pinienhain direkt innerhalb der Dünen. Von dort sind es nur noch wenige Schritte zum Supersand-strand südlich der **Salina Manna**, den Sie zumindest für einen Badestopp beehren sollten! Weitere Parkmöglichkeiten findet man beidseits der Stichstraße.

(030) WOMO-Badeplatz: Salina Manna
GPS: N 40° 32' 22.2" E 9° 48' 07.8" max. WOMOs: 1-2.
Ausstattung/Lage: Pinienschatten, Dünensandstrand/außerorts.
Zufahrt: Links Richtung Capo Comino und 500 m später wieder links.

Nach 2/3 des Weges (2600 m) zum **Comino-Kap** wartet links ein weitläufiges Stellplatzgelände mit der Gaststätte "Il Muletto" inmitten der Einsamkeit. Auch dort kann man sich wohlfüh-len, wenn nicht der linkerhand zu Ende gehende Dünenstrand gerade völlig mit getrocknetem Tang bedeckt ist.

(031) WOMO-Badeplatz: Capo Comino I (Il Muletto)
GPS: N40° 32' 04.2" E9° 49' 03.2" max. WOMOs: 3-4.
Ausstattung/Lage: Sandstrand, Liegewiese, Gaststätte/außerorts.
Zufahrt: Bei »km 250,2« links Richtung Capo Comino und 2500 m später links.

Links der weiter zum Leuchtturm führenden Teerstraße be-
herrschen urige, rotbraun-bei-
ge-graue, fotografierenswerte
Tafonigestalten das Bild (wer
findet "unseren" Tafoni mit dem
"Nasenloch"?). Am **Leuchtturm** endet die Teerstraße mit
einem ungemütlichen Wendeplatz [N40° 31' 42.3" E9° 49'
38.4"], setzt sich jedoch als
Schotterpiste noch 1000 m fort
zu weiteren, lauschigen Stellplätzen, manche gar mit Tisch
und Bank unter schattigen Tamarisken, für Schnorchler, Taucher und Einsamkeitsfanatiker.

(032) WOMO-Picknickplätze: Capo Comino II
GPS: z.B. N40° 31' 37.7" E9° 49' 36.5"   max. WOMOs: je 1.
Ausstattung/Lage: Felsstrand/außerorts.
Zufahrt: Bei »km 250,2« links bis zum Capo Comino und noch 200 m.

Sie wollen endlich das Surfbrett zu Wasser lassen? Dann
kehren Sie mit uns um – wir haben einen **Superstrand** für Sie
entdeckt!
An der SS 125 zurück halten wir links, auf OROSEI zu. Die
Straße windet sich nun durch eine Mini-Gebirgslandschaft,
zwischen den steinigen Macchiehügeln liegen bereits abge-
erntete Weizenfelder. Direkt vor dem Kilometerstein »242« und
noch 300 m vor der Straßenmeisterei Berchida führt nach links

eine Sandpiste hinauf, das **Restaurant** "Meriacru" wird ange-priesen, ein braunes Schild deutet zur "**Area Archeologica 2000 m**". Nach wenigen Metern geht die Piste in die Waage-rechte über und führt mit Schlaglöchern und Waschbrettrillen nach Südosten. Nach 1400 m passieren wir die angekündigte Gaststätte, kurz darauf das Hinweisschild zu der erst neuer-dings rechts des Weges ausgegrabenen Nuragher-Siedlung, und nach knapp 4 km stehen wir an einem Prachtstrand: Türkisblaues, makelloses Wasser, blendendweißer, breiter, feiner Sandstrand!

(033) WOMO-Badeplatz: Rio Berchida

GPS: N 40° 28' 47.9" E 9° 48' 31.7"   **max. WOMOs:** > 5.
Ausstattung/Lage: Sandstrand 200 m, saisonale Gebühr ca. 10 €/Tag/außerorts.
Zufahrt: Von Santa Lucia auf SS 125 nach Süden bis »km 242«, dort links 4 km.

Die meisten WOMOs stehen auf dem öden, total schattenlosen Riesenparkplatz neben dem ausgetrockneten Flussbett des **Rio Berchida**. Viel schöner sind die (verbotenen) Stellplätze zwischen hohen Macchiebüschen hinter den flachen Dünen, zu denen Pisten nach Süden und Norden führen.
Wir sind begeistert – und raten Ihnen, sich mit Vorräten (vor allem Wasser) einzudecken, denn wenn Sie schon die Piste bewältigt haben, wollen Sie so schnell sicher nicht wieder weg! Auffällig sind die vielen Surfer, die elegant über die Wellenber-ge zischen. Im Gespräch wird klar: Südlich des **Capo Comino** weht eine ziemlich sichere Dauerbrise, nicht zu wild, nicht zu flau – genau das Richtige für Durchschnittsansprüche.
Über die Qualität des Restaurants "Meriacru" können wir nichts sagen. Wir nehmen immerhin an, dass die vielen Pferdchen in der Koppel zum Reiten ausgeliehen werden und nichts mit der Küche zu tun haben!

Schön ist der Bummel durch die "**Area archeologica Conca Umosa**". Zwar sind die steinernen Zeugen wie Hüttenfundamente, Nuraghenstumpf und aufgeschüttete Terrasse spärlich – um so aussichtsreicher ist der Blick von einem hohen Tafoni-Aussichtsplatz aus über die Berchida-Küste.

Wir ziehen weiter nach Süden. Die Landschaft ist jetzt vielgestaltiger. Zwischen den obligatorischen Pinien wehen die schmalen, gebogenen Blätter des Eukalyptus in der Brise, und überall in der Macchie leuchten die rosafarbenen Blütenstände des Oleander.

Area archeologica Conca Umosa

Die Strände von CALA GINEPRO und CALA LIBEROTTO liegen nur wenige 100 m abseits der SS 125.

Kurz vor » km 236« schwenken wir links zur CALA GINEPRO; halten uns immer links und erreichen nach 2 km den Camping "Cala Ginepro".

---

(034) WOMO-Campingplatz-Tipp: "Cala Ginepro"

GPS: N40° 26' 48.0" E9° 47' 30.9"   **Öffnungszeiten:** April-Oktober.
Zufahrt: Auf der SS 125 nach Süden, kurz vor » km 236« links.
Ausstattung: Schatten, Laden, Gaststätte, V/E, am Strand; nächster Ort: 8 km.
Preise: WOMO + 2 Personen: 23-44 €, Camperstop bzw. V/E ohne Aufenthalt 15-33 €.

Traumstrand an der Cala Ginepra

Wendet man sich vor dem Campingplatz nach links, so endet die Asphaltstraße bei einem kleinen Stagno mit großem Parkplatz. Auf Schotter geht's rechts an ihm vorbei zu einem Traumstrand, an dem sich die Piste verzweigt. Rechts findet man (ziemlich nahe am Camping) steinerne Tische und Bänke in der Pineta, nach links gelangt man in die Einsamkeit.

(035) WOMO-Badeplatz: Cala Ginepro
GPS: N40° 27' 07.2" E9° 47' 50.7"   **max. WOMOs:** 2-3.
Ausstattung/Lage: Feinster Sandstrand, Büsche & Bäume/außerorts.
Zufahrt: Auf der SS 125 nach Süden, kurz vor »km 236« links, vor dem Camping links.

Nimmt man an der Strandzufahrt die erste Abzweigung nach rechts, so stößt man bald auf den Camping "Sa Prama".

(036) WOMO-Campingplatz-Tipp: "Sa Prama"
GPS: N40° 26' 22.7" E9° 46' 52.0"   **Öffnungszeiten:** Mai-Oktober.
Zufahrt: Auf der SS 125 nach Süden, kurz vor »km 236« links.
Ausstattung: Schatten, Laden, Gaststätte, V/E, Strand 50 m; nächster Ort: 8 km.
Preise: WOMO + 2 Personen: 20-35 €, Hund 1,00-5,50 €.

Fährt man an der Einfahrt vorbei, so gabelt sich der Weg. Links führt er durch ein Pinien-Picknickwäldchen mit vielen Tischen und Bänken (nur wenige Schritte zum Strand).
Wendet man sich rechts, so endet die Straße nach 1 km in der **Cala Liberotto** direkt vor dem Flüsschen **Rio sos Alinos** mit einem großen Schotterparkplatz hinter dem Sandstrand beim Restaurant "Viraggio".

(037) WOMO-Badeplatz: Cala Liberotto
GPS: N40° 25' 52.7" E9° 46' 34.1"   **max. WOMOs:** 2.
Ausstattung/Lage: Feinster Sandstrand, Büsche & Bäume/außerorts.
Zufahrt: Auf der SS 125 nach Süden, kurz vor »km 236« links, dann rechts halten.

Rote und weiße Oleanderbüsche begleiten uns längs des Weges auf den letzten Kilometern bis OROSEI. Am »km 227« beginnt die Straße in Schwüngen den Abstieg, gibt den Blick frei auf das weite Mündungstal des **Cedrino**. Wir halten und können bereits von hier aus mit dem Fernrohr Wohnmobile an der Marina von OROSEI erspähen. Wir biegen jedoch schon vor dem Fluss links, dem Wegweiser **Chiesetta Santa Maria e Mare** folgend. Das Teersträßchen scheint parallel zum Fluss ans Meer zu führen, schwingt sich dann aber nach links wieder den Hang empor. Hier führt ein Schotterweg nach rechts zu dem einsamen und verschlossenen, kleinen Kirchlein inmitten eines prachtvollen Gartens, der fast narkotisch nach Oleander duftet. Dazwischen leuchten die gelben Blüten des Pfriemenginsters, auch Palmen fühlen sich hier wohl.

Vor der Brücke zur Kirche links eine riesengroße Wiesenfläche, wo man fein rasten und übernachten kann.

(038) WOMO-Stellplatz: Orosei/Santa Maria e Mare

GPS: N 40° 22' 42.1" E 9° 43' 36.9"   **max. WOMOs:** 2-3
Ausstattung/Lage: keine/außerorts.
Zufahrt: Auf SS 125 nach Süden, vor dem Cedrino-Fluss links, nach 2 km rechts.

Zwischen Brücke und Kirche führt nach links, steil hinab, eine Piste zu weiteren **Stellplätzen** direkt am **Cedrino**.

Wir kehren zur Hauptstraße zurück, überqueren den **Fiume Cedrino**. 200 m hinter dem Ortsschild von OROSEI wartet eine Agip-Tankstelle mit Geldscheinautomat links, 100 m später biegen wir links Richtung MARINA DI OROSEI ab. Nach 2,5 km ist die Teerstraße zu Ende, Parkbuchten zwischen Tamarisken, Palmen und Olivenbäumen bieten reichlich Platz – leider darf man sich hinter dem Sandstrand rechts und links einer staubigen Piste kein ruhigeres Plätzchen suchen.

(039) WOMO-Badeplatz: Marina di Orosei

GPS: N 40° 22' 26.1" E 9° 43' 29.1"   **max. WOMOs:** 3-4
Ausstattung/Lage: Sandstrand, Baumschatten, Wasser bei Gaststätte/außerorts.
Zufahrt: Auf SS 125 nach Süden bis Orosei, in der Ortsmitte links.

Strand und Meer sind einwandfrei – aber man fühlt sich auf dem Parkplatz wie auf einem Präsentierteller. Da fällt der Blick auf die Pinienstreifen im Süden! Wir wenden, rollen zurück und biegen 1200 m vom Strand entfernt im 90-Grad-Winkel nach links, halten nach Südwesten. Nach 950 m folgen wir dem Schildchen "Pineta Su Barone" nach links. Es leitet uns, zunächst asphaltiert, dann geschottert, durch eine traumhafte Lagunenlandschaft und über eine Holzbrücke zu Pinienschattenplätzen ohne Ende [z. B. N 40° 21' 21.3" E 9° 41' 55.1"]. Dann führt der Weg durch die Pineta, überquert ein zweites Brückchen und schlängelt sich sehr schmal (**?**), sandig und wurzeldurchsetzt bis zum Sandstrand ...

(40) WOMO-Badeplatz: Marina di Orosei/Pineta Su Barone

GPS: N40° 21' 05.8" E9° 41' 47.0"   **max. WOMOs:** 2-3
Ausstattung/Lage: Sandstrand, Baumschatten/außerorts.
Zufahrt: Vom Strand von Orosei 1200 m zurück, dort links und nach 950 m wieder links.

1100 m nach unserem Pineta-Abstecher treffen wir auf eine Querstraße, in die wir nach links einbiegen. Nach 2,6 km haben wir wieder Kontakt mit der Küste und schwenken links in den "Osalla Beach Garden" ein mit Wohnmobilstellplätzen, Picknickgelände im Pinienschatten, usw. usw.

(041) WOMO-Badeplatz: Orosei/Osalla Beach Garden

GPS: N40° 20' 41.4" E9° 41' 10.7"   **max. WOMOs:** > 5.

Ausstattung: Pinienschatten, Picknickareal, Kinderspielplatz, Gaststätte, Mülleimer, Sandstrand, Wasserhahn, Duschen, Strom, Zugang zum Sandstrand.

Zufahrt: Am Ortsende von Orosei links Rchtg. Caletta di Osalla. **Komplettpreis:** 10 €.

Das Teersträßchen führt weiter; zwischen Sand und Straße lockt zwar die schattige Pineta, aber ein Flüsschen versperrt die Zufahrt. Nach 1300 m ist vor der Hafenanlage in der **Caletta di Osalla** Schluss mit einem etwas größeren **Badeparkplatz** [N 40° 20' 0.0" E 9° 40' 40.7"] mit Baumschatten. Ein Brückchen führt über den Wasserlauf zum Pracht-strand (Foto).

An der Hafenanlage endet wie gesagt die Stichstraße. Wer sich die Mühe macht, um das kleine Kap herumzuklettern, der entdeckt voller Verblüffung dahinter eine prächtige Sandstrand-bucht – und parkende Fahrzeuge!

Kartenstudium! Selbst die neueste TCI-Karte bietet auf direktem Wege nur eine "strada non asfaltada con difficoltà" an. Aber hin müssen wir, koste es, was es wolle!?

Zunächst geht es aber zurück bis OROSEI.

OROSEI ist eine alte Stadt! Das sollten Sie beherzigen, falls Sie Lust auf einen kleinen Bummel haben. Lassen Sie das WOMO unten an der Durchgangsstraße stehen. Wir haben am eigenen Leibe gespürt, wie schnell man in einer schmalen Sackgasse drin ist – und wie lange man braucht, bis man das Fahrzeug aus dem steinernen Korsett wieder befreit hat.

Die SS 125 windet sich südlich von OROSEI Richtung DORGALI ins Gebirge.

Halt, was ist das?

Viel zu schnell bringe ich das WOMO zum Stehen, das Hupen meines Hintermannes klingt nicht sehr freundlich, aber wir starren auf die fensterlosen Marmorwände eines seltsamen Gebäudes.

Erst nach und nach erkennen wir, dass wir ins Innere eines Marmorsteinbruches blicken, aus dem glatt und senkrecht, Block für Block, das begehrte Material herausgeschnitten wird (Foto links).

Bei »km 214,4« bietet ein "Agriturismo" **Wohnmobilentsorgung** an, ein zweiter bei »km 211,7« zusätzlich **WOMO-Stellplätze** und bei »km 209,5« biegen wir nach links zur **Grotta di Ispinigoli**.

Nach 1300 m kommen wir an eine Gabelung, halten uns rechts und haben den ebenen **Höhlenparkplatz** [N 40° 19' 7.0" E 9° 36' 19.2"] vor dem **Restaurant** "Ispinigoli" nach weiteren 500 m erreicht. Die Höhle kann von 9-13 und von 15-18 Uhr zu jeder vollen Stunde besucht werden.

Für die halbstündige Führung, bei der Sie Ihre Italienischkenntnisse wesentlich erweitern können, sind bis 9 Jahre 4 Euro, für 10-100-Jährige 8 Euro zu berappen.

Nein, Sie brauchen keinen Wintermantel! Die Temperatur der Höhle liegt bei 18-20 °C, genau das Richtige für eine sommerliche Abkühlung.

Der riesige Saal, an dessen Wand 182 Stufen hinabführen, ist über und über mit Tropfsteinen behängt.

Die Hauptattraktion ist jedoch eine Tropfsteinsäule von fast 40 m Höhe, die die Höhlendecke wie ein Zirkuszeltmast zu stützen scheint.

Bei so vielen tropfenden Steinen denkt man natürlich an Badefreuden – und auch an den bereits von der **Caletta di Osalla** aus gesichteten Sandstrand!

Aber leider haben die "Oberen" der Gemeinde CALA GONONE ihre Region komplett gegen Wohnmobile abgesichert. Rollt man von der Gabelung vor der Höhlenzufahrt geradeaus weiter Richtung **Spiaggia Osalla**, **Spiaggia Cartoe** und **Cala Gonone**, so wird man an allen drei (!) Zufahrten von Verbotsschilder angedroht (und kassiert werden jeweils 78 € .....).

Wir kehren folglich knurrend zur SS 125 zurück und nehmen über DORGALI die Hauptstraße nach CALA GONONE:

Dort können wir (geradeaus über den ersten Kreisel) bis zum Campingplatz "Cala Gonone" fahren, denn die Zufahrt zum "Porto turistico", dem **Touristenhafen** und dem berühmten **24-Becken-Aquarium**, ist für WOMOs gesperrt.

---

(042) WOMO-Campingplatz-Tipp: "Cala Gonone"
GPS: N40° 17' 04.5" E9° 38' 02.6"   **Öffnungszeiten:** 1.4.-3.11.
Zufahrt: Auf der SS 125 nach Süden, 2 km südlich Dorgali links durch den Tunnel.
Ausstattung: Schatten, Laden, Gaststätte, V/E, Pool (7-8), Strand 200 m; im Ort.
Preise: WOMO + 2 Personen: 26-39 €, Strom 2-5 €, Hund 3-5 €.

Wir biegen beim Camping nach rechts ab (Wegweiser: Caletta Fuili/WOMO-Stellplatz "Palmasera"). An dieser Straße findet man nicht nur die Touristen-Info, sondern auch genügend Parkplätze, um vom WOMO in eines der Schiffchen umzusteigen, die Ausflugsfahrten zu der berühmten Meereshöhle **Grotta di Bue marino** und den benachbarten Traumstränden anbieten, die man nicht vom Land aus erreichen kann (8-30 Euro je nach Dauer).

---

(043) WOMO-Stellplatz: Cala Gonone (Palmasera)
GPS: N40° 16' 46.6" E9° 37' 46.7"   **max. WOMOs:** > 5.
Ausstattung/Lage: V/E/Ortsrand. **Preise:** 20 € incl. Strom und V/E.
Zufahrt: Auf der SS 125 nach Süden, 2 km südlich Dorgali links durch den Tunnel.

Rollt man, vorbei an der "Area di Sosta Attrezzata", weiter nach Süden zum Aussichtspunkt "Caletta Fuili", dann sollte man sehr sorgfältig die Straßenränder begucken, damit man nicht den kleinen, schattigen Picknickplatz übersieht!

Spätestens nach 2,4 km muss man das WOMO abstellen und zu Fuß weitermarschieren, denn die letzten 500 m der Straße bis zum Wendepunkt sind mal wieder für WOMOs gesperrt

---

(044) WOMO-Wander- und Badeplatz: Caletta Fuili
GPS: N 40° 15' 39.1" E 9° 37' 31.3"   **max. WOMOs:** 3-4
Ausstattung/Lage: Kiesstrand 500 m, Wanderweg: Caletta Fuili - Cala di Luna (traumhafter Badestrand) 3 Std.; Rückweg zu Fuß oder mit dem Bootchen/außerorts.
Zufahrt: Vom Camping "Cala Gonone" 3 km nach Süden.

Abstieg zur Caletta Fuili, Beginn des Wanderweges zur Cala di Luna

Wir kurven in angenehmen Schleifen wieder empor, machen 1,3 km nach dem Ortsendeschild einen Abstecher zum **Nuraghen Mannu**. Nach 1,3 km parken wir kurz vor einem "Agriturismo" auf dem neuen **Wanderparkplatz** [N 40° 15' 54.4" E 9° 36'

59.0"], marschieren 10 min. bergab auf einem gerölligen Holperstolperweg zum schwarzbraunen Nuraghenstumpf aus Lavagestein [N 40° 15' 34.5" E 9° 37' 13.1"], dessen Besuch wesentlich aufgewertet wird durch den Blick hinab auf die bizarre Küstenlinie (9-12, 16-19 Uhr, 3 €). Zurück an der Bergstraße haben wir nach 3,5 km die Passhöhe erreicht. Direkt vor dem Tunnel gibt es einen Aussichtspark- und Picknickplatz mit schönem Blick auf die Cala-Gonone-Bucht!

Wir sind auf dem Weg ins Landesinnere – und was liegt da näher, als Ihnen eine feine Wanderung anzubieten – oder gleich zwei?

Hinter dem Tunnel stoßen wir wieder auf die SS 125, schwenken nach links Richtung TORTOLI, um nach genau 1000 m wieder rechts abzuzweigen (Wegweiser: Monte Tiscali/Gola Gorropu). In bequemen Kurven geht hinab ins Tal des Riu Flumineddu, weinfelderbegleitet weiter flussaufwärts. Nach 9,6 km endet der Asphalt ohne einen richtigen Parkplatz hinter einem Brückchen mit grünem Geländer. Wir wenden und stellen das WOMO auf eine der drei Parkbuchten 300 m vorher.

(045) WOMO-Wanderparkplatz: Riu Flumineddu

GPS: N 40° 13' 47.6" E 9° 31' 12.1"; 209 m.   **max. WOMOs:** 3
Ausstattung/Lage: Wanderwege/außerorts.
Zufahrt: Vom Cala Gonone-Tunnel 1 km nach Süden, dann rechts noch 9,6 km.
Sonstiges: Es empfiehlt sich, abends anzukommen, zu übernachten und am frühen Morgen loszulaufen. Für die Tour zum Monte Tiscali werden Bergstiefel empfohlen, Bargeld, Getränke und Vesper nicht vergessen. Gesamtwanderzeit mit Besichtigung ca. 3 1/2 Stunden. Für die Tour zur Schlucht Gola Gorropu reichen Turnschuhe oder Wandersandalen (falls man nicht in der Schlucht herumklettern möchte), Brunnen gibt es am Wegrand.

Gemeinsamer Tourenbeginn: Hinter der Brücke mit dem grünen Geländer marschieren wir rechts, über einen Hügel, bis zur eingestürzten **Ponta Sa Barva** über den **Riu Flumineddu** (die Wucht eines Hochwassers hat die Brückendecke 100 m talwärts geschleudert). Eine Notbrücke verbindet die Brückenpfeiler, im Sommer gelangt man auch trockenen Fußes durchs Flussbett; unter der Brücke schöne Badegumpe. Dahinter gabelt sich der Weg: Rechts geht es zum Monte Tiscali, links zur Gola de Gorropu.

1. Zum Monte Tiscali: Nach der **Ponte Sa Barva** marschieren wir rechts 10 min. auf breitem Weg durch hohe Macchie: Wir nehmen die zweite Abzweigung nach links (Holzschild: Tiscali), sie steigt mit uns an, über die **Scala de Surtana** erklimmen wir eine steile Talflanke, wandern aber bald wieder gemütlich auf dem alten Hirtenpfad bis zum **Surtana-Sattel**.

Jetzt geht es etwas bergab, in einer Niederung, nach 1 1/2 Std. verzweigt sich der Weg: Rechts geht es hinab ins **Lanaittu-Tal**, wir halten uns links, auf eine Steilwand zu – und dann wird's ernst: Steil steigen wir die Flanke des **Monte Tiscali** hinauf, wiederum 30 min. (oder länger), zum Teil über scharfkantiges Kalkgestein, bis wir unser Ziel erreicht haben.

Die rote Markierung führt in eine riesige Karsterscheinung: eine eingebrochene Höhle, eine **Doline** mit einem Durchmesser von über einhundert Metern. Ihre halbkugeligen Wände stehen noch, in der Mitte bildet die eingebrochene Decke einen Hügel – und unter dem Schutz der Seitenwände entdecken wir die Reste der **steinzeitlichen Siedlung**: Mauern, Turmringe, Wälle.

Hier ist es kühl, ab und zu fallen Tropfen zu Boden, dunkelgrüne Moospolster haben sich an diesen Stellen entwickelt. Im sommerglühenden Sardi-

nien eine erfrischende Oase – und zusätzlich völlig unsichtbar, vor einer feindlichen Umgebung verborgen, ein ideales Refugium für Verfolgte.

Das überraschendste aber: In der Einsamkeit des sardischen Gebirges werden wir begrüßt von einem Führer, der nicht nur kassieren, sondern auch (auf englisch) erklären kann!

Nach dem Kulturgenuss suchen wir uns in der Nähe des Gipfels ein aussichtsreiches Plätzchen, denn zu einer richtigen Tour gehört natürlich ein zünftiges Vesper!

Eine gute Stunde später ziehen wir bereits am WOMO die schweren Bergstiefel aus (Gesamtzeit für Wanderung und Besichtigung etwa 3 1/2 Std., ab 7-8 Jahren zu empfehlen).

2. Zur Gola de Gorropu: Nach der **Ponte Sa Barva** marschieren wir links auf dem ehemaligen Jeepweg (der nach dem Brückeneinsturz kaum noch benutzt wird), passieren nach 25 min. die **Area Attrezzata** "Sa Roda" mit schönen Badegumpen. An steilen Stellen ist der Weg gepflastert oder betoniert, führt nach 35 min. am nächsten **Picknickplatz** vorbei. Schön schattig die **"Fonte"** nach 40 min. Das dichte Macchie-Gesträuch aus Erdbeerbäumen, Myrtensträuchern, Cistrosen, Baumheide, Mastixbüschen, Wacholder und Steineichen wächst jetzt schattenspendend über uns zusammen. Nach genau 1 Std. **Brunnenanlage** im Schatten mit Tisch & Bank & Grillstelle. Der Weg ist zum Pfad geworden, zieht hinauf, hinab und wieder hinauf, schließlich klettern wir steil hinunter zum Grund der **Gola di Gorropu** (2 Std., 6,5 km), der geradezu gespickt ist mit malerischen, marmorweißen Riesenfelsklößen, die von der Wucht des Wassers so übereinander

getürmt sind, dass nur Wagemutige schluchtaufwärts vordringen können. Viel einfacher ist es, sich schluchtabwärts zu wenden, wo der Fluss zutage tritt, um über ausgewaschene Kalkformationen in kleine Badegumpen hinabzurauschen. Für den Rückweg braucht man ebenfalls 2 Std.

Zurück an der SS 125 passieren wir den Cala-Gonone-Tunnel, erreichen nach 2 km DORGALI. Hier kann man einkaufen und, weil touristenfern, viel billiger als in den sommers überlaufenen Badeorten. Der größte Supermarkt, der Friedhof (Cimitero) mit Wasserhahn [N 40° 17' 24.5" E 9° 34' 52.0"] und eine Tankstelle mit GPL liegen an der linken (westlichen) Stadtumfahrung, die mittlere, alte "Hauptstraße" sollten Sie Ihrem WOMO bzw. Ihren Nerven nicht antun. Einen **Camperservice** findet man an der östlichen Stadtumfahrung [N 40° 17' 49.3" E 9° 35' 22.3"; ausgeschildert].

Apropos baden! Bei unserer Weiterfahrt Richtung OLIENA entdecken wir, dass der Stausee des **Fiume Cendrino** bestens gefüllt ist. Eine hohe Brücke überquert ihn – und etwa 300 m später wagen wir es, im spitzen Winkel wendend, auf die alte Straße überzuwechseln und zum Seeufer zurück- und hinabfahren (**???**). Bitte unternehmen Sie nicht den Versuch, unser Manöver nachzuvollziehen! Zunächst gaben sich die Teerreste der alten Straße ja ganz manierlich, dann aber weiteten sich die Erosionslücken so stark, dass das WOMO geradezu von Teer- zu Teerrest hüpfen musste – es war schaurig! Und das Schlimmste – wir mussten die immer wilder werdende Piste auch noch bis zum Seespiegel hinunterpoltern, ja -krachen, weil sich vorher keine Wendemöglichkeit bot. Dort war übrigens die Enttäuschung groß, denn die so mühsam erkämpfte Idylle entlarvte sich aus der Nähe als lehmig-öde Uferzone, die allenfalls Angler entzücken würde.

Statt alter Straßen erfreut Sie eher alte Kultur!?
An der nächsten Gabelung halten wir zunächst nicht links, Richtung OLIENA, sondern geradeaus, auf die SS 129 zu und erspähen 2300 m später rechts den **Nuraghen Oveni**, der inmitten einer Viehweide, umgeben von Feigenkakteen, wildem Spargel und Olivenbüschen im Dornröschenschlaf liegt.

Nuraghe Oveni

Die Verteidigungseinheit wird von einem Zentralturm überragt, der von mehreren Bastionen umgeben ist. Von der Krone des Zentralnuraghen können wir den eingebrochenen Innenraum und die Wendeltreppe in der Turmwandung erkennen.

300 m weiter erreichen wir den Eingang zum **Nuraghendorf Serra Orrios** [N 40° 19' 58.9" E 9° 31' 52.6"] mit Restaurant und schattigen Parkmöglichkeiten (9-13, 15-18 Uhr, Eintritt 5 €). Wer zu spät kommt, darf auf dem Parkplatz übernachten!

(046) WOMO-Stellplatz: Serra Orrios

GPS: N40° 19' 58.9" E9° 31' 52.6"   **max. WOMOs:** 2.
Ausstattung: Schattenbäume, Besichtigung/außerorts (straßennah).
Zufahrt: Von Dorgali Rchtg. Oliena, dann rechts auf der SS 129 noch 2,3 km.

Der Fußweg führt den hitzestöhnenden, jedoch kunsthungrigen Touristen durch ein gepflegtes Gelände zum Nuraghendorf. Über siebzig Rundhütten, deren Mauerreste bis Brusthöhe erhalten sind, gruppieren sich zu "Großfamilieneinheiten" um eine Zisterne. Die Hütten haben einen

Durchmesser von fünf Metern, ihre Mauern sind aus kopf- bis koffergroßen Steinbrocken zusammengefügt und etwa einen Meter dick. Ein Tempel liegt am Dorfrand, der andere innerhalb eines großen Mauerringes etwas abseits im Westen. Der Zugang führt durch ein rechteckiges Tor, als Türsturz dient ein riesiger Felsblock, davor liegt eine fast kreisförmige Vorhalle.

Wir wenden unser WOMO vor dem Ausgrabungsgelände, kehren zur letzten Straßengabelung zurück, halten nun nach rechts, auf OLIENA zu, biegen jedoch nach knapp 8 km wieder links, ein Naturwunder ersten Ranges wartet auf uns – die üppigste **Karstquelle** Sardiniens – **Su Cologone**!

Wir brauchen den Weg dorthin nicht zu suchen – an jeder Gabelung ist das **Hotel/Restaurant** "Su Cologone" ausgewiesen. Knapp 6 km nordöstlich von OLIENA zweigt eine neue

Teerstraße ab, führt an dem **Kirchlein San Giovanni** und dem Hotel vorbei und endet an einem schön angelegten **Parkplatz** mit **Brunnen** inmitten üppigen Grüns.

(047) WOMO-Stellplatz: Su Cologone

GPS: N 40° 17' 20.3" E 9° 29' 40.1"; 129 m.   **max. WOMOs:** 3-4.
Ausstattung: Brunnen, Schattenbäume, Verkaufsbude, Spazierweg zur Karstquelle (saisonale Gebühr), Bar, Restaurant 200 m/außerorts.
Zufahrt: Von Dorgali Rchtg. Oliena, dann links den Wegweisern folgen.

Aber das ist nur der bescheidene Auftakt!

An einem Eukalyptushain vorbei führt eine gepflasterte Promenade (saisonale Gebühr) vorbei an einem Kinderspielplatz zur ersten Quelle, deren Nass schon recht beeindruckend aus einem Felsschlund herausschießt. Wir hüpfen über den Abfluss, nachdem wir die eiskalte Erfrischung probiert haben, folgen dem bequemen, betonierten Spazierweg unterhalb eines weißgekalkten Kirchleins mit Aussichtsplattform.

Dann sackt uns der Unterkiefer weg! Das ist keine Quelle, das ist ein Fluss, der aus einer Felsklamm herausquillt, geheimnisvoll schimmert seine ultramarinblaue Tiefe.

Eine Pflanzenpracht ohnegleichen rundet das Naturwunder ab: Pappeln, Trauerweiden und vor allem Oleander, der hier Baumgröße erreicht, überwuchern die Ufer und Felswände, ja sogar die abfließende Wasserfläche ist über und über von Grün bedeckt.

Wir stehen, starren, staunen – bis uns unsere Jüngste auf den Erdboden zurückholt: „Wer hat denn das viele Geld reingeschmissen?" Ich antworte, noch in Gedanken, unbedacht und völlig unlogisch: „Wer will, kann es sich herausholen!" Und mit der Geldgier eines Goldgräbers macht sie auf dem Absatz kehrt, zieht am WOMO ihr Badehöschen an – und beginnt im 14 °C kalten, bis in die dunkelblaue Tiefe kristallklaren Wasser mit lukrativen Tauchgeschäften. Die italienischen Touristen wenden sich schaudernd ab, ich verstehe so etwas wie: „Morte....", eine besorgte deutsche Mutter würde wohl sagen: „Liebling, du wirst dir den Tod holen!" Kurz darauf steht sie zähneklappernd, aber happy vor mir, streckt mir stolz eine ganze Handvoll Münzen entgegen....

Mann, sind meine Frauen herausgeputzt!

Ich habe das dicke Portemonnaie eingesteckt, und wir spazieren den kurzen Weg zurück zum Nobelhotel, dessen Restauration über alle Maßen gelobt wird.

Das Haus ist gut besucht, fast alle Tische sind besetzt. Wir speisen fürstlich – zahlen jedoch königlich: Über 100 Euro wechseln den Besitzer, obwohl die Kinder nur Kleinigkeiten und wir nur je ein Hauptgericht, also kein komplettes Menü gegessen haben. Nun ja, morgen gibt es wieder Spaghetti.

Die Nacht verbringen wir völlig ungestört am Karstquellenparkplatz.

Hinweis: In früheren Auflagen hatten wir die Monte-Tiscali-Wanderung (s. S. 52 ff.) vom Lanaittu-Tal aus beschrieben, zu dem eine Piste von Su Cologone aus hinführt. Inzwischen ist deren Zustand so übel, dass man die Strecke nicht mehr empfehlen kann.

TOUR 3 (ca. 130 km / 2-3 Tage)

Oliena – Monte Maccione – Nuoro – Orgosolo – Funtana Bona – Fonni – Lago di Gusana

Freie Übernachtung:	u. a. Monte Maccione, Monte Ortobene, oberhalb Orgosolo, Funtana Bona, Lago di Gusana (3x).
Trinkwasserstellen:	Kloster Monserrato, Monte Ortobene, Orgosolo, Funtana Bona.
Campingplätze:	Sopramonte.
Baden:	Lago di Gusana.
Besichtigungen:	Oliena, Orgosolo (Murales), Madau, Domus de janas Gurrai.
Wanderungen:	Funtana Bona, Monte Ortobene, Sopramonte.

Noch schnell den Wassertank gefüllt, dann kehren wir der **Karstquelle Su Cologone** den Rücken, erreichen bald die Straße DORGALI – OLIENA.

Kaum haben wir 1100 m auf OLIENA zugehalten, sichten wir links, oberhalb der Straße, das ehemalige **Kloster N.S. di Monserrato**. Die Klosteranlage ist noch bestens erhalten und wird ab und zu für kirchliche Feste genutzt, die restliche Zeit steht sie leer, der große Innenhof ist dann abgeschlossen.

„Jetzt sind die Städte und Dörfer der **Barbagia** dran!"

"Barbaren" nannten die Römer die Unbezähmbaren aus dieser

Die Steilwand des Sopramonte von Norden

wilden Bergregion. Auch spätere Eroberer, selbst die italienische Miliz, hatten keine Freude an den Banditen aus den Gebirgsdörfern.

In letzter Zeit ist es ruhiger um die "Barbaren" geworden, sieht man von einem (gelungenen) Widerstand gegen den Verkauf des Weidelandes **Pratobello** an die NATO ab.

Nur in den Reiseführern wird wegen der "Barbaren" noch wild geschossen: Die einen versuchen, den Touristen durch die blutrünstige Beschreibung alter Geschichten wohlige Schauer über den Rücken zu jagen und sie zum "Banditen-Sightseeing" zu ermuntern, die anderen schimpfen auf die einen wegen dieser Sensationshascherei.

Wir wollen uns einen eigenen Eindruck verschaffen und beginnen unsere "Exkursion" in OLIENA, das bewacht wird von den senkrechten Wänden des **Sopramonte**-Massivs.

Am Stoppschild im Zentrum machen wir gleich zwei Entdeckungen: Links

Oliena; Kirche Santa Maria

sichten wir die pisanische **Kirche Santa Maria** aus dem XIII. Jahrhundert und rechts eine kleine Eukalyptusbaumgruppe, in deren Schatten gemütliche Bänke aufgestellt sind.

Parkgelegenheiten finden sich, wenn man die Kirche gegen den Uhrzeigersinn umrundet. Die Kirche Santa Maria im früh-gotischen Stil überrascht durch einen Kirchturm, der auch dem Wachturm eines pisanischen Kastells alle Ehre gemacht hätte. An mehreren Stellen im Ort begegnet man Hinweisschildern zur "**Cooperative ENIS**" auf dem **Monte Maccione** im **Supra-monte**-Massiv. Dort unterhalten Jugendliche aus OLIENA ein Berghotel mit Gasthof mit sowie einen preiswerten **Camping-platz**, organisieren Wanderungen und Höhlenexkursionen; eine kurvige, steile Betonstraße führt direkt von OLIENA aus hinauf (vor der Kirche geht's links!). Auf ihr Bergsteiger! Zunächst geht es bis zum Ortsende und 100 m auf der SP 22 Richtung, dann links (ausgeschildert), steil, steil hoch. Nach 3,5 km, die fast nur aus Serpentinen bestehen, haben wir den Monte Maccione erklommen. Biegt man vor dem Restau-rant links, so findet man einen wunderschön gelegenen, ebe-nen, Naturstein gepflasterten Parkplatz mit Wasserhahn. Hier darf man kostenlos übernachten, wenn man im (empfeh-lenswerten) Restaurant einkehrt.

(048) WOMO-Stell- und Wanderparkplatz: Monte Macchione
GPS: N40° 15' 52.1" E9° 25' 03.9"; 695 m.   **max. WOMOs:** 2.
Ausstattung: Brunnen, Schattenbäume, Gaststätte, organisierte Ausflüge, Jeepfahr-ten/bei Einzelgebäude.
Zufahrt: Von Oliena Richtung Orgosolo, dann links den Wegweisern folgen 3,5 km.

Wer die Weiterfahrt bis zu unserem Wanderparkplatz mit dem

WOMO angehen möchte hier die Fakten:

500 m bestens betoniert, dann gepflegte Piste mit Ausbuchtungen für Ausblicke. Ein Wechsel aus Beton, Pflaster und Geröll, manchmal ausgefurcht und immer sehr steil schließt sich an, bis man nach knapp 4 km den Wanderparkplatz in 988 m Höhe erreicht hat. Wir können die Auffahrt nur für WOMOs bis 6 m Länge empfehlen.

(049) WOMO-Wanderparkplatz: Monte Macchione

GPS: N40° 15' 16.6" E9° 25' 13.0"; 988 m.   **max. WOMOs:** 2-3.
Ausstattung: Wanderweg/außerorts.
Zufahrt: Von Oliena Richtung Orgosolo, dann links den Wegweisern folgen 7,5 km.

Wanderung zur Scala 'e Pradu (hin 50 min., zurück 40 min.)

Blick vom Sopramonte auf Orgosolo

Eigentlich ist diese Strecke kaum zu verfehlen, denn eine Jeepspur quält sich in Serpentinen den Hang hinauf. Der Wanderweg kürzt an manchen Stellen ab, kehrt aber immer wieder zur Piste zurück. Die Aussicht wird von Meter zu Meter schöner, sowohl hinab ins Tal als auch aufwärts zu der verkarsteten Steilwand mit Felsnadeln und Scharten. Die "Nahsicht" beeindruckt mit uralten Steineichen zwischen gewaltigen Felsbrocken, die verstreut über

den Hang liegen, dazwischen Schäferhütten, eher ihre Überreste (eine mit emaillierter Badewanne!), aber auch ganze Felder von Alpenveilchen ...

Der Jeepweg endet an der **Scala 'e Pradu** mit einem ebenen Wendeplatz, rechts eine Marienstatue in einer handgemauerten Höhlung. Von hier aus kann man, sich links wendend, durch die Karstsenke Su Pradu weitere 40 min. zur **Punta Sos Nidos** (1348 m) wandern oder rechts in 50 min. zum **Monte Corrasi**, mit 1463 m der höchsten Erhebung der Sopramonte-Massivs (wir empfehlen die Verwendung des entsprechenden Rother-Wanderführers Tour 14).

Zurück in OLIENA fahren wir weiter nach NOURO (wer abkürzen möchte, dem können wir die landschaftlich sehr schöne, aber recht kurvige Direktstrecke nach ORGOSOLO empfehlen). Die Landschaft wird fruchtbarer: Oliven wechseln mit Pfirsichbäumen ab, dazwischen gedeiht Wein.

NUORO scheint in einen Sattel zwischen zwei Hügel eingeklemmt zu sein. Wir merken uns die Abzweigung nach ORGOSOLO und folgen dem Wegweiser zum Zentrum. Dabei entdecken wir das WOMO-**Entsorgung**s-Piktogramm, dem man nur 300 m nach links Richtung MAMOIADA abzweigen muss. Die Anlage liegt am Rande einer ganzen Reihe von ebenen Parkplätzen [N 40° 18' 51.0" E 9° 19' 39.4"], auch ein gusseiserner **Wasser**spender fehlt nicht.

Zurück an der Abzweigung folgen wir den auffälligen Wegweisern zum **Monte Ortobene**. Zwei Parkplätze haben wir dabei für einen Stadtbummel notiert: Erstens in der **Via Giovanni** neben der großen Brunnenanlage [N 40° 19' 14.3" E 9° 20' 4.8"]. Von dort sind es nach links nur 50 Schritte bis zum "**Corso Garibaldi**", der schnurgeraden Fußgänger-Einkaufsmeile NUOROs. 400 m weiter sind wir schon außerhalb und parken rechts der **Via Aspromonte** zu Füßen der marmornen Marienstatue [N 40° 19' 23.9" E 9° 20' 18.0"]. Jetzt sind es zwar 400 Schritte bis zur Bummelmeile, dafür ist das Parken kostenlos!

Weiter folgen wir dem Wegweiser zum **Monte Ortobene**, dem Aussichts- und Ausflugsberg der Nuorolesen. Nach der letzten Gabelung (links geht's nach SINISCOLA) schraubt sich der Diesel böse brummend die Serpentinen empor (bei »km 3,4« der **Brunnen** "Fonte Milianu" links unterhalb der Straße).

Schlenderpark mit Kinderspielplatz auf dem Monte Ortobene

Der Gipfelbereich nach 6,8 km wird von einer Ringstraße umrundet. Wir halten uns rechts, erspähen eine **Pizzeria**, das bei Feinschmeckern berühmte **Restaurant** "Fratelli Sacchi" und daneben eine fast schwebende Bronzestatue des Erlösers ("**Retendore**"). Oberhalb des Restaurants Sacchi, an einem schattigen Park aus exotischen Nadelbäumen, werden wir gleich vierfach fündig: Hier kann man prima im Schatten parken und vespern, am Parkeingang grinst uns die in Stein gemeißelte, grimmige Fratze eines **Wasserspenders** an,

dessen Wasserrohr sich prima an unseren Zapfschlauch anschließen lässt, die Kinder toben im Park auf einem reichlich ausgestatteten Spielplatz und Hinweisschilder zeigen uns den Fußweg zur Aussichtsplattform neben der Retendore-Statue.

Hier oben auf dem **Monte Ortobene** ist es ruhig, schattig, kühl, man hat eine prächtige Aussicht auf die vielgestaltige Granitfelsen-, Tafoni- und Waldlandschaft, die Stadt und die umliegenden Gebirge, die Auffahrt hat sich gelohnt.

---

(050) WOMO-Picknickplatz: Monte Ortobene

GPS: N 40° 19' 18.4" E9° 22' 16.8" max. **WOMOs:** 2.

Ausstattung: Brunnen, Schattenbäume, Gaststätten, Spazierwege, Kinderspielplatz/bei Einzelgebäuden.

Zufahrt: Von Oliena Richtung Orgosolo, dann links den Wegweisern folgen 3,5 km.

Um NUORO in Richtung ORGOSOLO zu verlassen, gibt es zwei Möglichkeiten (Hinweisschilder fehlen völlig). Gut ist man dran, wenn man sich noch an die Herfahrt erinnern kann, denn erst 2 km vor der Stadt gabelt sich die Strecke.

Problemloser geht's, wenn man auf der SS 129 Richtung OLIENA den Stadtkern links umfährt, später 1600 m Richtung NUORO zurückfährt und links nach ORGOSOLO abzweigt.

Dann fahren wir im Tal des **Cendrino** entlang, dessen Verlauf man jedoch nur an seiner baumbestandenen, üppig grünen Flussaue erahnen kann.

Kurz vor ORGOSOLO verlässt die Straße das Tal, steigt in Kehren steil an. In einer von ihr werden wir von einem bemalten Felsen begrüßt: Ein Schlafender, der gemütlich seine Hand auf den Bauch gelegt hat.

ORGOSOLO, früher das berüchtigteste "Banditennest" Sardiniens, inmitten der **Barbagia**, einer der ärmsten Regionen der Insel, zeigt heute seinen Protest auf friedlichere und originellere Art: Bereits auf der Fahrt ins Zentrum, wo wir auf einem baumbestandenen Parkplatz [N 40° 12' 14.2" E 9° 21' 26.4"] mit

Brunnen neben der Bocchiabahn das WOMO im Schatten abstellen können, entdecken wir die bekannten Hausmalereien (murales). Aber erst beim obligatorischen Stadtbummel erfassen wir die Vielzahl der in naiver Malerei angesprochenen und angeprangerten Themen: Ausverkauf der Landschaft ans Militär und den Tourismus, Armut der Landbevölkerung, Verschleuderung der Hilfsgelder für den Süden Italiens (Mezzogiorno) an Spekulanten.

Zu den innersardischen bzw. italienischen Themen gesellen sich aber auch internationale und reine, z. T. auch abstrakte Kunstwerke – wir schauen, staunen und bringen uns immer wieder vor Vespas und Autos in Sicherheit, die durch die bürgersteiglosen Straßen rasen.

Murales in Orgosolo

Voller plakatgroßer Eindrücke verlassen wir ORGOSOLO Richtung "**Area Pic-Nic/Punto Panoramico/(Foresta) Montes**"; unser Hauptziel ist die "**Hazienda Foresta Demaniale**", eine Art Forstkaserne, deren Bewohner gleichzeitig Aufforstung, Waldarbeit und Feuerwehrdienst zur Aufgabe haben.

Das andere Hinweisschild "**Montes**" ist eindeutig: Die Straße

windet sich in Serpentinen den Hang empor. Nach 3 km kann man rechts zum Restaurant "Tipico Sopramonte" mit Camping, Gaststätte und Bar abzweigen, beim Barbecue gibt's das traditionelle "porcheddu" am schrägen Spieß über dem offenen Feuer.

(051) WOMO-Campingplatz-Tipp: "Sopramonte"

GPS: N40° 11' 32.5" E9° 20' 58.2"; 853 m.   **Öffnungszeiten:** Ostern-November.
Zufahrt: Von Orgosolo 3 km nach Süden, Weigweiser "Montes".
Ausstattung: Schatten, Gaststätte, V/E, Dusche, WC; nächster Ort: 3 km.
Preise: WOMO + 2 Personen: 15 €, Strom 3 €.

1 km weiter führt rechterhand eine Holperpiste zu einem prächtigen Picknickplatz im Waldesschatten, in seiner Mitte plätschert es aus einem Messingwasserhahn.

(052) WOMO-Picknick-platz: Orgosolo/Montes I
GPS: N 40° 11' 01.9" E 9° 20' 55.3"; 920 m.
max. WOMOs: 2-3.
Ausstattung/Lage: Baumschatten, Tisch & Bank, Brunnen/außerorts.
Zufahrt: Von Orgosolo 4 km Rchtg. Foresta Montes/Area Pic-Nic/Punto Panoramico.

Je höher wir kommen, desto höher und imposanter werden die Bäume, und 1000 Meter über dem Meeresspiegel erreichen wir

ein Hochplateau, das mit prächtigen, alten Steineichen bestanden ist. Ihre wuchtigen Stämme tragen fast kugelförmige Kronen, nur im Bodenbereich sind alle Äste bis Ziegenmaulhöhe abgefressen –

man kann also bequem darunter stehen, sitzen und picknicken, denn Ziegen richten sich erstaunlich hoch auf den Hinterbeinen auf, wenn es gilt, frische Knospen oder Blätter zu erreichen.

Nach 5,7 km biegen wir an einer Gabelung **nicht** nach rechts Richtung PRATOBELLO/LANUSEI/MAMOIADA, auch das Hinweisschild zu dem empfohlenen Restaurant "Al Monti del Gennargentu" ignorieren wir und halten weiter geradeaus Richtung FORESTA MONTES (auf anderen Karten "Funtana Bona"; die neue Teerstraße ist übrigens so schön, dass man automatisch geradeaus fährt, weil oft alle Wegweiser fehlen).

Wir werfen nur einen kurzen Blick auf einen weiteren **Picknickplatz** nach 150 m rechts der Straße unter einigen der prächtigen Steineichen (er ist eingezäunt, damit die freilaufenden Kühe und Schweine ihn nicht vollschei...).

(053) WOMO-Picknickplatz: Orgosolo/Montes II

GPS: N40° 10' 06.5" E9° 20' 52.7"; 987 m. **max. WOMOs:** 2-3.
Ausstattung/Lage: Baumschatten, Tisch & Bank, Einzäunung/außerorts.
Zufahrt: Von Orgosolo 6 km Rchtg. Foresta Montes/Area Pic-Nic/Punto Panoramico.

Auf schöner, völlig einsamer Asphaltbahn sausen wir über die wellige Hochebene, deren trockenes Weideland nur dürftig mit einzelnen Steineichengruppen bewachsen ist. Nach 5 km beginnt, eingezäunt, ein gepflegtes Aufforstungsgebiet, das seinen optischen Höhepunkt im Bereich der Forstkaserne findet, wo zwischen den Pinien sogar Zypressen und prächtige Zedern des Besuchers Blick erfreuen.

Der offizielle Fahrweg endet nach 9,5 km vor dem Forstgebäude mit einer großen Betonfläche, an deren Rand Tische und Bänke unter schattenspendenden Eschen auf die feierabendmüden Forstgesellen warten. Wir werden freundlich eingeladen und im "besten italienisch" entspinnt sich ein Gespräch, in dessen Verlauf wir unsere Wanderwege erkunden und die Forstarbeiter unsere Herkunft, Fahrtziele und den Preis unseres WOMOs erfahren.

---

(054) WOMO-Wanderparkplatz: Foresta Montes/Forstkaserne
GPS: N 40° 07' 19.6" E 9° 23' 46.5"; 995 m.　　　　　**max. WOMOs:** 2-3
Ausstattung/Lage: Tisch & Bank, Brunnen, Wanderweg/bei der Forstkaserne.
Zufahrt: Von Orgosolo 15 km Richtung Foresta Montes bis zur Forstkaserne.

Links des Fahrweges wartet ein großes, schattiges **Picknickgelände** mit **Brunnen** auf Touristen, und hinter einer offensichtlich nur symbolischen, weil stets offenstehenden Schranke setzt sich der Fahrweg Richtung "**Funtana Bona**" (2 km) und "**Monte Novo San Giovanni**" (3 km) nach rechts, leicht bergauf fort.

Nach einem gemütlichen Abendessen unter den Eschenbäumen erkunden wir den Fahr- und Wanderweg. Er ist für Fahrzeuge bis etwa 2,50 m Höhe gut geeignet, dann wird es wegen der Äste kritisch. Folglich setzen wir nach einer ruhigen Nacht neben der Forstkaserne und einem 7-Uhr-Frühstück am nächsten Morgen zu Fuß unseren Weg fort – Quellen, Berge und Schluchten warten auf uns ....

Wanderung zum Monte Novo San Giovanni/Flumindeddu-Schlucht
Ausrüstung: Bergstiefel, Rucksack mit Verbandskasten, Proviant mit vielen Getränken, Badesachen, Handtuch, Kompass (oder GPS-Gerät). Nach 15 Minuten durch dichten, schattigen Steineichenwald führt uns unsere Spürnase an der ersten (unbeschilderten) Gabelung geradeaus

(d.h. links) weiter, denn nur 3 Minuten später haben wir ein großartig aus Naturbruchsteinen aufgeschichtetes Brunnengemäuer erreicht – mit Sicherheit die auf allen Karten eingezeichnete FUNTANA BONA.
Wir notieren den reichlich schüttenden Wasserspender für den Rückweg, denn alle

Trinkflaschen sind noch voll, und setzen unseren Weg bergauf fort. Dieser wendet sich nun nach Norden, wird steiler und felsiger.

Zwei Berggipfel fesseln schon seit geraumer Zeit unseren Blick; sie könnten Kulisse für jeden Western sein, ragen kahl und steil wie Riesenzähne aus dem bewaldeten Bergland. Der steilere, östlicher gelegene, ist der MONTE NOVO SAN GIOVANNI – unser erstes Ziel – und der Forstweg führt auch direkt bis zum Fuße seines Steilhanges (45 min.).

Kurz vorher durchquert der Waldweg (wie bei der Forstkaserne) einen Bereich mit schönen Pinien und blaugrün benadelten Zedern mit ihren auffälligen, eiförmig-aufrechten Zapfen, gabelt sich dann. Der Blick auf die quergebänderten, teilweise mit Efeu zugewucherten, senkrechten Wände

Am Monte Novo San Giovanni

des Monte ist himmlisch und die Picknickgelegenheit unter den Pinien idyllisch!

Ein toller Weg führt in 20 weiteren Minuten auf angelegten Treppen und mit gesicherten Passagen auf das Gipfelplateau (mit überdachtem Picknick-platz und traumhafter Aussicht).

Sie haben immer noch nicht genug, wollen durch Schluchten klettern, dem dornigen Macchiegesträuch und der Hitze trotzen?

Dann gehen Sie mit uns an der Gabelung bei dem Pinien-Zedern-Wäldchen rechts, an einem großen Gartentor mit zwei Natursteinpfosten vorbei und etwa 400 m den Fahrweg bergab.

Hier können Sie sich am besten orientieren: Links, im Talgrund, erblicken

Einstieg in die Flumineddu-Schlucht

Sie den schmutzigweißen Giebel eines kleinen Gebäudes, rechts daneben ein Pinienwäldchen und wiederum rechts davon, im Sattel zwischen zwei Hügeln, ein Wiesengelände. Durch dieses Wiesengelände führt ein im Sommer meist ausgetrockneter, aber unübersehbarer, weil geröllgefüllter Bach, dessen Bett wenige hundert Meter weiter hinten in einer höchst malerischen Klamm zum Tal des **Flumineddu-Flusses** hinabführt.

Der Fahrweg, auf dem Sie stehen, führt direkt zu dem beschriebenen Wiesengelände hin, AUF GEHT´S!

Schweine- und Ziegenherden scheuchend folgen wir bald dem trockenen Bachbett – und sind wenig später für unser perfektes Schuhwerk, das in der Hitze manchmal lästig war, dankbar!

Eine urtümliche, von Bäumen, Sträuchern und Schlingpflanzen manchmal fast zugewucherte Märchenschlucht nimmt uns auf – und fordert bald einige Klettermanöver von uns, denn das Flüsschen hat das Felsgestein höchst unterschiedlich ausgewaschen, formte mal flache Becken, aber auch steile Abstürze, die wir durchklettern oder auf rutschigem Laub am Hang umgehen. Für Kinder unter zwölf Jahren können wir deshalb diesen Teil der Tour nur bedingt empfehlen.

Fast 1 1/2 Stunden sind wir seit dem Picknickgelände vor dem **Monte Novo San Giovanni** gewandert und geklettert, da weitet sich vor uns die Schlucht: Wir haben das Tal des **Rio Flumineddu** erreicht, das wohl berühmteste Sardiniens. Weite Abschnitte davon sind schmale Durchbrüche durchs Gebirge, klammartig eng, steil und gefährlich. Unsere Seitenschlucht hat Ihnen einen Abglanz davon bereits vermittelt und sollte Ihnen als bleibender Eindruck genügen. Wir empfehlen Ihnen deshalb, sich im Tal des **Flumineddu** nach rechts (flussaufwärts) zu wenden.

Zwanzig Minuten wandert man im trockenen Flussbett dahin, bis man vor

In der Flumineddu-Schlucht

einem gewaltigen Felsenchaos steht. Einige Höhlen vorher zeigten, mit welcher Wucht die Wassermassen im Frühjahr durchs Tal strömen, Baumstämme und Geröll mit sich reißen, Felsen rundwaschen oder aushöhlen. Wir überklettern das Felsenchaos, wandern weiter aufwärts im staubtrockenen Flussbett. Da – plätschert dort nicht etwas?

Plötzlich, wie aus dem Nichts, fließt neben uns ein Rinnsal, wird zum

Bächlein, das sich immer mehr verbreitert, grüne Zonen um sich gedeihen lässt. Schließlich weitet es sich, unter schattigen Erlen, zu Badebecken, wo wir den Schweiß unserer Kletterpartien abbaden und ein wohlverdientes Vesper vertilgen können.

Nur wenige hundert Meter weiter flussaufwärts der ersten Badebecken flacht sich der rechte Berghang so weit ab, dass wir an ihm hinaufsteigen können. Kaum haben wir den ersten Kamm erreicht, erblicken wir den **San Giovanni**, auf den wir direkt zuhalten. Ziegen haben uns die bequemsten Pfade durch die stachlige Macchiewildnis gebahnt.

Am zweiten Kamm sichten wir den Fahrweg, der uns nach links zur Wegegabelung bei dem Gartentor und dem Picknickplatz vor dem **San Giovanni** zurückführt – von dort aus rollen wir von allein hinab – an der **Funtana Bona** vorbei, zu unserem WOMO bei der Forstkaserne (Hinweg bis **Flumineddu-Tal** 2 3/4 Std., Rückweg 2 1/2 Std.).

Sie wollen unbedingt ein Stück **Flumineddu-Schlucht** erforschen?

Wir haben für Sie ungefähr 5 km von der Seitenschlucht aus flussabwärts erkundet: Zunächst ist das Tal breit, auf kiesigem Grund geht es flott dahin, der aromatische Duft der Wasserminze wechselt ab mit dem Geruch nach Kuhfladen, die Hänge sind flach. Nach etwa 10 Minuten finden Sie linker- hand, unter vier mächtigen Steineichen, eine kleine **Quelle** (wegen der Kühe mit Felsgeröll abgedeckt), an der man prima rasten kann. Dann wird das Tal enger, wie erwachende Riesen richten sich die Hänge auf, rücken immer näher zusammen, und steile Türme, geformt wie Ku-Klux-Klan-Hüte, andere wie schmale Säulen, säumen unseren Weg, der nun oft durch ausgewaschene, vom Wasser vielgestaltig ausgehöhlte Spalten und Rin- nen führt.

Wohl zwei Stunden sind wir talwärts gewandert und geklettert – da belehrt uns ein Blick auf die Uhr, dass an den Rückzug zu denken ist.

Resümee: Wenn Sie sich an der Einmündung der Seitenschlucht rechts halten, verpassen Sie nicht viel, dann dauert die reine Wanderung, ohne Foto- und Vesperpausen, etwa fünf Stunden, wahrlich genug an einem sonnigen Sommertag.

Kaum haben die Forstleute unsere müden Gestalten erblickt, halten sie wie herbeigezaubert einige gefüllte Gläser in der Hand, und wir müssen ihren "Filu è ferru" probieren, den Tresterschnaps, der einen Toten wiedererweckt. Früher wurde er meist "schwarz" gebrannt, der Flaschenhals mit einem langen Draht umwickelt und die Flasche so vergraben, dass der Draht nur ein Stück aus dem Boden ragte. Kam lieber Besuch, so sagte man vertraulich: „Komm, lass' uns einen Draht ziehen – filu è ferru!"

Wir fühlen uns geehrt und lassen uns nicht anmerken, dass das scharfe Zeug uns die Kehle verätzt. Auf jeden Fall schlafen wir wieder traumlos und ruhig, frühstücken nochmals gemütlich unter den Eschen und dampfen dann die 9,5 km zurück bis zur Gabelung hinter dem eingezäunten Picknickplatz, wo wir links Richtung PRATOBELLO einbiegen, um 500 m später links nach dem Nuraghen "BURDU" [N40° 10' 12.5" E9° 20' 33.0"] zu suchen.

Wir stapfen ein paar Schritte durch distelbestandenes Weide- land. Knapp brusthoch liegen die Steinbrocken noch im Kreis,

Nuraghe Burdu

geben uns jedoch wieder einen Eindruck von der Arbeit, die die Errichtung eines solchen Turmes ohne modernes Werkzeug gemacht haben muss.

Nach weiteren 300 m passieren wir das Restaurant "**Ai Monti di Gennargentu**" [N40° 10' 08.1" E9° 20' 23.9"] und bereits nach 4,4 km biegen wir links in die alte Teerstraße SS 389 nach FONNI/PRATOBELLO/**Tombe di giganti** ein (nachdem wir die neue Schnellstraße unterquert haben), um genau 3,8 km weiter südlich bei den **Gigantengräbern** von MADAU [N 40° 7' 12.1" E 9° 19' 57.2"] einen Zwischenstopp einzulegen (großes, gelbes Hinweisschild).

Wir parken das WOMO, öffnen und schließen ein Wildgatter (damit die halbwilden Schweine nicht alles zerwühlen), haben bald zwei guterhaltene Gräber vor uns, die aus feinst bearbei-

Die Gigantengräber von Madau

teten Granitquadern errichtet sind (zwei weitere nahe der Straße sind stark zerstört). Ein bogenförmiger Steinwall zwingt das Auge des Besuchers geradezu zum winzigen Schlupfloch, durch das man sich in das 9 m lange, schmale, nach oben spitz zulaufende Massengrab zwängen kann, falls man es nicht vorzieht, über den eingefallenen Teil der Mauer hineinzusteigen. Auch die Steine der Innenwände sind sorgfältigst behauen und geschliffen – eine perfekte Arbeit! Um so mehr verwundert es, dass man die umgestürzte Stele eines älteren Grabes, völlig unverändert, als "Fußbodenbelag" für den Grabeingang verwendet hat. Oder war es das ehemalige Grab von Feinden, das man nun mit Füßen treten konnte?

An der nächsten Gabelung zweigen wir rechts nach FONNI ab, mit 1000 m über N.N. dem höchsten Ort Sardiniens, also gleich hoch wie das Picknickgelände ORGOSOLOs und genau so malerisch in Steineichen- und blühende Maronenwälder eingebettet.

Von dort aus rollen wir wieder steil hinab (GAVOI stand auf dem Wegweiser), und nach 6 km betrachten wir voller Begeisterung und freudiger Erwartung unser Tagesziel, den Badesee **Lago di Gúsana**.

Bereits 50 Meter <u>vor</u> der Straßengabelung TONARA/GAVOI können wir nach links abzweigen, nach rechts die Brücke unterqueren und am Ufer so lange weiter fahren, bis wir das schönste Plätzchen gefunden haben (auf Unterspülungen der Straße achten!).

(055) WOMO-Badeplatz: Lago di Gúsana I

GPS: N 40° 07' 15.1" E 9° 12' 19.6"; 641 m.   **max. WOMOs:** 2-3
Ausstg./Lage: Baumschatten, Liegewiese, Badesee, schmale (**?**) Zufahrt/außerorts.
Zufahrt: Von Fonni Rchtg. Gavoi. Am See 50 m vor der Straßengabelung Tonara/Gavoi links und dann rechts unter der Brücke hindurch.

Badeplatz: Lago di Gusana I

Hält man sich an der Straßengabelung rechts und tuckert am See entlang, dann erreicht man nach 3,5 km eine Abzweigung zur Gaststätte "Sa Valasa", die wir uns für den Abend merken. 600 m weiter überqueren wir wieder eine Brücke und schwenken links (Wegweiser u.a.: Albergo "Gusana"/Domus de Janas Gurrai).

Nach 1600 m führt ein Schotterweg links hinab zum Seespiegel. Nach 200 m und 300 m findet man schöne Badeplätzchen, wo wir den Rest des Nachmittages im und am 24 °C warmen, recht sauberen Wasser verbringen.

(056) WOMO-Badeplatz: Lago di Gúsana II

GPS: N40° 08' 00.2" E9° 11' 25.6"; 646 m.   **max. WOMOs:** 2-3
Ausstattung/Lage: Bademöglichkeit/außerorts.
Zufahrt: Von Fonni Rchtg. Gavoi. Am See rechts 4 km, dann links noch 1600 m.

Keine Lust auf Bad?

Dann passieren Sie nach weiteren 150 m auf der Asphaltstraße das Restaurant "Gusana" und landen dahinter auf einem ebenen Parkrund, an dem die Straße mit Blick auf den Staudamm endet.

(057) WOMO-Wanderparkplatz: Domus de Janas

GPS: N40° 08' 07.3" E9° 11' 22.2" **max. WOMOs:** 3-4.
Ausstattung/Lage: Wanderweg, Gaststätte/bei Einzelgebäude.
Zufahrt: Von Fonni Rchtg. Gavoi. Am See rechts 4 km, dann links noch 1800 m.

Wanderung zu den Domus de Janas Gurrai (30 min. hin und zurück)

In Verlängerung des Fahrweges entdecken wir am Ende des Parkplatzes ein unscheinbares Holzschildchen und marschieren in Pfeilrichtung steil bergauf durch Affodilwiesen, links an einem gemauerten Fundament vorbei. Dann wieder hinab, immer geradeaus, auf eine vielgestaltige Felswand zu mit Tafonihöhlungen; Steinmännchen erleichtern da und dort die Wegsuche.

Bald sichten wir die erste "Feenwohnung".

Am Wanderweg zu den Domus de Janas Gurrai

Domus de Janas (dt. Häuser der Feen), auch als "Necropoli ipogeica" bezeichnet, heißt eine Gattung der Felsengräber auf Sardinien, die der Ozieri-Kultur zugerechnet werden, der letzten Periode der Jungsteinzeit zwischen 3300 und 2700 v. Chr.. Es gibt auf der Insel weit mehr als 1000 davon, die in Gruppen von fünf bis 40 zusammen liegen.

Die älteste Form sind kleine, etwa einen Kubikmeter große Kammern mit leicht gebauchten Wänden und gerundeten Ecken, die in senkrechten Felsbereichen liegen. Sie wurden mit einer Platte verschlossen, die oft in einem regelrechten Rahmen lag. Sie sind unverziert und wenig spektakulär. Später wurden regelrechte Felsenwohnungen errichtet, bzw. durch Erweiterung geschaffen. Diese mit Stierhörnern zum Teil reich verzierten Anlagen wurden bis zum Beginn der Nuraghenkultur genutzt.

Eines der Domus de Janas Gurrai

Für den Abend kehren wir zum **Restaurant** "Sa Valasa" zurück, das direkt vor unserer Nase auf einer Halbinsel im See liegt.

Dort sind wir (es ist nicht Wochenende!) die einzigen Gäste, und wir essen ländlich-reichlich. Allerdings gilt auch hier wie für alle "besseren" Gaststätten: Nimmt man am Tisch Platz, so ist man (bei fünf Personen) schon mal rund 8 Euro für "Pane e Coperto", für "Brot und Gedeck" los, ganz egal, ob man nur einen Teller Spaghetti oder ein komplettes Menü verzehren möchte.

Im "Sa Valasa" bezahlen wir für ein komplettes Menü incl. "Vino de la casa" rund 25 Euro. Dafür erhalten wir auch die Erlaubnis, auf dem nachts einsamen Parkgelände des Restaurants zu nächtigen.

(058) WOMO-Stellplatz: Lago di Gúsana ("Sa Valasa")

GPS: N 40° 08' 10.5" E 9° 11' 56.1"; 656 m.   **max. WOMOs:** 2-3.
Ausstattung/Lage: Gaststätte/bei Einzelgebäude.
Zufahrt: Von Fonni Rchtg. Gavoi. Am See rechts 3,5 km, dann links noch 1000 m.

TOUR 4 (ca. 75 km / 2 Tage)

Fonni – Punta la Marmora – Rio Bau e' Mela

Freie Übernachtung:	"Rifugio 1570 m", Arcu Correboi, Bau e' Mela.
Trinkwasserstellen:	Fonni, 4x Gennargentu-Bergstraße, »km 150,0«.
Campingplätze:	keine.
Baden:	Gusana-See, Bau e Mela.
Besichtigungen:	u. a. Punta la Mármora, Pass Arcu Correboi.
Wanderungen:	Zur Punta la Mármora 1834 m (höchster Berg Sardiniens), Nuraghenwanderung am Bau e' Mela.

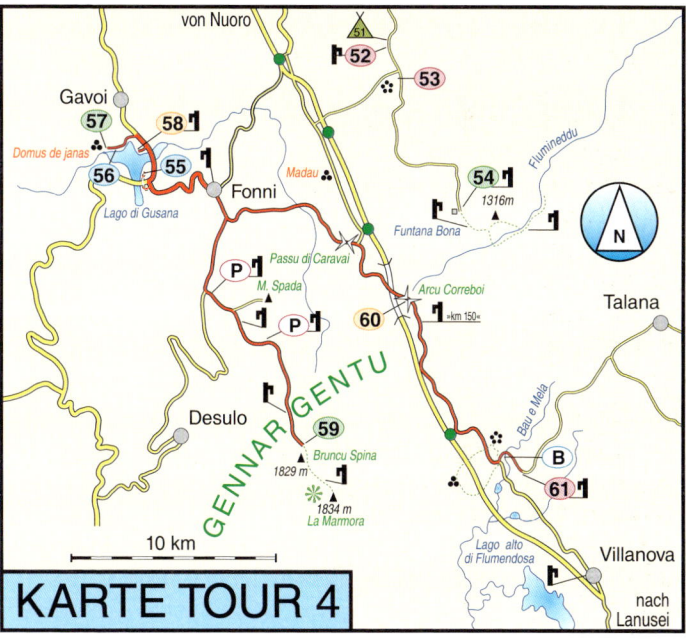

KARTE TOUR 4

Einsame Seen sind nicht immer eine Gewähr für ungestörten Schlaf! Traktorgetuckere und laute Stimmen wecken uns Erwachsene schon kurz nach 6 Uhr – nur die Kinder lassen sich durch nichts stören.

Nun, dann wenden wir den Trick mit dem "verschleppten Frühstück" an, fahren mit dem "Kinderschlafwagen" zurück bis FONNI, durchqueren es, den Wegweisern LANUSEI und DESULO folgend, bis sich am Ortsende, hinter der ESSO-Tankstelle, die Straße gabelt. Jetzt halten wir rechts, auf DESULO zu.

Nach 5,2 km, beim Wegweiser "Monte Spada", biegen wir links in eine breite Asphaltstraße, deren Ausdehnung aber z. T. nur Parkraum ist, denn der beliebte **Brunnen "Donnortei"** (mit

Picknickplatz) [N 40° 4' 20.0" E 9° 15' 47.0"] lockt täglich Hunderte zum Wassertanken an.

Brunnen Donnortei mit Picknickplatz

Bereits 1200 m später verlassen wir die Zufahrt zum **Monte Spada**, zweigen rechts ab (Wegweiser: Bruncu Spina/Restaurant "Su Ninnieri"). An diesem Gasthaus (nach 400 m) führt die Straße vorbei, zieht, immer steiler werdend, in Kurven bergauf nach Südosten, passiert bis zu ihrem Endpunkt weitere drei gute Brunnen. Die Landschaft wird zunehmend urtümlicher, gewaltiger, Gipfel auf Gipfel erhebt sich im Kreis wie zu einer Versammlung der Größten Sardiniens – die Bergwelt des **Gennargentu** mit dem höchsten Berg Sardiniens, der **Punta la Marmora** (1834 m), umgibt uns.

In chronologischer Folge: Nach 1 km "Funtana Ervarisciu" links, nach 2,8 km "Funtana Massiai" [N 40° 3' 41.9" E 9° 17' 20.6"] links mit Picknicktisch rechts, nach 7,2 km namenloses Brünnlein rechts, nach 8 km erreichen wir den Endpunkt der Stichstraße, einen riesigen, völlig leeren Parkplatz, davor ein restauriertes Gebäude, die auf der Karte eingezeichnete Rifugio in 1570 m Höhe.

(059) WOMO-Wanderparkplatz: Rifugio 1570 m

GPS: N 40° 01' 22.4" E 9° 18' 15.7"; 1570 m.　　　　　**max. WOMOs:** > 5
Ausstattung/Lage: Wanderweg, Skilift/außerorts.
Zufahrt: Von Fonni Richtung Desulo. Nach 5,5 km links und 1,2 km später rechts.
Hinweis: 1,2 km vor dem Parkplatz führt eine miese Piste auf die Bruncu Spina.

„Frühstück!"
Wir mampfen wie auf einem Schiff, denn Sturmböen fassen recht kräftig am WOMO an, schütteln den Eindringling in die

Bergeinsamkeit zornig. Vom Blechdach der Rifugio her tönt metallisches Quietschen, eine Wellblechbahn reißt sich los, fliegt wie ein befreiter Vogel davon – das beste Wetter haben wir für unsere Bergtour nicht erwischt!

Wanderung zur Punta La Marmora (4 Std. hin und zurück)
Folglich legen wir weniger Wert auf üppige Getränkemengen, sondern mehr auf dichte Windjacken mit gut schließenden Kapuzen und schrauben uns in selbst gelegten Schleifen unter dem Skilift hinauf zur **Bruncu Spina** = Bergdorn (1829 m).
Die 260 Höhenmeter sind bei immer stärker werdendem Gegenwind kein Zuckerlecken, und so vergeht mit den Kindern fast eine Stunde, bis wir oberhalb der Skiliftbergstation den Gipfel erreicht haben.

Aufstieg zur Bruncu Spina (1829 m)

Windfäuste packen uns, wollen uns den Hang zurückstoßen – wir retten uns in den Windschatten eines weißen Häuschens, auf dem zeltförmig die Solarversorgung einiger Antennenanlagen montiert ist. Hier können wir uns orientieren! Links ein lindgrünes, größeres Gebäude mit verschlossenen Fensterläden, rechts daneben schwingt sich in einem weiten Bogen von Südost (Kompass 120°) nach Südsüdost (155°) der Hauptgrat des **Gennargentu**-Massivs bis zur **Punta la Marmora**:

Zunächst kommen die felsigen Zacken der **Punta Paulinu** (1792 m), dann geht es hinab auf einen Sattel und dann wieder hinauf auf den Hahnenkamm der **Punta la Marmora**, an deren linkem (vorderen) Ende man mit bloßem Auge als kleinen, schwarzen Punkt eine aufgeschichtete Gipfelpyramide erspähen kann, während das Kreuz des Hauptgipfels von hier aus noch nicht zu erkennen ist.

Familienrat!

Es reicht, aus dem Windschatten des Häuschens hervorzutreten und sich vom Sturm umwerfen zu lassen, um einen Entschluss zu fassen: Frauen und Kinder treten den Rückmarsch an, mein Freund Wolfgang und ich schnüren die Kapuzen der Windjacken fest und stürmen los.

Nach wenigen Schritten haben wir eine Idee, die den Gipfelsturm wesentlich erleichtert – wir halten uns stets links (östlich) vom Grat, so dass der Sturm meist nur über unsere Köpfe hinwegpfeift und wir zügig vorankommen.

Eine Minivegetation krallt sich in das Felsgestein, bietet dem Wind keine

Angriffsfläche: Die fladenartigen Wacholderbüsche werden noch ganze zehn Zentimeter hoch, so dass die Disteln neben ihnen wie Türme wirken. Auch der Thymian bildet große, flache Polster. Seinen rosa- bis purpurfarbenen Blüten entströmt betörender Duft, der uns selbst im Sturm schwadenartig umgibt.

An windgeschützten Stellen nickt der rote Fingerhut, ganze Wiesenflecken sind davon bedeckt, und nur handhohe Rosensträucher füllen die Lücken im Felsgestein aus. Gelbe Immortellen, weiße Sternmieren, rosarote Nelken, dunkelblaue Veilchen und Stechginsterbüschel runden das Bild einer farbenfrohen Bergwanderung ab.

Nach 40 Minuten sind wir östlich der **Punta Paulinu** hinabgeturnt, dabei immer nach Ziegenpfaden suchend, auf denen das Marschieren wesentlich leichter ist als das Stapfen über wackelige Steine und durch dornige Polster. Im Sattel werden wir wieder voll von der Wucht des Sturmes erfasst, der hier wie durch eine Düse hindurchheult, uns fast die Windjacken vom Körper reißt. Ein zwischen Felsbrocken gut eingeklemmtes Schild meldet: **Arcu 'e Gennargentu**.

Endspurt!

Vor uns, links vom Grat, wedelt etwas Weißes im Labyrinth des flechtenbekleckerten Steingewirrs. Überrascht stehen wir vor einem kleinen Quelltopf, markiert durch einen Stock mit wehendem Plastikbeutel. Ein Schild mahnt auf italienisch: „Bitte nicht verschmutzen!"

Wir stapfen weiter, höher, vor uns wächst die Gipfelpyramide aus dem Boden, bietet dürftigen Windschutz für uns zwei erschöpfte, aber zufriedene Wanderer und ein Vespergelage beginnt, begleitet von pfeifender und sturmheulender "Tafelmusik".

Auf der Punta la Marmora (1834 m)

Der optische Genuss übertrifft den akustischen aber bei weitem: Alle Gipfel ringsum blicken zu uns herauf – im Norden ist der weiß schimmernde **Sopramonte** deutlich von den anderen Bergen zu unterscheiden und ganz am Horizont glauben wir sogar das Meer ahnen zu können. Erst beim Rückweg entdecken wir, im Südosten, weit unter uns, den riesigen Stausee **Lago Alto del Flumendosa** – wo haben wir beim Hinweg nur unsere Augen gehabt?

Genau eine Stunde haben wir von der **Bruncu Spina** bis zum ersten Gipfel des **La Marmora**-Kammes gebraucht, der Rückweg dauert bei Gegenwind etwas länger, dafür wirft uns der Sturm dann in 15 Minuten fast hinab zum WOMO. Insgesamt muss man mit Foto- und Vesperpausen wohl 4 Stunden für die komplette Wanderung veranschlagen, die wir (ohne Sturm) mit Kindern ab 6 Jahren empfehlen können.

Bis FONNI fahren wir auf dem gleichen Weg zurück. Dort biegen wir am Ortsbeginn, noch vor der Esso-Tankstelle, scharf rechts ab Richtung LANUSEI. In Kurven geht es hinab und wieder hinauf bis zum **Passo di Caravai** (1118 m). Links unten, im Tale, führt der Neubau der SS 28 entlang, hat die gewachsene Natur zerrissen, erosionsgefährdete Steilhänge aufgeschnitten, den Berg durchbohrt. Wir turnen auf der alten, aber gut unterhaltenen Straße über den nächsten Pass, den **Arcu Correboi** (1246 m). Prächtige Solitärsteineichen begleiten unseren Weg, dann wieder ganze, dichtschattige Steineichenwälder. Nie hätten wir geglaubt, dass das Innere Sardiniens so grün sein könnte.

(060) WOMO-Stellplatz: Arcu Correboi

GPS: N 40° 04' 28.1" E 9° 21' 34.4"; 1247 m.   **max. WOMOs:** 1-2
Ausstattung/Lage: keine/außerorts.
Zufahrt: Von Fonni Richtung Lanusei bis hinter die Passhöhe.

2,3 km hinter dem Pass, nach einem verfallenen Gebäude, sprudelt's links aus einem Brunnenrohr. 5 km später haben wir neben der Neubautrasse SS 28 den Talgrund erreicht und kurven links des dicht bewaldeten Flusses **Calaresu** weiter. Sehnsüchtig werfen wir Blicke hinab, denn es fließt wirklich Wasser darin. Doch wo ist eine Abfahrt?

Bei »km 156,9« führt eine Piste hinab – direkt zu den Pfeilern der Schnellstraße. Bei der halbverfallenen Straßenmeisterei "Pira e' Onni" kann man nur zu Fuß zum Baden hinabstapfen. Wir zögern und beratschlagen: „Ein Stellplatz am Plätscherfluss wäre nicht schlecht!" Da hält neben uns ein Fahrzeug mit dem Kennzeichen NU – ein Einheimischer aus der Provinz NUORO.

„Baden?" fragt er freundlich im besten Deutsch. Da kenne er aber eine viel schönere Stelle für uns, wir sollen seinem Auto folgen.

Folgsam tuckern wir ihm hinterher. Die SS 389 verlässt den Flusslauf (was soll denn das?), die Landschaft wird wieder abwechslungsreicher, flechtengrüne Felsen liegen in der niedrigen Macchie, wiederkäuende Kühe lagern darin, eine steht müde mitten auf der Straße, weicht keinen Millimeter vor uns zurück und wird sorgsam umfahren. Nach 3,5 km, in einer scharfen Rechtskurve (»km 161«), deutet der Sarde links in die Abzweigung nach TALANA: Dort, bei der kleinen Brücke, sei sein Badeplatz. Spricht's, gibt Gas und ist weg!

Weit und breit ist kein Fluss! Wir biegen trotzdem nach links – und erblicken nach 500 m staunend den Garten Eden: Das Flüsschen **Bau e' Mela** hat mit seinem Frühjahrshochwasser ein malerisches Felslabyrinth ausgewaschen, darin sprudelt und quillt es durch das Gestein und füllt Rillen, Becken und Wannen. Das Wasser spendet Leben für eine prächtig-saftige Vegetation: Zwischen Steineichen stehen nässeliebende Er-

Badeplatz am Bau e' Mela einst ....

len, Baumheide wechselt mit Schilfgras ab, die Wasserminze blüht blassviolett an sumpfigen Stellen. Noch spät am Abend sitzen wir auf den wärmespeichernden Felsklößen, unser Mundharmonikaspiel reizt die alteingesessenen Laubfrösche zu lautstarker Revierverteidigung.

Unsere letzte Visite war allerdings schockierend. Ein verheerendes Unwetter hatte eine Sturzflut ausgelöst, die nahezu die ganze Vegetation – und mit ihr einen Teil der Brücke – weggerissen hat. Es wird Jahre dauern, bis das Badeidyll wieder so aussieht wie auf unserem (alten) Foto!

.... und jetzt

Auch die Parkplatzsituation ist unbefriedigend. Wie schön, dass man 1000 m weiter Richtung TALANA den schattigen **Picknickplatz Su Fundale** mit Brunnen angelegt hat.

---

(061) WOMO-Picknickplatz: Su Fundale

GPS: N 40° 00' 19.6" E 9° 26' 02.5"; 920 m.
max. WOMOs: 2-3
Ausstattung: Baumschatten, Tisch & Bank, 2-Rohr-Brunnen, zum Badeflüsschen 1000 m.
Zufahrt: Von Fonni Richtung Lanusei bis »km 161«, links noch 1500 m bzw. Schnellstraßenausfahrt Talana.

Bei der Morgen-Walking-Tour erkunden wir den weiteren Verlauf der Straße – er führt in Schleifen zu einem weitläufigen Weidegebiet, dem riesige Stein- und Flaumeichen ein parkartiges Gepräge verleihen. Links vom Weg fallen uns rechtwinklige, aus großen Steinen gesetzte Grundmauern auf, hügelwärts entdecken wir eine ganze "Siedlung" aus kreisförmigen Gemäuerresten – ein steinzeitliches Dorf? Beim Weitermarsch kommen wir an zwei einsamen Gehöften vorbei, und die Einfassungsmauern der Schaf- und Ziegenpferche lassen uns gehörig am antiken Charakter "unseres" Steinzeitdorfes zweifeln.

Rundwanderung zum Gigantengräberfriedhof (insgesamt 2,5 Std.)
Der Archäologeneifer jedoch ist erwacht!
Wir durchforschen unser Kartenmaterial und entdecken auf der 100.000er (207/Nuoro) vier **Nuraghen** und ein **Gigantengrab** in erwanderbarer Nähe. Karte, GPS-Gerät, Fotoapparat, Fernrohr und Trinkflaschen bilden unsere Ausrüstung, wenn man mal vom festen Schuhwerk und disteldichten Jeans absieht – und ab geht's zu einer archäologischen Entdeckungstour!
Ihr Ausgangspunkt liegt genau bei »km 160,9«, also 100 m nördlich der Straßengabelung. Dort ist in unserer Karte eine Quelle eingezeichnet, und wir entdecken sie auch sofort, führt doch ein saftig-grüner Wiesenstreifen bis zu dem kleinen Quelltopf.
Wir steigen mittels "Treppchen" über den Weidezaun, "nehmen" den Hang "directement", stapfen durch Disteln und über Holpergeröll nach NNW (330°) und erreichen nach 10 min. die Höhe, auf der der **Nuraghe Foppia** eingezeichnet ist. Gleich links, bei einer windzerzausten Steineiche, sozusagen an der Bergnase, sind die sehr spärlichen Überreste steinzeitlicher Baukunst mehr zu erahnen als zu erkennen. Wir sind enttäuscht, trösten uns aber sofort mit der prächtigen Aussicht; mit dem Fernrohr machen wir sogar die Antennen und das lindgrüne Gebäude auf der **Bruncu Spina** aus, der ersten Station unserer **La Marmora**-Tour.
„Da, schau', ein Nuraghe, nein zwei!"

Waltraud hat mit dem Fernglas das hügelige Weideland unter uns abgesucht – und plötzlich, nachdem wir die Mauerringe einmal entdeckt haben, springen sie uns aus dem braungelben Gras-Distel-Tarnhintergrund förmlich ins Gesicht.
„Auf, nichts wie hin!"
Wir stolpern den Hang nach WSW (240°) hinab, überqueren die Teerstraße SS 389 und den **Rio Calaresu** dort, wo das Nebenflüsschen **Rio Zinebra** hineinmündet, mühelos auf trocken liegenden Steinen. Eine große Rinderherde wiederkäut am Ufer, guckt uns nachdenklich hinterher, während wir den Hang nehmen und kurz darauf den **Nuraghenstumpf** auf der kleinen Hügelkuppe erreicht haben (30 Minuten seit dem **Nuraghen Foppia**).
Ein schräggewachsener Wacholderbaum hat den Mauerring gesprengt, bietet sich uns als schattiger Rastplatz an. Aber kaum haben wir uns niedergelassen, da nehmen Fliegenschwärme auf uns Platz, scheuchen

uns wieder hoch. Wie konnte ich vorhin nur die Kühe ob ihres gemütlichen Lebens beneiden!? Auch von hier aus fällt die Orientierung leicht: ONO die Bergkuppe mit dem **Nuraghen Foppia** bzw. dem zerzausten Baum, NNW der dritte **Nuraghe** am flusszugewandten Rand eines Hügels. Aber was sind das für braunrote Steinhaufen im Westen?

Auf dem Gigantengräberfriedhof

Nach 10 Minuten stehen wir mitten in einem **Gigantengräber**friedhof, der in unserer Karte, zumindest an dieser Stelle, gar nicht eingezeichnet ist (aber sie stammt ja auch aus dem Jahre 1931). Einige der Gräber sind bereits von den hineingestürzten Gewölbetrümmern freigeräumt, so dass wir uns einen guten Überblick über die Bauweise verschaffen können: Während das eine (eingezäunte) Grab in seiner länglichen, rechteckigen Form etwas denen von MADAU ähnelt, jedoch mittels Querwänden mit Durchschlupfen dreigekammert ist, erinnert ein zweites mehr an eine unterirdische Rundhütte mit kleinem Anbau, der eigentlichen Grabkammer.

Jetzt brauchen wir natürlich nicht mehr nach den in unserer Karte viel weiter westlich liegenden Gigantengräbern zu suchen. Wir verlassen deshalb den Hügel nach SSO (150°) durch das "Tal der Kindergräber", von uns wegen der vielen, vielen Steinhaufen so genannt, stapfen an einem Rinnsal entlang, bis es in den **Rio Calaresu** mündet. Dort überqueren wir ihn, steigen den steilen Hang nach ONO (75°) hin-

auf und erreichen nach 30 min. seit den Gigantengräbern die Teerstraße, die uns in weiteren 15 min. zum Badeplatz am **Rio Bau e' Mela** zurückführt. Insgesamt waren wir 2 1/2 Stunden unterwegs, eine Wanderung ohne "aufregende Entdeckungen", die uns Unruhegeistern jedoch viel Spaß gemacht hat.

TOUR 5 (ca. 240 km / 2-3 Tage)

Monte Tonneri – Villagrande – Tortoli – Girasole – Lido Orri – Bari Sardo – Marina di Gairo

Freie Übernachtung:	W-Parkplatz Perda Liana, Rio Flumendosa, Santa Barbara, Girasole, Arbatax, Lido Orri, Bari Sardo (Pineta).
Trinkwasserstellen:	u. a. Villanova, Monte Tonneri, Santa Barbara, Bari Sardo.
Campingplätze:	S. Maria Navarrese, Lotzorai, Lido Orri, Torre di Bari, Marina di Gairo: "Coccorrocci".
Baden:	u. a. Flumendosa-Fluss, S. Maria Navarrese, Girasole, Lido Orri, Scogli Rossi, Torre di Bari.
Besichtigungen:	u. a. Monte Tonneri, Nuraghe Corrus de Trubutzu, Lotzorai (Domus de janas), Arbatax, Scogli Rossi.
Wanderungen:	M. Tonneri (Punta M. Pobusa), Cascata (kleiner Wasserfall).

Traurig winken unsere Kinder noch einmal ihrem Spielparadies am **Bau e' Mela** zu, während wir auf der Hauptstraße links einbiegen.

Durch menschenleeres Macchie-Weideland, dem die schon zur Gewohnheit gewordenen Rieseneichen und Felsbrocken die Eintönigkeit nehmen, schlängelt sich die SS 389 nach Südosten. Genau im Süden ragt ein gewaltiger Felsschlot senkrecht in den Himmel. Der 1293 m hohe **Monte Perda Liana** würde jedem Western zur Ehre gereichen – und wir wollen ihn uns aus der Nähe beschauen.

Zunächst legen wir jedoch in VILLANOVA STRISAILI einen morgendlichen Einkaufsstopp ein. Im Zentrum wurde ein zaghafter Versuch der Ortsverschönerung unternommen: Eine kleine Fläche mit Waschbetonplatten, Bänke, einige Kugelbäumchen – und ein gusseiserner **Wasserspender** [N 39° 57' 31.1" E 9° 27' 57.8"] sind das Inventar. Während ich also fülle, kaufen die anderen die Läden leer – im 200-m-Umkreis finden sie Bäcker, Metzger und einen Lebensmittelladen.

Solchermaßen ausgerüstet, machen wir, zurück am Ortsbeginn, einen ersten Abstecher zum **Lago Alto del Flumendosa**, einem der größten Stauseen Sardiniens.

Nach 2,2 km erreichen wir die ausgedehnte Wasserfläche, rollen am rechten Ufer entlang. Nach insgesamt 4,5 km ruht unser Auge zufrieden auf einer geradezu idyllischen Wiesenfläche, die sich sanft zum Wasserspiegel (mit Inselchen) senkt und dort, zwischen Busch und Fels, schöne Badeplätzchen bereit hält.

(062) WOMO-Badeplatz: Lago Alto del Flumendosa

GPS: N39° 57' 41.1" E9° 25' 46.1"; 807 m.   **max. WOMOs:** 2-3.
Ausstattung/Lage: Bademöglichkeit, kaum Baumschatten/außerorts.
Zufahrt: Am Ortsbeginn von Villanova (vor dem Kinderspielplatz) rechts 4,5 km.

2 km südlich VILLANOVA vereinigt sich die SS 389 mit dem Ende der Schnellstraße (wenn die Bauarbeiten fortgeschritten sind, nicht die Schnellstraße benutzen!).

Wir kurven noch gut 3 km nach Süden (Richtung LANUSEI), biegen beim »km 174,2« rechts ein (Wegweiser: Tonneri/Lago Alto Flumendosa), der **Rio Sicaderba** wird auf einem schmalen Brückchen überquert (»km 0«). Dann kommen zwei unbeschrankte Bahnübergänge, bevor wir, uns rechts haltend, wieder am Ufer des **Lago Alto del Flumendosa** entlangturnen. Wir betrachten nicht besonders enttäuscht den blauschimmernden Wasserspiegel, denn die einzige Abfahrt, 1,9 km nach dem Brückchen bei [N 39° 55' 32.9" E 9° 27' 41.8"], ist steil, zerfurcht und holperig (da hatten wir schon was besseres!).

Kurz darauf verlassen wir den See nach Westen, kurven unaufhörlich empor. Weite Bereiche der Hänge sind mit Kiefern aufgeforstet und eingezäunt – wohl um sie vor den allesfressenden Schaf- und Ziegenherden zu beschützen. Dazwischen erstrecken sich kilometerlange, etwa zwanzig Meter breite, gerodete Brandschutzstreifen, die beängstigend an die grässlichen Grenzstreifen der ehemaligen DDR erinnern. Wie schön, dass man die einen weiter pflügen muss, während die anderen nun friedlich überwuchern.

Schöne, aussichtsreiche Rastplätzchen liegen rechts abseits der Straße. Am besten hat uns das nach 4,9 km gefallen.

(063) WOMO-Stellplatz: Flumendosa-Blick
GPS: N39° 56' 07.9" E9° 27' 00.4"; 859 m.   max. WOMOs: 2-3.
Ausstattung/Lage: Aussicht, Baumschatten, Liegewiese/außerorts.
Zufahrt: Von der Bahnstation Villagrande 4,9 km Richtung Seui.

Die Straße gabelt sich nach 9,6 km, ein Riesenfindling mit der Aufschrift "**Gennargentu**" zeigt nach rechts. Wir halten links, auf SEUI zu. Die Straße ist jetzt nur noch LKW-breit, immer

noch führt sie, zeitweise sehr schlaglöcherig, bergauf.

Da schiebt er sich zwischen zwei Hügelrücken hervor, **unser** Gipfel, der **Monte Perda 'e Liana** (Stein der Ebene): Wie ein Bündel Streichhölzer ragen Felsspitzen absolut senkrecht nach oben, unbesteigbar für "Kletterkünstler" wie uns. Aber er ist nur der zweithöchste Gipfel des **Monte-Tonneri-Massivs** – und wir werden vom höchsten auf ihn herabblicken, wenn wir ihn schon nicht besteigen können!

3 km nach der Gabelung sichten wir links einen **Brunnen** und dahinter eine 18% steile Abzweigung mit dem Wegweiser "Perda Liana". Aber bereits nach 700 m kippt die Seitenstraße in die Waagerechte, im spitzen Winkel (rückwärts einfahren) geht es links zu einem herrlichen Picknick- und Wanderparkplatz mit Superblick auf den Schlot der **Perda 'e Liana**.

(064) WOMO-Wanderparkplatz: Perda 'e Liana

GPS: N 39° 55' 00.9" E 9° 24' 53.0"; 1052 m.   **max. WOMOs:** 2-3
Ausstattung/Lage: Tisch & Bank, Baumschatten, Wanderweg/außerorts.
Zufahrt: Von der Bahnstation Villagrande 11,5 km Rtg. Seui, dann links noch 700 m.

Der Berg scheint zum Greifen nahe – und ist mit seinen "nur" 1293 m doch unersteigbar für "normale" Bergwanderer. Immerhin ragen die senkrechten Wände bis zu 100 m hoch, bis sie das nur 50 m breite Plateau erreicht haben. Aber bis zum Fuße seines Schlotes ist es nur ein Spaziergang von einem halben Stündchen.

Wir kehren zur "Hauptstraße" zurück, biegen links und halten genau 5,8 km nach der Perda-Liana-Gabelung rechts auf einer geschotterten Ausbuchtung der Straße, direkt vor der Steilwand des **Monte-Tonneri-Massivs**.

---

(065) WOMO-Wanderparkplatz: Punta Margiana Pobusa

GPS: N 39° 54' 0.4" E 9° 23' 35.2"; 930 m.   **max. WOMOs:** 2-3.
Ausstattung/Lage: Baumschatten, Wanderweg/außerorts.
Zufahrt: Von der Bahnstation Villagrande 17,3 km Richtung Seui.

Wanderung auf die Punta Margiana Pobusa (hin 1,5 Std. zurück 3/4 Std.)

Kurz darauf brechen wir in Shorts, Wanderstiefeln und Sonnenhut zur **Punta Margiana Pobusa**, mit 1323 m dem höchsten Gipfel des **Monte-Tonneri-Massivs**, auf. Auf der anderen Straßenseite führt ein geschotterter Fahrweg bergauf. Ein Eisengittertor versperrt die Weiterfahrt, das Schild links davon belehrt uns, dass wir wieder eine "Ente Foreste Montarbu", ein Aufforstungsgebiet der staatlichen Forstverwaltung, betreten, denn links vom Tor können wir über eine Leiter klettern und auf der Erdpiste gemütlich zwischen Erdbeerbäumen, Steineichen und Robinien weiterwandern; an der rechten Wegböschung glitzern kleine, scheibchenförmige Glimmertäfelchen wie geschliffenes Glas in der Vormittagssonne...

Der Schlot des **Monte Perda Liana** guckt jetzt gerade noch hinter einem rundlichen Hügel hervor, erinnert nun verblüffend an eine riesige Brustwarze, verschwindet dann ganz hinter einem weiteren Höhenrücken.

Nach 25 Minuten haben wir den **Pass S'Arcu e' su Pirastu Trottu** erreicht, genau dort, wo sich der **Perda-Liana-Schlot** wieder ins Blickfeld schiebt. Hier macht der Fahrweg eine Rechtskurve, und wir verlassen ihn nach rechts, bergauf, mitten auf dem Ödland eines Brandschutzstreifens, halten direkt auf die Felswand des **Monte Tonneri** zu. 30 Minuten später haben wir sie erreicht, und damit das Ende des Brandschutzstreifens – wie soll es nun weitergehen?

Nach kurzer Suche entdecken wir rechterhand eine schmale Ziegenspur, der wir in Serpentinen steil bergauf folgen. Ein niedriger, aber schattenspendender Steineichenwald, in den sich einige mitteleuropäische Hainbuchen verirrt haben, verhindert Schweißausbrüche – und bald haben wir eine kleine Hochfläche erreicht, auf der kleine Kühe grasen. Vor bzw. über uns liegt direkt der höchste Gipfel des **Monte-Tonneri-Massivs** – und wenn Sie ein Fernrohr dabei haben, können Sie obenauf ein kleines Häuschen erkennen...

Zehn Meter bevor man das Wäldchen in die grasige Hochfläche hinaus verlässt, führt scharf links zurück (Richtung Osten) eine Steinmännchenspur, die nach 120 Schritten beim **Karstloch Su Stampu** endet. Der dunkelgähnende, ungesicherte Bodenspalt, durch den mühelos eine ausgewachsene Kuh passen würde, führt senkrecht nach unten, und ein Stein prallt erst nach 5 Sekunden Fallzeit auf. Schnell gerechnet, wie war doch gleich die Formel für den "Freien Fall":

$$\text{Fallhöhe } h = \frac{g \times t^2}{2} = \frac{9{,}81 \times 25}{2} = \underline{122 \text{ Meter}}$$

Das Loch ist also weit mehr als hundert Meter tief von hinabsickerndem Regenwasser ausgespült worden – wir erschauern und treten schnell einige Schritte zurück!

Am rechten Rand der Hochebene entlang (Richtung Westen) setzen wir unseren Marsch fort, schwenken in einen miserablen Jeepweg ein, der in oft mauergestützten Serpentinen die Bergflanke erklimmt. Nach gut zwei Stunden (incl. Vesperpause und Suche nach dem Karstloch) seit unserem Aufbruch vom WOMO haben wir die Brandbeobachtungshütte auf dem Gipfel der **Punta Margiana Pobusa** erreicht, werden freundlich begrüßt vom Brandwart Lai Giacinto und seiner Frau und sofort zu einem Begrüßungsschluck in die kleine, natursteingemauerte Schutzhütte eingeladen.

Die Einrichtung ist spartanisch: Außer einer Stange, an der ein paar Kleidungsstücke hängen, zwei Wasserkanistern, einem Drahtrost mit Schlafsack und einem kleinen Gaskocher fallen lediglich die zwei Funkgeräte auf, von denen eines fast pausenlos die Meldungen der anderen Gipfelstationen der Region verkündet. Ob der kleine, offene Kamin in der Ecke wohl im Winter für gemütliche Wärme sorgen kann?

Welche Freude, unser Brandwart hat einige Jahre in Pirmasens und im Kanton Graubünden verbracht und spricht so gut deutsch, dass er uns nicht nur alle Berge ringsum benennen kann – mit dem Fernglas zeigt er uns auch noch den **Nuraghen Ardasai** direkt an der Straße nach SEUI, die neuen Fahrwege, die ins **Gennargentu-Massiv** führen und an denen er schöne Badeplätze kennt – und er spricht auch von seiner verantwortungsvollen Arbeit hier oben:

Lai schiebt tagsüber acht Stunden Brandwache, steht in Funkverbindung mit der Zentrale und allen anderen Wachstationen im Umkreis, bis um 17.00 Uhr seine Ablösung den Berg hinaufgeschnauft kommt, um die restlichen sechzehn Stunden, in der Nacht mehr wachend als schlafend, das Umland mit Argusaugen zu überwachen, die kleinste Rauchwolke, das erste Aufflackern eines Brandes sofort zu melden. Insgesamt sind an die 5000 Brandwächter sommers in Sardinien tätig, um die mühsam aufgeforstete Vegetation vor der Vernichtung zu bewahren. Nur zwei Löschflugzeuge stehen für ganz Sardinien zur Verfügung, aber eine große Zahl von Löschfahrzeugen – und so hat man kreuz und quer durchs Land Pisten gebahnt, um jeden erdenklichen Brandherd erreichen zu können....

Die schmale, bleigraue Wolkenwand hinter dem **Monte Perda Liana** haben wir kaum beachtet, da lässt uns ein krachender Donner zusammenfahren! Über uns ist noch blauer Himmel – trotzdem eilen wir nun den Hang hinab – und weiteres böses Grollen sorgt dafür, dass wir für Rückweg in knappen 45 Minuten "erledigen".

Wie bei unserer Schluchtentour zum **Rio Flumineddu** sind wir auch auf der **Monte-Tonneri**-Tour keiner wandernden Menschenseele begegnet, die Bergwelt Sardiniens ist wirklich noch ein weißer Fleck auf der europäischen Wanderkarte!

Blick auf die Steilwand des Monte-Tonneri-Massivs und die Perda 'e Liana

Den **Nuraghen Ardasai** an der Straße nach SEUI lassen wir uns nicht entgehen! Wir rollen auf der Teerstraße weiter, notieren bereits 300 m später links einen Picknickplatz am schattigen Waldesrand mit einem sparsam fließenden Brünnchen. Die **Brunnenwände** nach 4,4 km und 5,5 km [N39° 53' 28.4" E9° 20' 42.8"] dürften besser zum Durst ausgewachsener WOMO-Tanks passen!

Genau 6 km geht's nach Südwesten, immer unter der säulenförmig-zerklüfteten Steilwand des **Monte Tonneri**, an deren Fuß Steineichenwälder mit einer üppigen Macchievegetation aus Erdbeerbäumen, Cistrosen mit ihren typischen, sommertrocken eingerollten, runzeligen Blättern, Baumheiden und Wacholderfingern abwechseln, dann sichten wir rechts die **Nuraghenfestung**.

(066) WOMO-Stellplatz: Nuraghe Ardasai
GPS: N 39° 53' 31.1" E 9° 20' 22.8"; 988 m.   **max. WOMOs:** 2-3.
Ausstattung/Lage: Aussicht, Baumschatten, Liegewiese/außerorts.
Zufahrt: Von der Bahnstation Villagrande 23,5 km Richtung Seui.

Wir rollen auf den **Parkplatz** hinter einer Linkskurve und stapfen die paar Schritte, über Verteidigungsmauern hinwegkletternd, zum Zentralturm. Der zuckerhutförmige Innenraum ist fast völlig intakt, über eine freiliegende, den Turm spiralig erklimmende Rampe stürmen wir die Plattform, von der herab wir erst die strategisch günstige Lage der Festung auf einem Bergsporn erfassen: Weit unten, im Weideland, erheben sich deutlich sichtbare Mauerringe – Reste eines Nuraghendorfes oder neuzeitliche Viehkoppeln?

Etwa 15 km rollen wir anschließend die schmale Teerstraße

Haltbare Landkarte an der Abzweigung ins Gennargentu-Massiv

zurück, halten dann an der Gabelung scharf links, steil abwärts, ins Gennargentu-Massiv hinein.

1600 m weiter sichten wir links einen trockenen Brunnen mit Tisch und Steinbank und knapp 3 km nach der Gabelung überqueren wir in einer üppig bewaldeten, felszerklüfteten Schlucht den **Fiume Flumendosa**, der den **Alto-Flumendosa-Stausee** entwässert. Die Straße begleitet den Fluss etwa 1 km. Auf dieser Strecke kann man an vielen Stellen am Straßenrand parken und seinen wanderverschwitzten Körper in den Fluten erfrischen. Den Platz vor der nächsten Brücke links, neben einer riesigen Steineiche [N39° 56' 09.9" E9° 23' 40.7"], könnte man sogar für eine Übernachtung empfehlen, denn unterhalb, am Flüsschen, gibt es wieder Badegumpen.

Badegumpen im Rio Flumendosa bei der Steineiche

Überquert man auch diese Brücke, die über den **Riu Calaresu** führt (kurz bevor er in den Flumendosa mündet) und wendet sich dahinter rechts, so findet man entlang der kaum befahrenen Straße weitere Stellplätze oberhalb des Flusses und, wenn man sucht, sogar einen künstlichen Wasserfall!

Wir versuchen uns im Canyoning, müssen aber schon nach 500 m aufgeben, denn das Wasser ist uns im Frühjahr zu frisch und zu tief.

Im Sommer indess, kann man sicher problemlos bis zu der Gola di Pirincanes vordringen, wo er sich durch eine imposante Granitfelsen-Schlucht zwängt (näheres siehe Rother, Tour 34).

(067) WOMO-Badeplatz: Riu Calaresu

GPS: N 39° 56' 18.5" E 9° 23' 30.1"; 676 m.　　　　　　**max. WOMOs:** 2-3.
Ausstattung/Lage: Baumschatten, Plätscherfluss, Canyoning/außerorts.
Zufahrt: Von der Bahnstation Villagrande 8,5 km Rchtg. Seui, dann rechts noch 4 km.

Dort, 200 m hinter der zweiten Brücke, beenden wir unseren Abstecher ins **Gennargentu-Massiv** – wir sehnen uns wieder nach ein paar Tagen Faulenzerei am Meeresstrand. "Der Berg" verabschiedet sich von mir auf besonders "witzige" Art und Weise: Kaum haben wir gewendet, entdecke ich auf der Bergseite, direkt neben der Straße, einen in den Fels geschlagenen Bergwerksstollen. Nichts wie hinein mit der müden Taschenlampe – und nach wenigen Metern stehe ich bis zu den Waden im eiskalten Wasser. Das hat man nun von seinem Forschergeist!

Vom **Lago Alto del Flumendosa** aus bieten sich drei Tourenvarianten zur Ostküste bei TORTOLI/ARBATAX an: Da ist zunächst die breiter eingezeichnete über LANUSEI, von dort aus weiter auf der SS 198.

Fährt man 3 km zurück, auf VILLANOVA zu, so kann man nach rechts in eine schmalere Straße einbiegen, die über VILLA-GRANDE ebenfalls nach TORTOLI führt.

Falls man die Bergtour gar nicht gemacht hat, kann man vom Badeplatz am **Bau e' Mela** aus die neue Strecke über TALANA (**Brunnen** Ortsmitte links) nach LOTZORAI nehmen, die durch eine besonders bizarre, einsame Berglandschaft führt.

Wir haben alle drei Strecken ausprobiert und möchten Ihnen die zweite Variante empfehlen: Die Straße ist gut ausgebaut, nicht so kurvig wie die erste Strecke und, vor allem, man meidet das hektische LANUSEI mit seinen Verkehrsstaus.

Kaum 2 km, nachdem wir südlich VILLANOVA in das Seiten-sträßchen eingebogen sind, halten wir verblüfft am Straßen-rand an: In einem weitläufigen,

schattigen Steineichenwald er-streckt sich das riesige **Picknick-und Freizeitgelände "Santa Bar-bara"** mit mehreren **Brunnen** (eine mit Mineralwasser (!) direkt rechts am Straßenrand), Gaststät-ten, Fußballplatz und Spielplät-zen sowie vielen Tischen und Bän-ken.

(068) WOMO-Picknickplatz: Santa Barbara
GPS: N 39° 56' 34.9" E 9° 29' 44.7"; 891 m.   **max. WOMOs:** 3-4
Ausstattung/Lage: Tisch & Bank, Baumschatten, Brunnen, Gaststätten, Grillstellen, Kinderspielplatz, Fußballplatz, Toiletten, Mülleimer/außerorts. **Zufahrt:** siehe Text.

Santa Barbara, Mineralwasserbrunnen

Wir besichtigten es erstmals am 15. August, Maria Himmelfahrt, wo jeder echte Sarde mit seiner Familie unterwegs ist, um unter freiem Himmel ein großes Schweinestück zu grillen. Entsprechend geht es im **Santa-Barbara-Wald** zu: Überall qualmen Grillfeuer, in den Brunnen werden Melonen und ganze Batterien von Weinflaschen gekühlt. Wir durchkurven das Gelände auf einem sorgfältig gepflasterten Einbahnstraßen-Fahrweg, werfen sehnsüchtige Blicke auf die saftigen Spanferkel und vergleichen diese Leckerei mit dem Erbseneintopf, der auf unserem Küchenzettel steht.

Übrigens: Der Wald von Santa Barbara liegt wochentags in einem Dornröschenschlaf. Der WOMO-Tourist ist dann dort fast allein und kann die Annehmlichkeiten des Areals in Ruhe genießen. Auch eine geruhsame Übernachtung kann man wohl garantieren...

Kurze Zeit darauf durchqueren wir das fast ausgestorbene VILLAGRANDE (wahrscheinlich haben wir die Einwohner gerade beim Grillen im Santa-Barbara-Wald beobachtet); Sie können bereits die neue Umgehungsstraße benutzen!

Schon wieder Wasser gefällig?

Unterhalb VILLAGRANDE, bei »km 10,3«, rollen wir rechts der Straße in eine Ausbuchtung mit dem **Brunnen "Funtana Coe Monte"**, dessen Nass besonders reichlich aus einer Marmorwand schießt, die wohl den gleichen Architekten hatte wie in Santa Barbara.

Rostrote Felsgebirge säumen unseren Weg, finden ihr Ende erst an der Küste bei den berühmten roten Felsen von ARBATAX und S. MARIA NAVARRESE, deren Häuser wie in einem riesigen Amphitheater fast unter uns liegen.

Aufpassen!

Kurz bevor unsere Straße in die SS 198 einmündet, wartet links, am Hang, der **Nuraghe "Corrus de Trubutzu"**. Wir parken rechts der Straße [N 39° 55' 39.8" E 9° 37' 20.0"] und kämpfen uns durch die Distelwildnis zu ihm empor. Der Zentralnuraghe mit einem integrierten Tochternuraghen hängt nur

etwa 300 m oberhalb der Straße auf einem Hangvorsprung, aber wir machen schnell die Erfahrung, dass solch eine kurze Strecke in der glühenden Mittagshitze schlimmer sein kann als eine ganze Wanderung bei angenehmen Temperaturen...

Wenige Meter später treffen wir auf die SS 198 kurz vor Tortoli.

Sie wollen doch die Strecke über LANUSEI nehmen? Dann biegen Sie am **Lago Alto del Flumendosa** rechts. 2,1 km weiter auf der SS 389 nach Südosten, bei »km 176,3«, finden Sie linkerhand einen schattigen **Rastplatz** im Pinienwäldchen und an seinem Rande einen gut schüttenden Brunnen.

Hinter der Bahnstation von ARZANA macht sich die Straße an den Gebirgsabstieg, ein Panorama mit dem bereits 260 m tiefer liegenden LANUSEI breitet sich vor uns aus. Wir durchqueren die "Hauptstadt" der Ogliastra-Berge, kurven aber immer weiter bergab. Bereits 3 km später, in ILBONO, sind wir nochmals 190 m tiefer und 8 km danach, bei der Straßenmeisterei BAUNUXI, sind wir wiederum 300 m abgestiegen.

Jetzt geht es gemächlicher am Fluss Corongiu entlang, und während wir auf das Ortsschild von TORTOLI zuhalten, überlege ich mir, ob ich das nächste Mal nicht lieber wieder die Ausweichstrecke über VILLAGRANDE nehme, die kürzer ist und mir das Durchqueren des quirligen LANUSEI erspart.

Der Küstenabschnitt von SANTA MARIA NAVARRESE bis MARINA DI GAIRO besitzt eine ganze Perlenkette voller schöner Strände!

Um uns einen Überblick zu verschaffen, sausen wir auf der SS 125 zunächst 15 km nach Norden bis BAUNEI (zwischen den beiden Girasole-Abfahrten Autogastankstelle), um die Strände dann Richtung Süden einen nach dem anderen abzuklappern:

Die letzten Kilometer geht es in Kehren hinauf nach BAUNEI, das, wie an den Hang geklebt, uns schon von weitem auffällt. Wir passieren die Kirche mit den drei Kupferkuppeln und schwenken dahinter rechts Richtung Punta Goloritze/Golgo/Chiesa San Pietro.

Es geht zunächst steil, sehr steil bergauf mit einer Anzahl sehr enger Serpentinen, sodass wir diese Strecke nur für kleinere WOMOs empfehlen.

Nach 3 km schleifen wir sehr gemütlich durch einen Steineichenwald und erreichen nach 9 km seit BAUNEI eine wichtige Kreuzung. Links wartet die urige Landgaststätte "Golgo" nicht nur mit sardischen Spezialitäten auf in romantischer Atmosphäre, sondern auch mit einem riesengroßen, ebenen Parkplatz, auf dem man übernachten darf.

(069) WOMO-Stellplatz: Gaststätte "Golgo"

GPS: N40° 04' 47.4" E9° 39' 55.8"; 429 m.   **max. WOMOs:** > 5.
Ausstattung/Lage: Gaststätte, Liegewiese, Wanderwege/bei Einzelgebäude.
Hinweis: Lautes Dieselaggregat, aber der Platz ist groß.....
Zufahrt: Von Baunei 9 km Richtung Golgo/Chiesa San Pietro, dann links.

Im Restaurant "Golgo"

Dann geht es an der Kreuzung nach rechts. Als erstes überrascht uns nach 400 m das schön gestaltete Gelände "As
Piscinas" mit mehreren großen Tümpeln, deren Wasserqualität allerdings nicht zum Baden reizt.
Ein angelegter Pfad mit Geländer führt in 4 min. zur **Voragine
del Golgo**, auch "Su Sterru" genannt. Darunter haben wir

einen Karstschlund zu verstehen, der 270 m senkrecht in die Tiefe reicht...

Am Ende der Piste liegt "Su Porteddu", eine Bar mit einer großen, baumbeschatteten Wiese, die sich als Camingplatz bezeichnet.

(070) WOMO-Campingplatz-Tipp: "Su Porteddu"

GPS: N40° 04' 59.8" E9° 40' 43.1"; 407 m.   **Öffnungszeiten:** Ostern-31.10.
Zufahrt: Von Baunei 9 km Richtung Golgo/Chiesa San Pietro, dann rechts.
Ausstattung: Schatten, Bar, WC; nächster Ort: 9 km.
Preise: WOMO + 2 Personen: 12 €.

Wanderung zur Cala Goloritze (hin & zurück je 1 1/2 Std.)

In Verlängerung des Fahrweges auf viel begangenem Pfad nach Osten.
Nach dem Sattel "Arcu Annidai" (nach 25 min.) steiler abwärts. Nach einem Tor aus zwei aneinandergelehnten Felsen wird es schluchteng und plötzlich erblickt man die markante Aguglia, eine Felsnadel, die die Felsszenerie beherrscht.
Neben ihr steigen wir auf einer Steintreppe zum Kiesstrand mit weißen Felsen hinab.
Auf dem gleichen Weg zurück.

Zurück an der Kreuzung sind es noch gut 1000 m bis zum Endpunkt der Straße beim Kirchlein **San Pietro** hinter einer hohen Mauer, an ihrer Innenseite die Unterkünfte der Kirchenbesucher.

Chiesa San Pietro

Vorher kann man links zur "Cooperative Goloritze" abzweigen, wo man nicht nur speisen, sondern auch auf der Wiese vor dem Restaurant übernachten darf.

Zurück in BAUNEI wenden wir uns wieder gen Süden.

Sie haben die Felsnadel der **Cala Goloritze** nicht erwandert? Dann laden wir Sie zu einer - für Sie - bequemen Betrachtung einer ähnlichen Attraktion ein!

Nur 1200 m sind es zur Abzweigung, ab der wir das WOMO zur PEDRA LONGA hinabbremsen. Nach 3,7 km haben wir 400 Höhenmeter vernichtet und bringen das WOMO mit stinkenden Bremsbelägen auf dem untersten Parkplatz zum Stehen, spazieren vorbei an Picknicktischen und -bänken zum Meer, dessen Felsklötze nicht zum Baden laden. Aber wir sind ja auch zum Schauen und nicht zum Schwimmen gekommen ...

Die 80 m hohe Pedra Longa, der "Lange Stein"

Im Pinienwäldchen von SANTA MARIA NAVARRESE kann kein Wohnmobilfahrer ernsthaft versuchen, einen längeren Aufenthalt einzulegen. Ort und Strand sind total überlaufen,

Am Strand von S. Maria Navarrese/Tancau

was man bei der herrlichen Lage unter den braunroten Felsklötzen des **Monte Scoine**, die durch herrliche Tafonibildungen verziert sind, gerne versteht. In den blauen Fluten schwimmen malerische, rote Felsinselchen, wahrhaft ein herrliches Fleckchen Erde.

Auf einen **Badeaufenthalt** braucht aber auch ein WOMO-Urlauber hier nicht zu verzichten: Südlich S. MARIA NAVARRESE liegt dar Teilort TANCAU - und überall ist der schön angelegte **WOMO-Stellplatz** "Costa Orientale" mit **Entsorgungsstation** ausgeschildert.

---

(071) WOMO-Stellplatz: "Costa Orientale"

GPS: N 39° 58' 59.7" E 9° 41' 10.3"   **max. WOMOs:** > 5.
Ausstattung/Lage: Sandstrand, Baumschatten, Liegewiese, V&E, Duschen/im Ort.
Zufahrt: Südlich von S. Maria Navarrese ausgeschildert.
Preise: 10 €/24 h. (incl. Warmwsser, Duschen, WC, V/E, Strom).

Wer kostenlosen Schatten sucht, rollt ein paar Meter weiter in den ersten Teil eines Pinienwäldchens. Die weiter südlich liegenden Bereiche der Pineta haben zwei **Campingplätze** unter sich aufgeteilt.

---

(072) WOMO-Campingplatz-Tipp: "Mare Blu"
GPS: N39° 58' 48.0" E9° 41' 08.1"   **Öffnungszeiten:** 1.5.-30.9.
Zufahrt: Südlich von S. Maria Navarrese ausgeschildert.
Ausstattung: Sandstrand, viel Schatten, Bar; Ortsrand.

(073) WOMO-Campingplatz-Tipp: "Solemar"
GPS: N39° 58' 40.7" E9° 41' 07.2"   **Öffnungszeiten:** Hauptsaison.
Zufahrt: Südlich von S. Maria Navarrese ausgeschildert.
Ausstattung: Sandstrand, viel Schatten, Bar; Ortsrand.

Sehenswert sind auch die Feenwohnungen von LOTZORAI – dafür machen wir gern einen kleinen Abstecher ins Landesinnere! Dabei entdecken wir zunächst, noch im Ort, dort, wo die Straße zum Strand abzweigt, an der Bergseite unter Platanen einen **Brunnen**. Dann rollen wir auf ebener Bahn 3 km Richtung TALANA/URZULEI, bis wir links das braune Hinweisschild **"Domus de janas"** am Straßenrand erspähen. Wir stoßen rückwärts ein Stück in den Feldweg hinein (eng), parken unter Eukalyptus [N 39° 58' 43.8" E 9° 38' 02.4"] und kraxeln die paar Schritte einen Macchiepfad hinauf.

Domus de janas von Lotzorai

Insgesamt dreizehn **"Domus de janas"**, einfache, ins Gestein geschlagene **Grabkammern** mit kleinem Dromus (Vorraum), die in der Sagenwelt Sardiniens die Wohnungen von guten Feen sind, sind durch einen schönen Spazierweg verbunden – und ganz oben, auf der Hügelkuppe, kann man von einem Steinbänkle aus die Sicht genießen.

Für einen längeren, ungestörten Aufenthalt fährt man durch LOTZORAI nach Süden auf GIRASOLE zu. Die **Spiaggia (Strand)** von GIRASOLE kann man auf zweierlei Wegen erreichen:

Entweder man benutzt die direkte, schmale Straße: Unmittelbar südlich des **Rio Mirenu** (steht in der T.C.I.-Karte) = **Rio Girasole** (steht an der Brücke) biegt man an einer Verkehrsinsel links nach GIRASOLE ab und bereits am Ende der Verkehrsinsel nochmals links über die durchgezogene weiße Linie zum Fluss zurück und rollt, von einem Schilfstreifen flankiert, am Flussdamm entlang auf den Strand zu.

Oder man biegt im Ort links ab (gelbe Schilder: **"Spiaggia"**) und fährt am Nordrand des **Stagno di Tortoli** auf neuer Teerbahn, die bei einem Pappelwald auf das direkte Sträßchen trifft, zum Strand.

Kurz darauf stehen wir auf einem ebenen, rasigen Platz direkt hinter den hohen, inzwischen stark verschilften Dünen des Sandstrandes.

(074) WOMO-Badeplatz: Girasole

GPS: N 39° 57' 27.5" E 9° 41' 00.5" max. WOMOs: 2-3.
Ausstattung/Lage: Baumschatten, Sandstrand, Bar/außerorts.
Zufahrt: Von Lotzorai auf SS 125 nach Süden, direkt hinter der Rio-Mirenu-Brücke links und am Fluss entlang oder im Ort Girasole links.
Hinweis: Alternativer Übernachtungsplatz beim Campo sportivo.

Die hohe Dünenkuppe ist von einem Pinienstreifen bewachsen – ein tolles Plätzchen für die Hängematte, denn außer Kühle und Schatten bietet sie einen wunderschönen Blick auf das tiefblaue Meer und die roten Felseninseln vor S. MARIA NAVARRESE.

TORTOLI ist ein recht großer, lebhafter Ort, in dem man gut einkaufen kann (**Wasserhahn** am südlichen Ortsende [N 39° 55' 39.7" E 9° 39' 8.3"], direkt vor der Brücke rechts und noch 400 m bis zur Schule).

Bei der Weintankstelle

Wir schwenken links auf ARBATAX zu. Nach gut 1000 m ist linkerhand die Cantina soziale Ogliastra mit Ihrer **Weintankstelle** [N39° 55' 53.5" E9° 40' 11.8"] (Via Baccasara 36, Mo-Fr 8-13 Uhr, 15-18 Uhr, Sa 8-13 Uhr) nicht zu übersehen - und auch nicht der Wasserschlauch zur freien Bedienung.

Übrigens: Besonders gut hat uns der Vermentino geschmeckt! Bis nach ARBATAX, dem Fährhafen mit den berühmten roten **Porphyrklippen**, ziehen sich Tortolis "Vororte", zersiedeltes Gartenland, das nach der Malariabekämpfung in den 50er Jahren seinen Aufschwung nahm. So wundern wir uns nicht besonders, dass die Strandbereiche rechts und links des **Torre S. Gemiliano** total überfüllt sind. Sie sollten deshalb auf einen der empfehlenswerten Campingplätze ausweichen:

(075) WOMO-Campingplatz-Tipp: "Sos Flores"

GPS: N39° 55' 16.3" E9° 41' 27.1"   **Öffnungszeiten:** 1.5.-30.9.
Zufahrt: Südlich von Arbatax ausgeschildert (Via San Lussorio).
Ausstattung: Sandstrand, viel Schatten, Gaststätte, Laden; nächster Ort 1 km.
Preise: WOMO + 2 Personen: 20-29 €, Strom 2 €, Hund 2,50 €.

(076) WOMO-Campingplatz-Tipp: "Telis"

GPS: N39° 58' 40.7" E9° 41' 07.2"
Öffnungszeiten: ganzjährig.
Zufahrt: Südlicher Ortsrand von Arbatax, ausgeschildert (Via Deffenu).
Ausstattung: Sandstrand 100 m, viel Schatten, Restaurant, Bar, Laden, Pool, Kinderspielplatz; Ortsrand.
Preise: WOMO + 2 Personen: 23-40 €, Strom beim Vorzeigen des WOMO-Buches kostenlos, Hund 0-5 €.

Lediglich der **Nordstrand** (Wegweiser: Spiaggia Ponente) wartet mit reichlich Parkraum und einem langen Sandstrandbogen auf; mit viel Verkehr ist nicht zu rechnen, denn die Bahn hinter dem breiten Sandstrand ist eine Sackgasse.

(077) WOMO-Badeplatz: Arbatax (Nordstrand)

GPS: N 39° 56' 45.5" E 9° 41' 15.5" **max. WOMOs:** > 5

Ausstattung/Lage: Sandstrand/Ortsrand.

Zufahrt: Vor dem Hafenbecken von Arbatax nach links oder nach der Weintankstelle die Via Baccasarabis zum Ende fahren, am Kreisel scharf nach links.

ARBATAX selbst kann man aber aus anderen Gründen nicht auslassen! Wir folgen einfach den Wegweisern "Rocce rosse" bis zum Ende der Straße beim Hafen, biegen angesichts des roten Bahnhofsgebäudes rechts – und landen auf einem riesengroßen Parkplatz direkt neben den "Rocce rosse", den berühmten roten Porphyrklippen.

(078) WOMO-Stellplatz: Arbatax (Rocce rosse)

GPS: N 39° 56' 19.3" E 9° 42' 34.9"; Via Tirreno. **max. WOMOs:** > 5

Ausstattung/Lage: Bademöglichkeit/Ortsrand.

Zufahrt: Von Tortoli 5 km nach Osten, den Wegweisern "Rocce rosse" folgen.

Hinweis: Wegen lauter Discomusik Übernachtung in der HS meist nicht möglich!

Nun sind die Badefreuden am Felsenstrand eher bescheiden – und an den roten Klippen haben Sie sich auch bald sattgesehen. Aber Sie sollen auch gar nicht baden – Sie sollen Bähnle fahren! Jeden Tag startet direkt neben Ihrem Parkplatz zweimal ein Bähnle zu einer abenteuerlichen Fahrt durchs sardische Gebirgsland. Dieses nostalgische und gleichzeitig optisch einmalige Erlebnis dürfen Sie sich nicht entgehen lassen!

Unsere Empfehlung
(Zeiten und Preise ohne Gewähr):

Abfahrt Arbatax: 7.50 Uhr,
Ankunft Mandas: 12.22 Uhr
Abfahrt Mandas: 13.45 Uhr,
Ankunft Arbatax: 19.40 Uhr
Preis (hin und zurück): 20 Euro,
Kinder (4-11 Jahre) die Hälfte.
Info: www.ferroviesardegna.it
(und im Bahnhofsgebäude).
Leider fährt das Bähnle nur vom
15. Juni - 29. September!

Nach der "anstrengenden" Bahnfahrt sind wieder Badefreuden angesagt! Südlich TORTOLI, nur 300 m nach der Brücke über den **Fluss Foddeddu** und noch 400 m vor dem Ortsendeschild, rollen wir nach links Richtung LIDO ORRI. Durch bambushohes Schilfgesträuch, zwischen dem Orangenhaine angelegt sind, steuert die Teerstraße geradewegs auf einen wunderschönen **Sandstrand** zu, der durchsetzt ist mit grauschwarzen, glattgeschliffenen "Krokodilsteinen", auf denen die Sonnenanbeter liegen und immer wieder ins klare Wasser hüpfen, bevor sie schmoren.
1000 m vor dem Strand unser "Geheimtipp":
Nach links führt ein schmales Asphaltsträßchen, das schließlich zur engen und schlaglöcherigen Piste mutiert an die Spiaggia S' Orologiu; einem Badeplätzchen zwischen Schilf und endlosem Sandstrand.

(079) WOMO-Badeplatz: Spiaggia S' Orologiu
GPS: N39° 54' 35.9" E9° 41' 05.3"   **max. WOMOs:** 2.
Ausstattung/Lage: Sandstrand,, Bar + Obst-/Gemüseverkauf 600 m/außerorts.
Zufahrt: Am südlichen Ortsende von Tortoli links und nach 3 km links abzweigen.

1000 m später folgt links der schön angelegte "Camping Orri", der ebenfalls direkt an den Sandstrand angrenzt.

(080) WOMO-Campingplatz-Tipp: "Orri"
GPS: N39° 54' 20.3" E9° 40' 48.7"   **Öffnungszeiten:** 1.5.-20.9.
Zufahrt: Am südlichen Ortsende von Tortoli links und nach 4 km links abzweigen.
Ausstattung: Sandstrand, viel Schatten, Gaststätte, Laden, Pool; nächster Ort 5 km.
Preise: WOMO + 2 Personen: 20-40 €, Strom 2,50 €, Hunde nur Mai + September.

Rechts der Straße wartet der WOMO-Stellplatz "Tanca Orri" auf zahlende Kunden.

(081) WOMO-Stellplatz: "Tanca Orri"

GPS: N39° 54' 13.0" E9° 40' 55.8" **max. WOMOs:** > 5.
Ausstattung/Lage: Sandstrand über die Straße, V&E/außerorts.
Zufahrt: Am Ortsende von Tortoli links und noch 4 km bis zum Meer, dort rechts.
Preise: WOMO + 2 Personen: 10-16 €, Strom 2 €, V/E 7 €.

Dann folgt eine ganze Reihe von verbarrikadierten Plätzen, bis wir schließlich, nach 1500 m, doch noch ein freies Plätzchen direkt am Strand erspähen.

(82) WOMO-Badeplatz: Lido Orri

GPS: N 39° 53' 22.8" E 9° 40' 48.2" **max. WOMOs:** 2-3.
Ausstattung/Lage: Sandstrand, Strandbar, Mülleimer/außerorts.
Zufahrt: Am südlichen Ortsende von Tortoli links und noch 4 km bis zum Meer.

Die Fortsetzung der Teerstraße zieht über einen Felsrücken nach Süden. Hinter der Brücke über ein sommertrockenes, gänzlich betoniertes Flussbett gabelt sie sich:
Biegt man hinter der Brücke rechts, erreicht man nach 3 km, zwischen dem trockenen Flussbett und Macchiehängen mit rostroten Felskuppen, die SS 125 TOR-TOLI – BARI SARDO genau 3,5 km südlich TORTOLI. Von der SS 125 aus ist die Abzweigung leicht an einem steinzeitlichen **Alignement** aus drei in einer Reihe senkrecht stehenden, un-behauenen Steinpfeilern zu erkennen, die wenige Schritte küstenwärts der Straße auf dem freien Felde stehen, ein vierter etwas weiter abseits (Foto). Geradeaus erreichen Sie nach 400 m den Abstecher zum wunderschönen, blendendweißen Sandstrand von **Sco-gli rossi** (Rote Felsen), die so selbst-

bewusst aufrecht im Wasser stehen, als wüssten sie, wie oft sie schon ins Visier fotografierender Touristen genommen wurden

Der WOMO-Stellplatz "Rocce Rosse" [**083:** N39° 52' 07.1" E9° 40' 45.2"] liegt 200 m landwärts.

Besonders schön kann man (natürlich ebenfalls gegen Gebühr) direkt hinter dem Strand auf dem WOMO-Stellplatz "Baia Cea" stehen.

(084) WOMO-Stellplatz: "Baia Cea"

GPS: N 39° 52' 7.8" E 9° 40' 49.4"   **max. WOMOs:** > 5.
Ausstattung/Lage: Sandstrand, Schatten, V&E, Gaststätte, Dusche/außerorts.
Zufahrt: Vom Lido Orri 3 km nach Süden.
Preise: WOMO + 2 Personen: 8-23 €, Strom 2 €, V/E 5 €, warme Dusche 1 €.

Zweigt man bei "Baia Cea"rechts ab, so landet man nach 200 m an einem freien "Parcheggi" [N 39° 52' 04.6" E 9° 40' 56.0"] direkt hinter der Pineta, in der Dusche, Wasserschlauch und die Strandbar "Ginepri" mit Sonnenschirm- und Tretbootverleih.

Rollt man weiter nach Süden, so passiert man nach 1400 m rechterhand einen **Brunnen** und kann bereits 300 m später links zum **Lido di Cea** einschwenken. Nach 800 m erreichen wir hinter einer Pizzeria einen großen Badeplatz direkt hinter den flachen Dünen (geringe saisonale Gebühr, Camping verboten).

(085) WOMO-Badeplatz: Lido di Cea

GPS: N 39° 51' 55.1" E 9° 41' 04.0"   **max. WOMOs:** 2-3.
Ausstattung/Lage: Sandstrand, Pizzeria, Mülleimer/Ortsrand. **Zufahrt:** siehe Text.

Nach weiteren 700 m kommt man an eine Querstraße. Links geht es zu einer aufgegebenen Militärstation (ohne befahrbaren Strandzugang!), rechts zur Verbindungsstraße BARI SARDO - TORRE DI BARI. Leider blickt das fotogene Gemäuer von seinem Felssporn nicht nur auf ein ziemliches Getümmel am Grobsandstrand, sondern auch auf Gaststätten, Hotels und einen **Campingplatz**.

(086) WOMO-Campingplatz-Tipp: "Marina"

GPS: N39° 50' 02.8" E9° 40' 44.5"   **Öffnungszeiten:** 1.5.-30.9.
Zufahrt: In Bari Sardo nach links Richtung Torre di Bari abzweigen.
Ausstattung: Sandstrand, viel Schatten, Gaststätte, Laden; nächster Ort 4 km.
Preise: WOMO + 2 Personen: 22-40 €, Strom gratis, warme Dusche gratis.

In der Nebensaison findet das WOMO am Pinienwäldchen (dort Toiletten, **Wasser**hähne und Gaststätten) links des Sarazenenturmes schöne Badeplätze [N 39° 49' 53.7" E 9° 40' 50.8"].
Wir machen uns auf die Suche nach einem ruhigeren Plätzchen am Rande des Geschehens und finden zunächst vor den letzten Campingplätzen den abgelegenen Badeplatz "Foxi [N39° 49' 07.7" E9° 40' 33.8"]. Dann kommt vor dem Camping "L'Ultima spiaggia" (mit Disco) der Campingplatz "La Pineta".

(087) WOMO-Campingplatz-Tipp: "La Pineta"

GPS: N39° 49' 12.7" E9° 40' 15.0"   **Öffnungszeiten:** 1.4.-15.10.
Zufahrt: In Bari Sardo nach links Richtung Torre di Bari abzweigen, dort rechts.
Ausstattung: Sandstrand 400 m, viel Schatten, Gaststätte, Laden; nächster Ort 5 km.
Preise: WOMO + 2 Personen: 12-30 €, Strom gratis, warme Dusche gratis, Hund gratis.

Immer weiter nach Süden vordringend haben wir die WOMO-Flanken weidlich mit den Stacheln der hier die Wegränder säumenden Feigenkakteen zerkratzt und es zwischen eng stehenden Pinien durchgezwängt. Der Lohn der Angst: Ein Plätzchen ganz für uns in der Pineta!

Keine Angst, anschließend haben wir auch noch eine vernünftige Zufahrt ohne Dornenqualen entdeckt:

Man fährt, von TORTOLI kommend, in der Ortsmitte von BARI SARDO an der Abzweigung TORRE DI BARI vorbei. Nach 800 m kommt man an eine weitere Abzweigung (Hinweisschild: MARINA DI GAIRO), die durch eine weiße Marienstatue unverwechselbar ist. Hier biegt man links und schaut auf den Kilometerzähler!

Nach genau 4,4 km, die es fast schnurgerade nach Süden geht, biegt man, am Fuß eines Hügels mit Observatorium, links in einen miesen, staubigen Feldweg, der neben einem grauen Stallgebäude geradewegs 1,4 km nach Osten an ein Kiefernwäldchen (mit Picknicktischen) am weiten, wunderschön einsamen Sandstrand führt.

---

(088) WOMO-Badeplatz: Torre di Bari (Pineta)

GPS: N 39° 47' 43.8" E 9° 40' 13.1"   **max. WOMOs:** 2-3.

Ausstattung/Lage: Sandstrand, Tisch & Bank, viel Schatten, Camp. verboten/außerorts.

Wasserversorgung: Am südlichen Ortsende von BARI SARDO, vor der weißen Marienstatue links kleine Anlage mit **Brunnen**.

Vom Ortskern BARI SARDO Richtung TORRE DI BARI. 500 Meter nach der Abzweigung links **Brunnen** an Plätzchen mit Sitzbank [N 39° 50' 39.5" E 9° 38' 58.3"].

Aber wie sieht das schattenspendende Wäldchen aus? Hat darin ein streikender Müllfahrer seine Ladung ausgeleert? Hier können wir uns nicht wohlfühlen!

Kurzerhand brechen wir uns Stöckchen ab, und in Chinesenmanier klemmen wir Fetzen auf Fetzen zwischen die Hölzchen und machen eine "Waldputzete", bis kein Papierschnipsel mehr zu sehen ist; ein bereitstehender Müllcontainer am Waldrand nimmt den Müllberg auf. Jetzt können wir Tische und Stühle auspacken und beim Abendessen "unseren" Wald genießen.

Wir holpern den Feldweg zurück und biegen an der Teerstraße links, passieren das **Kirchlein N. S. di Buoncammino** und kommen bereits nach 600 m an eine Gabelung mit Gaststätte und Lebensmittelladen, wo wir nicht rechts nach CARDEDU, sondern geradeaus weiter auf MARINA DI GAIRO zu halten. Südlich der langen Brücke über den **Pelau-Fluss** kommen wir an eine verwirrende Straßenkreuzung, weil sämtliche Wegweiser verstümmelt sind bzw. ganz fehlen.

Das Kartenstudium verrät uns: Rechts schwingt sich eine Abkürzung zur SS 125 hinauf, geradeaus geht's nach MARINA DI GAIRO, also muss die Straße nach links zu dem Strand **Museddu** führen! Wir halten uns links und haben bereits nach 1 km das Meer vor uns, biegen rechts in eine Strandstraße ein. Sie ist so breit, dass auch Autos am Rand abgestellt werden können. Rechts lösen sich Gesträuch, Ferienhäuser und Gaststätten ab, auf der Strandseite beginnt ein eingezäuntes Pinienwäldchen, so dass man das WOMO nur am Straßenrand parken kann; die WCs sind verwahrlost, Wasserhähne trocken.

(089) WOMO-Badeplatz: Museddu

GPS: N 39° 46' 30.8" E 9° 40' 03.7"   max. WOMOs: > 5.
Ausstattung/Lage: Sandstrand, Baumschatten/außerorts.
Zufahrt: Von Bari Sardo Richtung Marina di Gairo bis hinter den Pelaufluss, dort links.

Nach einem guten Kilometer ist die Teerstraße zu Ende und geht in eine üble Sandpiste über. Vorher jedoch zweigt ein schmaler Teerweg ab, der nach 800 m zur Stichstraße nach MARINA DI GAIRO zurückführt. Diese brausen wir kurz darauf nach Süden.

Wir passieren die Feriensiedlung PERDA PERA (mit Strandzugang) und rollen jetzt etwas oberhalb der felsig werdenden Küstenlinie dahin, klatschende Wellen schwappen an roten Felsklippen entlang. In den sommertrockenen Sturzbachschluchten, die von den steilen Hängen herabführen, blüht verschwenderisch rosafarbener Oleander.

2 km südlich der Feriensiedlung umfahren wir die Schwemmlandbucht **"La Spiaggetta"** mit Kiesstrand, in der schön angelegte Parkbereiche auf Sie warten (saisonale Gebühr).

(090) WOMO-Badeplatz: La Spiaggetta

GPS: N 39° 45' 21.0" E 9° 40' 19.9" **max. WOMOs:** 3-4

Ausstattung/Lage: Kiesstrand, Schatten, WC, Duschen, Bar, Mülleimer/außerorts.

Zufahrt: Von Bari Sardo Richtung Marina di Gairo bis 2 km südlich Perda Pera.

Hinter dieser Bucht verlässt die Straße endgültig die Küstenlinie und windet sich zwischen roten Felsen, an der z. Zt. geschlossenen Hotelanlage "Su Sirboni" vorbei, über einen steilen Küstenvorsprung bis zu einem Sattel (den Sie sich merken sollten!), turnt schließlich wieder zum Meer hinab und endet 5 km südlich der Kiesbucht an einer weiteren Kiesbucht mit dem schön angelegten **Campingplatz** "Coccorrocci" . Zweifelsohne sind wir hier auf einen der schönsten Campingplätze Sardiniens gestoßen mit einem großen Freizeitangebot, das von der Surfschule bis zu organisierten Ausflügen (zu Fuß oder auf dem Pferderücken) durch das Bergland des **Monte Ferru** reicht (ganzjährig geöffnet; Aktivitäten nur saisonal).

Oberhalb vom Campingplatz "Coccorrocci"

(091) WOMO-Campingplatz-Tipp: "Coccorrocci"

GPS: N 39° 43' 43.7" E 9° 40' 24.6"   **Öffnungszeiten:** 1.1.-10.10.
Zufahrt: In Bari Sardo nach links Richtung Torre di Bari abzweigen, dort rechts.
Ausstattung: riesiger Sandstrand, viel Schatten, Gaststätte, Laden; nächster Ort 5 km.
Preise: WOMO + 2 Personen: ab 16 €, Strom 3 €, Camperstopp 14-28 €.

Vor dem Campingplatz kann man für einen Badestopp links zum Kies-/Sandstrand hinabfahren und dort das WOMO im Schatten abstellen. Dann turnen wir wieder hinauf bis zum Sattel, wo wir bequem parken können [N 39° 43' 55.6" E 9° 40' 6.4"] – auch wir haben für Sie einen **Ausflug** organisiert: Links der Teerstraße führt eine üble Schotterpiste ins Landes-innere, die man nicht mit dem WOMO fahren sollte.

Folglich packen wir den kleinen Vesperrucksack, ziehen die Wanderschu-he an und stiefeln ein Viertelstündchen hinab bis zu einer Pferderanch. Unterhalb der Pferdekoppel gabelt sich der Weg, links könnte man parken, rechts geht es weiter auf einer schlechten Piste durch eine Talsohle und

dann wieder hinauf, an einem Schwei-nestall vorbei bis zum Ende der Jeeps-pur (Wanderzeit: 30 min.).
Wir stehen nun oberhalb einer dichtbe-wachsenen, steilen Schlucht, zu der wir hinabkraxeln, um den "berühmten" **Was-serfall** zu suchen, der den Werbepros-pekt des Campingplatzes "Coccorrocci" ziert.
Es ist ein spärliches Bächlein, das durch den Dschungel plätschert und der "Was-serfall" ist kaum den Kinderschuhen ent-

wachsen. Aber steter Tropfen höhlt den Stein – und so haben sich glattgeschliffene Mulden und Wannen geformt, in denen man auch im Sommer seinen verschwitzten Astralleib abkühlen kann.

Wer jedoch richtige Wassermassen über sich hinwegrauschen lassen möchte, der kehrt zur Kiesbucht **"La Spiaggetta"** zurück, unserem gemütlichen Badeplätzchen.

TOUR 6 (ca. 135 km / 1-2 Tage)

Jerzu – Ulassai – Grotta su Marmuri – Marina di Tertenía – Foxi Manna – Quirra – Porto Corallo

Freie Übernachtung: Grotta su Marmuri, Riu de Alustia, Foxi Manna, Porto Corallo.

Trinkwasserstellen: Jerzu, Ulássai, Rio de Alustia, Tertenia, Quirra.

Campingplätze: Marina di Tertenía.

Baden: Foxi Manna, Foxi di Lioni, Quirra, Porto Corallo.

Besichtigungen: u. a. Grotta su Marmuri, Kirche San Nicola.

KARTE TOUR 6

Wir kehren zur Kreuzung südlich des **Pelau-Flusses** zurück, halten uns links Richtung CAGLIARI, unterqueren die neue SS 125. Jetzt müssen wir das Auto in Kurven bergauf Richtung TERTENÍA scheuchen. Das fruchtbare Flusstal mit seinen Wein- und Orangenbaumpflanzungen bleibt rechts unter uns zurück, die Ortschaften JERZU und ULÁSSAI schieben sich vor uns am Hang ins Bild, überragt von gewaltigen Bergzacken. Am **Pass Genna e' Cresia** zweigen wir von der ex SS 125, die kurz darauf nach Süden hinabkippt, nach rechts ab, halten weiter steil bergauf. Kurz vor JERZU wird mit großem Schild auf die **Quelle "Bau e Merzu"** hingewiesen. Sie liegt, inmitten eines hübsch angelegten Rastplatzes, links der Straße.

Wir merken sie uns für die Rückfahrt und tauchen ein in das Gewimmel der "Hauptstraße" von JERZU. Die schmale Gasse (**?**) ist gespickt mit "Schikanen": Parkende Autos in erster und zweiter Reihe, tratschende Männer und spielende Kinder, ständiger Gegenverkehr. Wir atmen auf, als das Ortsende erreicht ist – und befürchten die gleiche Prozedur für ULASSAI, zu dem wir uns in weiteren, fröhlichen Serpentinen hinaufhangeln.

Blick auf Ulassai

Der Ort ist eingeschmiegt, ja eingezwängt in die Spalten der Felswand, man hat den Eindruck, als seien nur Häuserfassaden an das Gebirge gemauert. Direkt am Ortsbeginn, bei dem üblichen, blauen Carabinieri-Schild, zeigt ein gelber Wegweiser links hoch zur **Grotta su Marmuri**.

Noch steiler bergauf! Das Donnern des ersten Ganges hallt links von einer gemauerten Brunnenanlage zurück. Wir passieren einen Randbezirk von ULASSAI, auf Straßen und Mauern hat man überall, unübersehbar, mit roter Farbe "Grotta" gesprüht. Was, bisher war die Straße steil? Oberhalb des Ortes legt das Sträßchen noch ein paar Prozent zu, enge Serpentinen schrauben sich zwischen den Zacken der Felsgiganten bis auf einen betonierten, großen Parkplatz mit kleinem Restaurant, wo wir

Im Felsenmeer von Ulassai

uns unter einem Schilfdach innerlich und äußerlich abkühlen und den Blick genießerisch in die Runde schweifen lassen können. Ein paar Meter talwärts wartet aber ein schöner, neuer Wanderparkplatz.

(092) WOMO-Picknickplatz: Ulássai/Grotta su Marmuri
GPS: N 39° 48' 50.5" E 9° 29' 15.2"; 790 m.   **max. WOMOs:** 3-4
Ausstattung/Lage: Gaststätte, Mülleimer, Höhle, Tisch & Bank, Baumschatten, Höhenwanderweg (Wanderplan am Platz)/außerorts.
Zufahrt: Von Bari Sardo die SS 125 bis Cardedu, dann rechts 14 km bis Ulássai.

Auf gut betonierten Stufen mit sicherem Geländer steigen wir in die Tiefe, Kühle umfängt uns. Knapp 1000 Meter Gesamtlänge der Grotte warten auf mit schönen Tropfsteinen mit einer Länge von bis zu 20 m, mehreren Höhlenseen und dem großen Saal mit einer lichten Höhe von 70 m. Die Höhle kann wegen winterlicher Überflutung nur von April - Oktober besichtigt werden; Führungen ab vier Personen.

In der Grotte hatte es knapp 10 ° C. - aber der oberirdische Tag verspricht heiß zu werden! Wir rollen zu Tale, machen einen Stopp bei der Winzerkooperative von JERZU (Ortsende rechts) mit ihrer Weintankstelle [N 39° 47' 19.3" E 9° 31' 37.0"], beehren den Brunnenrastplatz **"Bau e Merzu"** mit unserem Besuch; die Anlage wäre noch schöner, wenn der **Brunnen** etwas reichlicher fließen würde. Falls Sie also größere Mengen Wasser fassen müssen, sollten Sie den Brunnen 1000 m später anfahren!

Wir kurven bis zum **Pass Genna e' Cresia** zurück und biegen rechts Richtung CAGLIARI. Saftig grüne Weinberge begleiten unseren Abstieg ins **Quirra-Tal**. Gut 5 km nach dem Pass, bei »km 108,3«, wir haben gerade einen Nebenfluss des **Rio di Quirra**, den **Rio de Alustia** überquert, führt uns ein gelbes Hinweisschild nach rechts zu einer **"Area de Pic-Nic"**.

Area de Pic-Nic beim Riu de Alustia

Was dort nicht alles geboten ist: Ein Brünnlein mit einem Kinderplanschbecken, ein Kinderspielplatz, Grillstellen – und viele Stellplätze für Rast oder Übernachtung (zwischenzeitlich total verwahrlost, bei unserem letzten Besuch wieder restauriert!).

(093) WOMO-Picknickplatz: Riu de Alustia/Area de Pic-Nic
GPS: N 39° 44' 26.7" E 9° 34' 26.3"   **max. WOMOs:** 3-4
Ausstg./Lage: Tisch & Bank, Brunnen, Kinderspielplatz/außerorts.
Zufahrt: Von Bari Sardo die SS 125 nach Süden bis »km 108,3«, dort rechts.
Sonstiges: Niedrig hängende Äste, ersten Parkplatz links anfahren.

Vor TERTENIA münden wir in die neue SS 125 ein, verlassen sie nach 3,3 km wieder Richtung MARINA DE TERTENIA. 1300 m später warten rechts, umringt von Oleanderbüschen, gleich zwei hochmoderne Wasserspender darauf, ihren Inhalt in unsere Tanks hineinschießen zu lassen, steinerne Bänke laden zur Rast ein.

Wie wir später merken, gibt es zu Füßen des **Monte Siddu** Wasser im Überfluss. Besonders schön der **Picknickplatz Corriga-Fontanelle** [N 39° 42' 20.3" E 9° 36' 59.4"] 2,3 km später in einer Ausbuchtung.

Unsere Stichstraße schwingt sich elegant zum **Gebirgssattel Arcu de Sárrala de Susu** hinauf und steigt dann in ein weites Tal hinab. Dort unten halten wir uns an der ersten Gabelung links (Wegweiser "Foxi Manna/Tesonis"). Das Sträßchen endet an einer Radarstation mit drei silberglänzenden Kugeln auf dem Dach oberhalb der Felsküste. Biegt man bereits nach 1600 m rechts, so gelangt man zu einem großen Parkplatz unter Pappeln 200 Schritte hinter dem wunderschönen Sandstrand.

Parken, baden – alles kein Problem, sogar **Toiletten**, **Duschen**, **Wasserhahn** und eine kleine Bar warten am Strand.

(094) WOMO-Badeplatz: Foxi Manna

GPS: N 39° 41' 37.0" E 9° 39' 28.1"   **max. WOMOs:** 3-4
Ausstattung/Lage: Schattenbäume, Toilette, Duschen, Wasserhahn/außerorts.
Zufahrt: Von Bari Sardo die SS 125 bis Tertenia, dort Rtg. Marina de Tertenia.

Biegt man nicht zum Pappelparkplatz ab, so kommt man nach 300 m zum nächsten großen **Parkplatz**. Nach 600 m kann man links zum **Nuraghen Aleri** hinaufstapfen und nach 1500 m steht man vor dem Eingang zum **Campingplatz** "Capo Sferracavallo".

(095) WOMO-Campingplatz-Tipp: "Cavallino"

GPS: N 39° 43' 43.7" E 9° 40' 24.6"   **Öffnungszeiten:** 1.1.-10.10.
Zufahrt: In Bari Sardo nach links Richtung Torre di Bari abzweigen, dort rechts.
Ausstattung: Sandstrand 400 m, wenig Schatten, Gaststätte, Laden; nächster Ort 5 km.
Preise: WOMO + 2 Personen: ab 16 €, V/E ohne Aufenthalt: 10-20 €.

Natürlich haben wir auch den Südteil des Tales besucht!
An der ersten Gabelung folgen wir nun dem Wegweiser BARISONI und rollen nach Süden. Die Straße macht einen Bogen

durchs Hinterland. Nach 3,3 km kann man nach links abzweigen und zum Sarazenenturm **"Torre San Giovanni di Sárrala"** hinaufkurven. Hier kann man sehr schön stehen, bis zum Dach des Turmes hinaufsteigen und nach blutrünstigen Seeräubern Ausschau halten.

(096) WOMO-Stellplatz: Torre San Giovanni di Sárrala
GPS: N 39° 40' 04.8" E 9° 39' 33.0"   max. WOMOs: 1-2
Ausstattung/Lage: Aussichtsturm/außerorts.
Zufahrt: In Marina de Tertenia erste Gabelung rechts, nach 3,3 km wieder links.

Leider fällt der Blick, die Küste entlangschweifend, nicht nur auf freie Strände, vieles ist ferienhausbesetzt (auch wenn sich diese hinter Busch und Baum verstecken).
Ein kleines Badeplätzchen liegt direkt zu Füßen des Turmes [N 39° 39' 56.0" E 9° 39' 11.1"] bzw. 400 m vor ihm links.

Blick vom Torre nach Süden

1 km nach der Turm-Abzweigung sichten wir rechts den **Nurag-hen Nastasi** und 1,8 km nach der Turm-Abzweigung führt eine schmale (**?**) Wackelpiste nach links zu einer großen **Bade-platzwiese** hinter dem weitläufigen **Kiesstrand** von Foxi de Lioni. Weitere Bademöglichkeiten haben wir bis zum Ende der Straße am PORTO SANTORU nicht entdeckt.

(097) WOMO-Badeplatz: Foxi de Leoni

GPS: N 39° 39' 29.7" E 9° 38' 57.2" **max. WOMOs:** 2-3
Ausstattung/Lage: Kies-/Geröllstrand, Liegewiese/außerorts.
Zufahrt: In Marina de Tertenia erste Gabelung rechts, nach 5,1 km wieder links.

Nun gut, wir haben fein gebadet, im Schatten hoher Pappeln zu Mittag gegessen – kehren wir diesem Orte den Rücken, suchen wir das Weite und etwas Neues!

Wir kehren zur SS 125 zurück, biegen nach Süden ein. Die Landschaft **Salto di Quirra** scheint menschenleer zu sein: Einöde, Macchiehügel, aber neuerdings auch weite Bereiche, die mit Kiefern, vor allem (leider) mit Eukalyptusbäumen aufge-forstet und gegen Verbiss durch Schafe und Ziegen eingezäunt wurden.

Mitten in der Einöde liegt plötzlich links der Straße das (ver-schlossene) **Kirchlein San Nicolo**, die einzige **romanische Backsteinkirche** Sardiniens nebst Nebengebäuden, **Pick-nickplatz** [N 39° 31' 39.6" E 9° 35' 23.5"] mit Tischen und Bänken und einer (verschlossenen) Toilette. Über uns thront das **Castello di Quirra** hochmütig auf einem Bergsporn.

Kurz darauf, bei der Cantoniera (Straßenmeisterei) S. Bárbara grüßt wieder ein Gebäude mit zwei silberglänzenden Kugel-köpfen von einem Berg herab, ihnen zu Füßen liegt der Weiler QUIRRA.

Dort, direkt an der Bar von QUIRRA (gleich hinter der scharfen Rechtskurve bei »km 79,7«) – biegen wir links und halten 400 m nach Osten, schwenken dann, wieder links, in das

Romanisches Backsteinkirchlein "San Nicola"

breitere Teersträßchen. Nach weiteren 1000 m (Vorsicht! Tiefe Bodenwellen!) überqueren wir eine Brücke. Hinter ihr kann man links parken [N 39° 31' 24.5" E 9° 36' 51.2"] beginnt links der Wanderweg zum **Castello di Quirra** (50 Schritte nach links und dann nach rechts).

Wir fahren jedoch geradeaus weiter. Nach 1500 m gabelt sich die Straße. Wir halten uns links (rechts geht's zu einem Militärgelände), erreichen ein weiteres Militärgelände. Vor ihm kann man rechts zum ersten **Quirra-Badeplatz** [N39° 32' 23.2" E9° 38' 16.3"] abzweigen, einem riesigen Platz aus getrocknetem Lehm-/Sandgemisch, umrandet von Gras und Buschgelände. Nach 4,7 km seit der Brücke, die (ab hier) gesperrte Asphaltstraße schwingt sich links in Kurven den Berg hinauf, schwanken wir rechts auf einer Erdbahn bis zum zweiten **Quirra-Badeplatz** [N 39° 32' 53.0" E 9° 38' 39.4"] neben einem Stagno,

Quirra; 1. Badeplatz

der nach 100 Schritten in eine äußerst malerische, mit rostroten Felsen garnierte Sandbucht mündet. Dieser hat nur einen Nachteil: Nachts hat das Militär Angst vor den Campern und verbietet deshalb den Aufenthalt (auf beiden Plätzen).

Quirra; 2. Badeplatz

Versuchen Sie bitte nicht, von QUIRRA aus, die Abzweigung nach 400 m zu ignorieren und direkt nach Osten aufs Meer zuzuhalten! Zunächst geht es ebenfalls auf Teer weiter, an Eukalyptusbäumen vorbei, zuletzt 500 m schmal auf Holperschotter. Schließlich landen Sie (nach 1700 m) am einsamen, umwerfend schönen, sauberen **Sandstrand** von QUIRRA, der **Cala di Murtas (Myrthenbucht)**. Leider werden Sie dort im Sand stecken bleiben – und wenden können Sie auch nicht mehr!
Natürlich haben wir auch ein Übernachtungsplätzchen für Sie! Nach einem Zwischenstopp 300 m südlich der Bar von QUIRRA (guter **Wasserhahn** an einer Mauer [N 39° 30' 47.0" E 9° 36' 29.9"]) düsen wir noch 9 km nach Süden, schwenken an der Gabelung nach links. Dort wartet der in allen Reiseführern

erwähnte Strand von PORTO CORALLO; also beehren auch wir ihn! Die 4 km lange Stichstraße ist malerisch gesäumt von blütenquellenden roten, rosafarbenen und weißen Oleanderbüschen. Sie endet an einem neu angelegten Hafengelände. Zum Sandstrand findet man, wenn man vorher eine der Staubpisten nach rechts, also nach Süden nimmt. Am vorderen Rande des Strandes hat sich der gebührenpflichtige **WOMO-Stellplatz** "Turimar" etabliert [**098:** N 39° 26' 17.0" E 9° 37' 56.8"]. Rollt man an ihm vorbei, so landet man in der Savanne! Zunächst noch von Büschen unterbrochen, dehnt sich dann eine weite, leere Fläche aus, nur durchzogen von mehr oder weniger sandigen Pisten. Der Sandstrand davor ist makellos!

(099) WOMO-Badeplatz: Porto Corallo

GPS: N 39° 25' 57.6" E 9° 37' 43.2"   **max. WOMOs:** > 5
Ausstattung/Lage: Sandstrand, kaum Schatten/außerorts.
Zufahrt: Von Tertenia die SS 125 nach Süden bis kurz vor Villaputzu, dann links.

Wendet man sich, kaum, dass man rechts abgebogen ist, wieder links, so findet man beim Sarazenenturm ein höchst romantisches Macchie-strauchlabyrinth [**099a:** N 39° 26' 13.9" E 9° 38' 10.6"] oberhalb von klei-nen, intimen Sandbuch-ten.

Ist das eher etwas für Sie?
Oder wollen Sie lieber die Hyänen heulen hö-ren?

KARTE TOUR 7

SARRABUS

IGLESIENTE

Golfo di Cagliari

Costa Rei

Costa del Sud

N

10 km

Quirra

Villaputzu

Muravera
S. Giovanni
S. Priamo
Torre Salinàs

Dolianova

Quartu S. Elena

CAGLIARI

Poetto

Decimomannu

Siliqua

Villamassargia

Carbónia

S. Giovanni

nach Gonnesa/
Iglesias

P. Botte

Is Solinas

S. Anna

Giba

Teulada

Is Cannoneris

Dòmus
de Maria

S. Margherita

Pula

Sarròch

Nora

T. di Chia

Budello

Portu Tramatzu

Porto Pino

Capo
Malfatano

Capo
Spartivento

Capo Teulada

Casa d. Marina

Solanas

Villasimius

Capo Ferrato

Capo Boi

Capo Carbonara

Punta Molentis

100

98

99

101

102

103

104-Feraxi

105

106

107

108

110:Cala Pira

109

111

112

113a+b

114:'C.Regina

115

116: Frutti d'Oro

117:Su Loi

118

119

120

121

122

123

124

125

126

127

128

129

130

131

133

134

135

W

P

TOUR 7 (ca. 310 km / 3-4 Tage)

Muravera – San Giovanni – Costa Rei – Cala Pira – Villasimius – Solanas – Cagliari – Pula – Domus de Maria – Torre di Chia – Costa del Sud – Carbonia

Freie Übernachtung:	Muravera, San Giovanni, Ferraxi, Capo Ferrato, Costa Rei (Piscina Rei), Cala Pira, Solanas, Torre Cala Regina, Cagliari, Pula, Torre di Chia, C. Malfatano, Is Solinas, Porto Botte.
Trinkwasserstellen:	u.a. Villaputzu, Muravera, San Giovanni, Solanas, Cagliari.
Campingplätze:	u.a. Torre Salinas, Costa Rei: "Porto Pirastu", P. Pino.
Baden:	u.a. San Giovanni, Ferraxi, Capo Ferrato, Costa Rei , Cala Pira, Solanas, T.C. Regina, Pula, Is Solinas, Porto Botte.
Besichtigungen:	Cagliari, Nora, Costa del Sud
Wanderungen:	Zum Capo Ferrato, im Iglesiente (Is Cannoneris).

Sie haben noch nicht den gesamten Strandbereich von POR-TO CORALLO gesehen! Rollt man weiter die Teerstraße entlang, eine **WOMO-Entsorgung** [N39° 26' 23.4" E9° 38' 14.5"] und das Hafenbecken passierend, so gelangt man zum nächsten **Strand** mit zwei großen **Badeparkplätzen** [N 39° 26' 4.2" E 9° 38' 30.4"], z.T. schön abgeschirmt mit Macchiebüschen. Dann kommen Gaststätten und ein Open-Air-Kino, bevor die Straße das Meer verlässt und als Ringstraße zur Zufahrtsstraße zurückkehrt.

Zurück an der SS 125 biegen wir links und halten gleich darauf an einer Straßenausbuchtung auf der linken Seite, wo man bequem **Wasser** fassen kann [N 39° 26' 3.4" E 9° 35' 34.0"]. VILLAPUTZU eignet sich mangels Parkplatz nicht gut zum Einkaufen. Aber kurz hinter VILLAPUTZU überqueren wir auf einer Drillingsbrücke aus Beton, Eisen und wieder Beton den **Rio Flumendosa** oder was im Sommer davon noch übrig geblieben ist und haben wenig später das wesentlich aufgeräumtere MURAVERA vor uns. Hier gibt es alles, was der Camper braucht (auch Parkplätze), und in der Ortsmitte zeigt ein Schild nach links zur **Area Attrezzata** "Luna & Limoni" mit **WOMO-Entsorgung** [**100:** N 39° 25' 21.2" E 9° 34' 35.6"]. Diese liegt aber keineswegs am Meer, sondern am Ortsrand, 5 km vom Sandstrand an der Flumendosa-Mündung entfernt. Aber wenn Sie Fahrräder dabei haben ...

Am Ortsende von MURAVERA sollten Sie nicht nach links auf den Friedhof starren, sondern sich am schattigen **Picknick-platz** [N 39° 25' 4.0" E 9° 35' 2.3"] rechts mit **Wasserhahn** begeistern! Wer jetzt immer noch nicht Wasser gefasst hat, der kann uns leid tun!

Nun begleitet uns linkerhand das weite Schwemmland des **Flumendosa**, noch vor fünfzig Jahren eine der übelsten Malariaregionen Sardiniens. Ein Abstecher führt bei »km 60,2« zum **Sandstrand** von SAN GIOVANNI. Wendet man sich am Meer links, so kommt man zum asphaltierten Platz mit **Wasserhahn**. Wendet man sich rechts, dann führen, vorbei an Gaststätten, verschwiegene Sandpisten weiter ...

(101) WOMO-Badeplatz: San Giovanni

GPS: N 39° 23' 57.6" E 9° 36' 45.8"   **max. WOMOs:** 3-4.
Ausstattung/Lage: Schattenbäume, Wasserhahn, Gaststätte, Camp. verboten/außerorts.
Zufahrt: Von Muravera die SS 125 bis »km 60,2«, dort links bis zum Sandstrand.

2 km weiter im Süden, bei »km 58«, geht es links zum **Camping** "4 Mori" und nochmals 1300 m später führt eine Stichstraße nach TORRE SALINAS mit dem Camping "Torre Salinas".

(102) WOMO-Campingplatz-Tipp: "4 Mori"

GPS: N39° 22' 48.9" E9° 35' 32.5"   **Öffnungszeiten:** 1.5.-16.10.
Zufahrt: Von Muravera auf der SS 125 6 km nach Süden, dort links.
Ausstattung: Sandstrand, viel Schatten, Gaststätte, Laden, Pool; nächster Ort 6 km.
Preise: WOMO + 2 Personen: 16-38 €, Strom 2,50 €, Hund 4-12 €.

(103) WOMO-Campingplatz-Tipp: "Torre Salinas"

GPS: N 39° 43' 43.7" E 9° 40' 24.6"   **Öffnungszeiten:** 1.4.-15.10.
Zufahrt: Von Muravera auf der SS 125 7 km nach Süden, dort links.
Ausstattung: Deutsche Leitung, Sandstrand 250 m, viel Schatten, Gaststätte, Laden, keine Animation; Ortsrand.
Preise: WOMO + 2 Personen: 17-37 €, Strom 3 €, Hund 3-8 €.

Biegt man nach dem Camping "Torre Salinas" links, so landet man auf einem asphaltierten Parkplatz direkt am Sandstrand.

Der endlose Sandstrand von Torre Salinas

Bei »km 54,3«, in SAN PRIAMO, verlassen wir die SS 125 endgültig, denn diese schwenkt ins Landesinnere ab. Wir bleiben der Küste treu, folgen nach links den Wegweisern CASTIADAS/VILLASIMIUS. Nach 700 m überqueren wir eine breite Brücke, die (warum auch immer) nur bis 2,30 m Breite zugelassen ist. 300 m dahinter schwenken wir links nach FERAXI/Capo Ferrato. Nach 2 km halten wir uns rechts, überqueren den Piccorra-Fluss. Neben Schilf und Eukalyptus begleiten wir den Fluss, der sich zu einem Stagno erweitert, bevor er ins Meer mündet. Noch ein paar Meter miese Schlaglochpiste, dann schwenken wir in die schöne Pineta von FERAXI ein, das Sandstrandmeer davor ist makellos.

(104) WOMO-Badeplatz: Feraxi

GPS: N 39° 19' 10.7" E 9° 36' 09.1"   max. WOMOs: 3-4
Ausstattung/Lage: Sandstrand, viel Schatten, Strandbar/außerorts.
Zufahrt: Die SS 125 nach Süden bis San Priamo, dann links (Wegweiser Feraxi).

Am Badeplatz vorbei und durch eine betonierte Furt setzt sich die Straße (noch ohne Asphalt) fort, schneidet – bergauf und bergab – das **Capo Ferrato** ab (an der höchsten Stelle kann man links parken [N39° 18' 25.2" E9° 36' 32.2"] und durch ein Viehgatter zum Gipfelsturm starten). Nach 2,5 km stoßen wir wieder auf Asphalt und können 600 m später rechts unter Eukalyptus auf einen großen Parkplatz einschwenken.

(105) WOMO-Badeplatz: Capo Ferrato
GPS: N 39° 17' 50.4" E 9° 36' 36.7"   **max. WOMOs:** > 5
Ausstattung/Lage: Sand-/Kiesstrand 100 m, Schatten/außerorts.
Zufahrt: Am Badeplatz Feraxi vorbei und auf Schotter noch 3,2 km.

Schwenkt man nicht rechts zum Parkplatz, sondern links, so kann man, hinter einem eingezäunten Picknickgelände vorbei, auf miserabelster Piste noch 1000 m zu schönen Strandplätzen vorstoßen.

Badebucht am Capo Ferrato (hinter des miesen Piste)

Folgt man scharf links (zu Fuß) einer schlechten Allradpiste ins Kapgebirge, so kommt man nach 15 min. Fußweg am Leuchtturm des Capo Ferrato an. Die Aussicht vom Leuchtturm über die Macchie-Fels-Landschaft ist wunderschön. Steht man direkt am Turm, sieht man rechts einen Felsen mit zwei nebeneinanderliegenden Riesenlöchern, zu denen man auch hinüberklettern kann.

Vom Parkplatz (»km 7,2«) rollen wir auf Asphalt nach Westen, passieren bei »km 6,0« den Camping "Pirastu" (neu: "Tiliguerta").

(106) WOMO-Campingplatz-Tipp: "Tiliguerta"

GPS: N39° 17' 30.9" E9° 35' 56.3"   **Öffnungszeiten:** 1.5.-2.10.
Zufahrt: 1 km westlich vom Capo Ferrato.
Ausstattung: Sandstrand, viel Schatten, Gaststätte, Laden; nächster Ort 6 km.
Preise: WOMO + 2 Pers.: 18-44 €, Strom 3,50 €, Hund 3-6 €, V/E ohne Aufenth.: 12-25 €.

An der nächsten Gabelung (»km 4,0«) schwenken wir nach links. Nach 1300 m geht es links zum Camping "Le Dune". Links an ihm vorbei könnte man auch zum Meer (mit Strandbar) vordringen [N39° 16' 38.3" E9° 35' 21.6"].

(107) WOMO-Campingplatz-Tipp: "Le Dune"

GPS: N39° 16' 35.7" E9° 34' 56.9"   **Öffnungszeiten:** 1.5.-2.10.
Zufahrt: 4 km westlich vom Capo Ferrato.
Ausstattung: Sandstrand 200 m, viel Schatten, Gaststätte, Laden; nächster Ort 1 km.
Preise: WOMO + 2 Personen: 14-42 €, Strom 3 €, Hund 3-5 €.

Wir holpern erst 50 m <u>nach</u> der Campingplatzabzweigung auf einem Sandweg (bei unseren letzten Besuchen **versperrt**) nach links, vorbei an einem Tränktrog mit **Wasserhahn**, zu einem kleinen Stagno. Neben ihm oder noch besser rechts oberhalb steht man sehr schön zwischen halbkugeligen Mastixsträuchern hinter einem geradezu atemberaubend türkisfarbenem Sandstrandmeer.

Die nächste Feriensiedlung heißt PISCINA REI, nahtlos geht sie über in SA PERDA NIEDDA, rechts oberhalb liegt MONTE NAI. Insgesamt ein 3 km langer Brei aus Ferienhäusern in schönem Grün, eingesprenkelt Gaststätten.

Nach 4,5 km stoßen wir auf die Hauptstraße, biegen aber noch davor links, könnten 1,1 km weiter, durch ein offenes Tor, zum (saisonal kostenpflichtigen) **Badeparkplatz** "Santa Giusta" [N 39° 13' 56.7" E 9° 34' 3.4"] einschwenken.

Badeplatz Santa Giusta

1700 m später geht es links zum (ebenfalls saisonal kostenpflichtigen) Strand **Sant' Elmo** [N39° 13' 01.1" E9° 34' 0.1"].
200 m weiter stoßen wir wieder auf die Hauptstraße und
können 900 m später bereits in eine 600-m-Schotter-Sand-
Piste einschwenken. An der **Spiaggia Monte Turnu** trennt uns
nur eine Mastixstrauchreihe vom schönen Sandstrand. Bei
größerem Andrang sollt man das WOMO vor dem kleinen
Hügel auf dem großen Wiesenareal abstellen

(108) WOMO-Badeplatz: Monte Turnu

GPS: N 39° 12' 27.9" E 9° 33' 45.8"   **max. WOMOs:** 3-4.
Ausstattung/Lage: Sandstrand/Ortsrand.
Zufahrt: 500 m südlich von Sant' Elmo bzw. 500 m nördlich von C. della Marina links.

500 m weiter sind wir in CASA DELLA MARINA, links geht es
zur **Spiaggia di San Pietro**, wo man unter Eukalyptusbäumen

Spiaggia San Pietro

ein natürlich ebenfalls saisonal kostenpflichtiges Badeplätzchen findet [N 39° 12' 2.2" E 9° 33' 46.0"].

Weiter Richtung VILLASIMIUS machen wir nach 600 m einen Umweg über CALA SINZIAS. Vorbei am **Camping** "Limone Beach" ...

---

(109) WOMO-Campingplatz-Tipp: "Limone Beach"

GPS: N39° 16' 35.7" E9° 34' 56.9" **Öffnungszeiten:** 1.5.-2.10.
Zufahrt: 2 km südlich von Sant' Elmo, am Ortsbeginn von Cala Sinzias.
Ausstattung: Sandstrand, viel Schatten, Gaststätte, Laden; nächster Ort 1 km.
Preise: WOMO + 2 Personen: 12-39 €, Strom 4 €, Hund 4,50 €, V/E ohne Aufenth.: 25 €.

... erreichen wir den Sandstrand mit Busch und Schilf, Strandbar und reichlich Parkraum [N 39° 11' 39.9" E 9° 33' 42.3"].

700 m weiter führt die nächste Stichstraße durch die Pineta direkt zum Strand. Das Parkplatzkarree liegt direkt oberhalb des Strandes [N 39° 11' 20.9" E 9° 33' 46.1"].

300 m darauf schwenken wir nach links in die Hauptstraße ein, aber der nächste Abstecher ist nur 1200 m entfernt. Ein sandiger Naturweg führt zu einer Gabelung, dort halten wir uns vor braunen Ferienhäusern links und erreichen bald zu Füßen eines runden Wachturmes den nördlichen Rand der **Cala Pira**.

---

(110) WOMO-Badeplatz: Cala Pira

GPS: N 39° 10' 23.6" E 9° 34' 24.2"
max. WOMOs: 3-4
Ausstattung/Lage: Sandstrand, Gaststätte, Müllcontainer an der Straße/Ortsrand.
Zufahrt: Von Casa della Marina 2,5 km nach Süden, dann links.

Die Straße, der wir weiter nach Süden folgen, hat auf der Karte einen grünen Begleitstrich. Dies bedeutet für uns nicht nur malerische Aussicht auf wilde Küste ohne Badeplätze, für Autoren auf Stellplatzsuche also "Erholung pur".

Erst an der **Punta Moléntis** werden wir wieder aktiv. Schwenken scharf rechts (Wegweiser: L' Oleandro), unterqueren die Straße und holpern 1400 m nach Süden. An der schönen Kies--Sand-Bucht [N 39° 8' 7.1" E 9° 33' 9.2"] ist der Aufenthalt nur von 8-22 Uhr gestattet.

2,5 km weiter führt uns diesmal eine breite Asphaltstraße nach links zum Meer mit der **Spiaggia Simius**. Rechts liegt ein Parkplatz (8-22 Uhr!) neben dem anderen [N 39° 7' 42.7" E 9° 31' 47.5"], links wartet eine ganze Reihe von Gaststätten.

Am Ortsschild von VILLASIMIUS zweigen wir im spitzen Winkel links zum Meer ab. Eine gepflegte Region, stellen wir fest, überall blühender Oleander, Hotels, Ferienhäuser, ein Jachthafen. Nach 2,8 km, gegenüber des Jachthafens, kann man auf schlaggelöcherter Naturbahn zu einem Sandstrandplätzchen mit umfangreichem Parkplatzangebot holpern [N 39° 06' 45.7" E 9° 30' 59.8"]. Die Asphaltstaße endet an einer Wendeplatte mit Blick auf den Leuchtturm und das **Capo Carbonara**. Links führt eine Naturstraße hinab zur Schnorchelfelsküste bei einem Eukalyptuswäldchen.

(111) WOMO-Stellplatz: Capo Carbonara
GPS: N 39° 06' 26.8" E 9° 30' 56.0"   **max. WOMOs:** 3-4.
Ausstattung/Lage: Aussicht, Mülleimer, Kiesstrand 500 m/außerorts.
Zufahrt: Am Ortsbeginn von Villasimius links bis zum Kap.

Zurück vom Kap kann man noch vor dem Jachthafen links zu einem kleinen **Sand-Badeplatz** [112: N 39° 6' 57.0" E 9° 30' 19.8"] zu Füßen des Fortezza Vecchia (XIV. Jahrh.) hinabkurven (genehmigt nur von 8-20 Uhr). Man parkt sehr schön zwischen Eukalyptusbüschen; ein Fußweg führt hinauf zum Fort.

Hinweis: Im Stadtgebiet von VILLASIMIUS gibt es drei gut ausgeschilderte "Sosta Camper" mit WOMO-Entsorgung, z.B. bei [N 39° 8' 42" E 9° 29' 53.5"].

Wir sparen uns das Gekurve durch die Stadt, nehmen die Umgehungsstraße, erreichen bald wieder die wildromantische Küstenlinie (mit grünem Strich). Ein Kap mit Kegelstumpfturm

wird abgeschnitten, dann breitet sich zu Füßen der Feriensiedlung SOLANAS ein schönes Sandstrandrund aus – an seinem
linken Ende wartet Ihr Badeplätzchen!

(113) WOMO-Badeplatz: Solanas

GPS: N 39° 7' 59.0" E 9° 25' 57.5" **max. WOMOs:** 3-4.
Ausstattung/Lage: Sandstrand, Gaststätten, Zufahrt offiziell nur bis 2,5 to gestattet/
südlicher Ortsrand.
Ausweichplatz 113a: [N39° 08' 09.5 E9° 25' 31.4"] Sandstrand/nördlicher Ortsrand.
Zufahrt: Von Villasimius nach Westen, am Ortsschild von Solanas links.

Das ausgedehnte Feriengebiet von TORRE DELLE STELLE
hat ebenfalls eine schöne Bucht – aber überhaupt keinen Platz
für WOMOs. Folglich machen wir unseren nächsten Abstecher
erst zur CALA REGINA. Das schöne **Badeplätzchen [114: N
39° 10' 45.3" E 9° 21' 16.1"]** liegt leider in Hör- und Sichtweite
der Straße und hat auch "nur" einen Kiesstrand, dafür ist der
Andrang auch geringer ...
Wir nähern uns nun CAGLIARI, der größten Stadt Sardiniens
und bleiben, so weit es geht, immer an der Küstenlinie (obwohl
wir jetzt auf die Badeplatzsuche verzichten können).
ACHTUNG! Viele Blitzer! Der Wegweiser "CAGLIARI/Poetto"
dient uns viele Kilometer als Ziel. Am langen Sandstrand von
QUARTU S. ELENA vorbei erreichen wir (Wegweiser: Porto)
die 6-spurige **Via Colombo**, wo man zu Füßen der auffälligen
Kirche **Santa Maria di Bonaria** parken sollte.

(115) WOMO-Stellplatz: Cagliari (S.M. de Bonaria)

GPS: N39° 12' 25.3" E9° 07' 25.4"; Piazza Paolo VI. **max. WOMOs:** > 5.
Ausstattung/Lage: Aussicht, Mülleimer, Kiesstrand 500 m/außerorts.
Zufahrt: Am Ortsbeginn von Villasimius links bis zum Kap.
Alternative: Offizieller WOMO-Stellplatz (Gebühr) in der Via Stanislao Caboni 13
[**115a:** N39° 12' 36.8" E9° 7' 39.4"], 500 m nordöstlich der Kirche.

Bis zum Beginn der Altstadt sind es von hier aus noch 1000 m, bis zum Hafen
mit den Anlegestellen der Fähren noch genau 1,5 km. Allerdings werden Sie
dort nur am Wochenende leicht einen Parkplatz finden. Trotzdem beginnen
wir unseren Stadtbummel genau dort, beim Bus- und Hauptbahnhof [N39° 12'
51.3" E9° 06' 33.4"]! Rechts vom sehenswerten **Palazzo Comunale** mar-

Palazzo Comunale

schieren wir den breiten, geschäftigen **Largo Carlo Felice** hinauf, wenden uns an seinem Ende links (Via Azuni) und stoßen auf die **Kirche San Michele**, dem wohl schönsten Barockbau Sardiniens mit luxuriöser Ausstattung. Vor ihm rechts steigen wir, einen Blick auf den **Elefantenturm** der Stadtmauer werfend (der Namensgeber ist kaum zu erkennen!) zum alten Amphitheater hinauf, von dem man allerdings wegen neuzeitlicher Überbauten kaum etwas erkennen kann. Nach rechts können wir durch ein Stadttor die eigentliche Altstadt entern, in der wir einen Stopp am **Dom Santa Maria di Castello** einlegen, nachdem wir uns in den engen Gässchen mehrfach vor rasenden Autos in Sicherheit gebracht haben. Besonders die Kanzel und der Retabolo im rechten Querschiff verdienen Ihre Aufmerksamkeit.

Wir erreichen die **Bastione San Remy** mit der besten Sicht über CAGLIARI, steigen von dort steil hinab zur **Via Manno** und schlendern durch den **Stadtteil Marina** zurück zum Hafen.

Wir verlassen CAGLIARI nach Westen auf der SS 195 Richtung PULA. Es ist bereits dunkel, aber der uns entgegenströmende Sonn-

Dom Santa Maria di Castello

tagsausflüglerheimkehrerstrom geleitet uns sicher, kreuz und quer durch Lagunen und Stagnos.

Als uns der Abstand zur Großstadt reicht, machen wir Abstecher zum Strand. Besonders gut haben uns gefallen:

(116) WOMO-Badeplatz: Frutti d'Oro

GPS: N39° 08' 15.0" E9° 00' 54.5"; Via delle Rondini.　　　**max. WOMOs:** 2.
Ausstattung/Lage: Sandstrand, Gaststätten/südlicher Ortsrand.
Zufahrt: 15 km südwestlich von Cagliari nach links (ausgeschildert) beim Wasserturm mit rot-weißen Streifen.

(117) WOMO-Badeplatz: Su Loi (Su Spantu)

GPS: N39° 08' 06.5" E9° 00' 51.1"; Localita Su Spantu.　　　**max. WOMOs:** 3-4.
Ausstattung/Lage: Sandstrand, Sportplatz/südlicher Ortsrand.
Zufahrt: 16 km südwestlich von Cagliari nach links (ausgeschildert) beim rot-weiß gewürfelten Wasserturm.

Eine Schnellstraße führt uns landwärts am Industriegebiet von SARRÒCH vorbei.

Nach 30 km schwenken wir links zum Zentrum von PULA und im Zentrum, hinter einer Brücke, wieder links. Wir merken nicht, dass wir zu früh abgebogen sind, aber das total ruhige Plätzchen am Kiesstand rechts der Mündung des **Riu di Pula** stellt uns sehr zufrieden.

(118) WOMO-Badeplatz: Pula (Riu di Pula)

GPS: N 39° 0' 13.6" E 9° 01' 25.9"
max. WOMOs: 2-3.
Ausstattung/Lage: Kiesstrand/außerorts.
Zufahrt: In Pula unmittelbar hinter dem Pula-Fluss links.

Auch am nächsten Morgen ist das Plätzchen noch schön, wenngleich zum Baden kaum geeignet, dafür begeistert ein toller Sonnenaufgang hinter einem fotogenen Inselchen.

Parallel zur Zufahrtsstraße fahren wir zurück Richtung PULA, schwenken bei der nächsten Gelegenheit links und bestaunen die Palmenpracht des "richtigen" Badestrandes von PULA. Die

Straße führt zwischen einem Stagno (rechts, im Sommer Führungen per Kanu oder per Unterwassertrecking) und den Palmenparkplätzen hinter dem Sandstrand (links) zum Endpunkt am **Capo di Pula** mit den Ausgrabungen von **Nora** (offen: 9-19 Uhr tägl.).

(119) WOMO-Badeplatz: Pula (Nora)

GPS: N 38° 59' 21.8" E 9° 00' 44.5"   **max. WOMOs:** 2-3.
Ausstattung/Lage: Sandstrand, Besichtigung, Gaststätte, Palmenschatten, Camping verboten/außerorts.
Zufahrt: In Pula den Wegweisern "Nora" folgen.

Der auf punische Bebauung zurückgehende, aber im wesentlichen römische Bauwerke enthaltende, heilige Bezirk des Heilgottes Äskulap durfte nur nach vorheriger "Reinigung" betreten werden: Drei Tage musste man sich des Geschlechts-

Fußbodenmosaik im Ausgrabungsgelände von Nora (Foto: Nowak)

verkehrs sowie des Genusses von Schweinefleisch und Bohnen enthalten.

Eine Notiz besagt gar, dass »Frauen und Schweine« den Tempel nicht betreten durften.

Nun, der Badeplatz ist ohnehin wesentlich erfrischender bei sommerlichen Temperaturen ...

Beim Verlassen des Palmen-Areals schwenken wir rechts, notieren beim Restaurant "Blu moon" eine **WOMO-Entsorgung** [N38° 59' 42.3" E9° 00' 47.4"] und stoßen 500 m weiter auf den dritten Badeplatz von PULA, hinter dem das WOMO sehr praktisch in einem großen Eukalyptus-Hain steht.

(120) WOMO-Badeplatz: Pula (Su Guventeddu)

GPS: N 38° 59' 21.8" E 9° 00' 44.5"   **max. WOMOs:** 2-3.
Ausstattung/Lage: Sandstrand, Eukalyptusschatten/außerorts.
Zufahrt: In Pula den Wegweisern "Nora" folgen, dort links.

Südlich von PULA schwenken wir wieder in die SS 195 ein, dem Wegweiser "S. MARGHERITA" folgend.

Nach 4 km biegen wir vor einer Kapelle nach links ab (Wegweiser u.a. Camping "Flumendosa"/Campu Matta).

(121) WOMO-Campingplatz-Tipp: "Flumendosa"

GPS: N38° 58' 03.9" E8° 58' 40.6"   **Öffnungszeiten:** 1.1.-31.12.
Zufahrt: 4 km südlich von Pula links.
Ausstattung: Sandstrand, viel Schatten, Gaststätte, Laden; nächster Ort 1 km.
Preise: WOMO + 2 Personen: 14-22 €, Strom 3 €, Hund 2,50 €, V/E ohne Aufenth.: 15 €.

Am Sandstrandmeer führt die Asphaltstraße nach rechts direkt am Ufer entlang mit einer Unzahl von Stell- und Bademöglichkeiten. Dann kommt mal wieder ein Campingplatz ("Cala d'Ostia") und das freie Badeangebot setzt sich fort.

Dann, 1 km nach dem Camping, streikt die WOMO-Mannschaft
plötzlich und ich kurve in eines der vielen Plätzchen für einen
Badeaufenthalt.

Das war höchste Zeit - denn nach 1000 m kehrt die Straße zur
SS 195 zurück, schwenkt bei »km 43« nach rechts ins Landesinnere ab. Wir folgen ihr knapp 5 km, um in DÓMUS DE MARIA
(gegen Ortsende links und später rechts im Friedhof) Wasser
zu tanken.
Welcher Teufel hat mich nur geritten?
Am Ortsbeginn, beim Kreisverkehr, frage ich den jungen,
schneidigen Polizisten nach Wandermöglichkeiten – und er
schickt mich rechts nach "Is Cannoneris".
Hätte ich doch nur auf die Karte gesehen! Blindlings folgen wir
der schmalen Asphaltbahn, die uns weiter und immer weiter ins
Gebirge führt.
Nach 12,5 km durch zugegeben herrlichste Bergnatur müssen
wir gar noch 2,5 km steil und schmal (**?**) auf Schotter bergan
kurven, bis wir am schattigen Picknickplatz "Is Cannoneris"
ausruhen können.

(124) WOMO-Picknick- und Wanderparkplatz: Is Cannoneris
GPS: N 39° 02' 00.9" E 8° 51' 07.2"; 702 m.   **max. WOMOs:** 2-3.
Ausstattung/Lage: Wanderwege, Schatten, Tisch & Bank, Wasserhahn/außerorts.
Zufahrt: Von Domus de Maria 15 km nach Norden, nur für kleine WOMOs.

Zurück in DOMUS DE MARIA haben wir uns eine Erfrischung verdient. Diese finden wir, wenn wir, zurück an der Küste, nun rechts nach CHIA abbiegen. Nach 1,9 km übersehen wir den **Wasserhahn** links [N 38° 54' 23.9" E 8° 53' 8.2"] nur deshalb nicht, weil wir dort am Gemüsestand einkaufen, 400 m später geht es links zum Meer beim **Torre di Chia**. Die Zufahrt gabelt sich nochmals, wir halten uns links und erblicken wohl einen der schönsten Badeplätze an der Südküste.
Leider ist inzwischen die Strandzufahrt gesperrt. Als Auswahl bieten sich an:

(125) WOMO-Campingplatz-Tipp: "Torre Chia"
GPS: N38° 53' 53.7" E8° 53' 03.7"   **Öffnungszeiten:** 1.6.-16.9.
Zufahrt: 15 km südwestlich von Pula links von der SS 195 abzweigen noch 2,5 km.
Ausstattung: Sandstrand, viel Schatten, Gaststätte, Laden; nächster Ort 2 km.
Preise: WOMO + 2 Personen: 23-31 €, Strom 2 €, Camperstop 20 €.

An der Gabelung kann man nach rechts zur "Spiaggia Sa Colonia" rollen mit seinem (saisonal kostenpflichtigen) Badeplatz:

(126) WOMO-Badeplatz: Torre di Chia
GPS: N 38° 53' 47.4" E 8° 53' 07.9"   **max. WOMOs:** > 5.
Ausstg./Lage: Sandstrand, Bar/außerorts.
Zufahrt: Von Pula ca. 15 km auf SS 195 nach Südwesten, dann links 2,5 km.
Saisonale Gebühr: WOMO + 2 Personen: 10 €, WC 0,50 €, Dusche 0,50 €.

Badeplätzchen rechts vom Torre di Chia

1500 m nach CHIA biegen wir links zum **Capo Spartivento**. Bereits nach 200 m geht es hinter dem Golfplatz zum ersten Strand, der **Spiaggia Campana**. Den Parkplatz kann man mit Fug und Recht als "groß" bezeichnen. Er hat aber auch den Charme eines Fußballplatzes [N 38° 53' 17.8" E 8° 52' 5.3"]. Die nächste Abfahrt führt zur **Spiaggia Su Giudeu** mit einer kostenpflichtigen **Sosta Camper** samt WOMO-Ver- und Entsorgung im Eukalyptusbaumhain.

(127) WOMO-Stellplatz: Su Giudeu (Area Camper Chia)
GPS: N 38° 53' 20.8" E 8° 51' 50.0"   **max. WOMOs:** > 5.
Ausstattung/Lage: Sandstrand 300 m, V/E, Baumschatten, Duschen/außerorts.
Zufahrt: Von Pula ca. 15 km auf SS 195 nach Südwesten, dann links ca. 5 km.
Öffnungszeiten: Ostern - September.

Ignoriert man auch diese Zufahrt, so erreicht man nach weiteren 600 m den dritten und nochmals 900 m den letzten Badeparkplatz. Zu allen ist zu sagen: Schöner, flacher, aber sehr breiter Sandstrand; bis zum Wasser ist es ein richtiger Fußmarsch. Ein kleiner Stagno beherbergt eine Flamingo-Schar. Weit hatten sie es nicht von Afrika her – nur knapp 200 km trennen uns hier von Tunesien.

Bald haben wir auch das **Capo Teulada** mit dem Sarazenenturm im Westen vor uns, den südlichsten Punkt Sardiniens.

Vorher kommt aber noch, bei »km 11,6«, der Strand beim **Capo Malfatano**, ein echter "Geheimtipp". Dies bedeutet aber in der Regel, dass die Zufahrt schlecht ist. Auch hier passieren wir zunächst einen Rasenplatz, wo einige Boote ankern, holpern dann auf schmaler Piste steil über einen Hügel zu der schönen Sandbucht.

(128) WOMO-Badeplatz: Capo Malfatano

GPS: N 38° 53' 42.7" E 8° 47' 55.3"   **max. WOMOs:** 2.
Ausstattung/Lage: Sandstrand, Spazierweg zum Turm/außerorts. **Zufahrt:** s. Text.

Das Plätzchen ist, einmal erreicht, ein Traum. Das Wasser kristallklar und der Spaziergang zum Sarazenenturm (hin und zurück eine halbe Stunde) besonders schön.

Wieder fasziniert uns der malerische, felsige Küstenverlauf mit in allen Farben blühender Macchie, aber auch kleine, weißstrahlende Sandbuchten fehlen nicht. Es ist allerdings schwer zu verstehen, dass man die Zufahrten mit Leitplanken verrammelt hat ...

Blühende Macchie an der Costa del Sud bei Budello

In BUDELLO bietet im winzigen Hafen eine **Sosta Camper** mit WOMO-Ver-/Entsorgung nur in der Hauptsaison ihre Dienste an [129: N 38° 56' 11.9" E 8° 43' 32.6"].

Kurz darauf biegen wir links zum Hafen von TEULADA ab. An dieser Stichstraße findet man nach 2 km links das Badeplätzchen **Su Porto S'Arena** [N 38° 55' 54.1" E 8° 43' 13.4"], nach 2,5 km führt rechts eine breite Schotterbahn zum **Campingplatz** und zum Strand von **Tramatzo** [N 38° 55' 30.8" E 8° 42' 41.8"]. Im Hafen von TEULADA, wo die Asphaltstraße endet, gibt es noch nicht einmal einen Wasserhahn.

(130) WOMO-Campingplatz-Tipp: "Portu Tramatzu"

GPS: N38° 55' 35.7" E8° 42' 41.1"   **Öffnungszeiten:** 16.4.-31.10.
Zufahrt: 7 km südwestlich von Teulada (ausgeschildert).
Ausstattung: Sandstrand, viel Schatten, Gaststätte, Laden; nächster Ort 7 km.
Preise: WOMO + 2 Personen incl. Strom: 21-34 €, Hund: 3-5 €.

10 km westlich von TEULADA liegt das Städtchen S. ANNA ARRESI. Am Ortsbeginn schwenken wir links nach PORTO PINO, passieren die spärlichen Ausgrabungen des Nuraghen-dorfes **Coi Casu**, ein Damm führt über einen Stagno. Dahinter liegt ein erster, großer Parkplatz (WOMO-Entsorgung ausge-wiesen; sie war bei unserem Besuch versperrt). Vor ihm links geht es über ein Brückchen zu einem weiteren Riesenparkplatz direkt hinter der Strandpineta.

(131) WOMO-Badeplatz: Porto Pino

GPS: N 38° 57' 47.6" E 8° 35' 50.2"   **max. WOMOs:** > 5.
Ausstattung/Lage: Sandstrand, V/E/Ortsrand.
Zufahrt: Von der SS 195 bei S. Anna Arresi links 6 km zum Strand.

Nur wenige Meter abseits liegt in der Pineta der **Camping** "Sardegna", der bei unserem Besuch aber einen sehr ver-schlossenen Eindruck machte.

(132) WOMO-Campingplatz-Tipp: "Sardegna"

GPS: N38° 57' 48.8" E8° 35' 56.6"   **Öffnungszeiten:** 1.6.-30.9.
Zufahrt: 7 km südwestlich von Teulada (ausgeschildert).
Ausstattung: Sandstrand, viel Schatten, Bar, Café, Laden; nächster Ort 7 km.
Preise: WOMO + 2 Personen incl. Strom: 18-25 €, Hund: kostenlos.

Zurück über den Damm, schwenken wir an der ersten Abzwei-gung links Richtung CARBONIA, landseits am Stagno entlang. Ein zweiter folgt. Nach 5,5 km biegen wir links ab (nach 100 m links Wasserhahn am Kinderspielplatz) zum Badeplatz von IS SOLINAS, überqueren den zweiten Stagno.
Nach 1600 m gabelt sich die Straße: Nach rechts ("Le Dune") schweben wir auf prächtig gepflasterter Bahn zu einem riesi-gen Parkplatz mit WC, Duschen, solargespeister Beleuchtung.

Ein breiter Bretterweg führt - behindertengerecht - durch die Pineta zum Sandstrand.

(133) WOMO-Badeplatz: Is Solinas (Le Dune)

GPS: N39° 01' 28.0" E8° 34' 41.0"   **max. WOMOs:** 3-4.
Ausstattung/Lage: Sandstrand 100 m, Dusche, WC, Beleuchtung/außerorts.
Tipp: Spazierweg auf der Düne nach Norden bis Porto Botte (Vogelbeobachtung).
Zufahrt: Von Porto Pino 2 km landwärts, dann links und nach 5,5 km wieder links.

Der linke Weg führt zum Badeplatz "Sa Salina". Der Platz ist genau so schön - mit Blick über das Wasser! Vom großen Parkplatz führt ein vornehmes Holzbrückchen hinüber zu einem Strand, an dem es nur eines gibt – Sand!

(134) WOMO-Badeplatz: Is Solinas (Sa Salina)

GPS: N 39° 0' 55.7" E 8° 34' 25.6"   **max. WOMOs:** 3-4.
Ausstattung/Lage: Sandstrand, Dusche, WC/außerorts.
Zufahrt: Von Porto Pino 2 km landwärts, dann links und nach 5,5 km wieder links.

Weiter geht's nach Norden auf die SS 195 zu. 250 m vor der Einmündung liegt rechterhand eine gemauerte Brunnenanlage [N 39° 03' 27.5" E 8° 34' 47.4"], aus der gutes **Wasser** quillt (angeblich sogar Heilwasser!). An der Einmündung halten wir uns links Richtung  S. GIOVANNI SUERGIU. Aber bereits nach 1500 m geht es wieder links nach PORTO BOTTE. Dort gabelt sich, nachdem wir am Strand eine Brücke überquert haben, die Piste.

Nach links passieren wir einen **Wasserhahn** und ziehen auf der 800 m langen Schotterbahn weiter, direkt am Sandstrand entlang. Hier kann man parken oder an ihrem Ende, wo bei einem weiteren **Wasserhahn** eine Brücke zum Sandstrand hinüber führt.

Wendet man sich nach rechts, so kann man ca. 2 km entlang der einsamen (z.T. sandigen) Piste nach Plätzchen am Sandstrand Ausschau halten ...

(135) WOMO-Badeplätze: Porto Botte
GPS: N 39° 02' 15.8" E 8° 34' 22.5"; N39° 02' 40.4" E8° 32' 58.2" **max. WOMOs:** je 2.
Ausstattung/Lage: Sandstrand, Wasserhähne/außerorts.
Zufahrt: Bis zum Ende der SS 195, an der Querstraße wieder links.

Zurück an der SS 195 richten wir unseren Bug nach Norden, vorbei an CARBÓNIA geht es an die Westküste, die wir bei GONNESA erreichen.

TOUR 8 (ca. 210 km / 1-2 Tage)

Gonnesa – Buggeru – Capo Pecora – Fluminimaggiore – Antas-Tempel – Scivu – Costa Verde

Freie Übernachtung:	Gonnesa, Fontanamare, Nébida, Masua, Cala Domestica, Buggeru, Capo Pecora, Grotta di Su Mannau, Antas-Tempel, Scivu, Costa Verde (mehrere Plätze).
Trinkwasserstellen:	Gonnesa, Fluminimaggiore, Su Mannau, Arbus.
Campingplätze:	Vor Scivu "Le Palme", hinter Ingortosu "Sciopadroxiu".
Baden:	Gonnesa, Fontanamare, Nébida, Masua, Cala Domestica, Buggeru, Capo Pecora, Scivu, Costa Verde (mehrere Plätze).
Besichtigungen:	Pan di Zucchero bei Masua, Tempel von Antas, Costa Verde.
Wanderungen:	Su Mannau - Antas-Tempel, Costa Verde (Dünenwanderung).

Drei Zufahrten führen von der SS 126 nach GONNESA. Bei der zweiten (»km 28,5«) fahren wir nicht rechts zum Ort, sondern links zum Strand (Wegweiser: Plagemesu). Nach genau 3 km

KARTE TOUR 8

sind wir auf dem riesigen, betonierten Parkplatz am Sandstrandmeer. Außer einer Pizzeria mit Duschen und Wasserhahn davor besteht der Komfort aus sage und schreibe zwanzig Laternen, die die Nacht zum Tage machen.

(136) WOMO-Badeplatz: Gonnesa (Plagemesu)

GPS: N39° 16' 46.2" E8° 25' 55.9"   **max. WOMOs:** 3-4.
Ausstattung/Lage: Sandstrand, Dusche, Wasserhahn, Pizzeria/außerorts.
Zufahrt: Von der SS 126 bei Gonnesa links noch 3 km rechts halten.

Die Palmen fehlen noch in den Kübeln, am Nachbarstrand "Sa
Punta E S'Arena (600 m zurück und dann rechts) zieren sie
schon den ansonsten gleich riesigen Bade-Parkplatz.

(136a) WOMO-Badeplatz: Gonnesa (Punta E S'Arena)

GPS: N 39° 16' 26.0" E 8° 25' 48.9"   **max. WOMOs:** 3-4.
Ausstattung/Lage: Sandstrand, Dusche, Wasserhahn, Pizzeria/außerorts.
Zufahrt: Von der SS 126 bei Gonnesa links noch 3 km links halten.

1000 m nördlich verlässt uns die SS 126 ins Landesinnere nach IGLESIAS; wir biegen rechts und über sie hinweg zum Badeplatz von FUNTANAMARE, nachts erleuchtet von achtzig Lampen.

Links zieht sich ein langer, breiter Sandstrand dahin, das Hintergelände ist mit Matten gegen wehenden Sand geschützt; der Blick reicht bis zu den Badeplätzen von GONNESA.

(137) WOMO-Badeplatz: Funtanamare

GPS: N 39° 17' 21.7" E 8° 26' 16.3"   **max. WOMOs:** 3-4.
Ausstattung/Lage: Sandstrand, Gaststätte, saisonale Gebühr/außerorts.
Zufahrt: Nördlich Gonnesa von der SS 126 links ab Richtung Buggerru noch 2 km.

Wir rollen weiter nach Norden, um bereits nach 400 m einen eigentümlichen Wachturm zu bestaunen, der eher einem Mini-Minarett gleicht. Der Wächter schien nicht zur tapfersten Sorte gehört zu haben – hat man ihm doch eine gänzlich überdachte Zugangsröhre zu seinem Turm gemauert.

Die Straße zieht den Hang hinauf, das Meer bleibt unter uns zurück. Ein, zwei, drei, vier Klippen trotzen darin der Brandung – aber es sind nur "Fingerhüte" gegen **den** Pan di Zucchero (Zuckerhut) im Hintergrund!

Für die Straße hat man jetzt eine

Straße nach Nebida/Masua, im Hintergrund der Pan di Zucchero

Kerbe in den Fels gehackt, das rotbraune Gestein mit den weißen Einschlüssen könnte Eisen-, Nickel- und Manganerz enthalten.

Wir durchqueren NÉBIDA. Vom großen Parkplatz links der Straße (mit Kinderspielplatz) blickt man wieder hinab auf die Ruinen von Minengebäuden.

Am Ortsende geht es links 18% steil hinab nach PORTU BANDA. Sehen Sie die neuartige Symbiose aus Feigenkakteen und Kapuzinerkresse?

Am Ende der Straße, nach 1400 m, erwartet uns ein schräger Parkplatz, aber man kann, sehr steil (**?**), auf das ebene Plateau hinaufkurven und dort den Sonnenuntergang genießen. Der kleine, schwarze Sandstrand zwischen den Felswänden ist 150 Schritte entfernt.

(138) WOMO-Badeplatz: Portu Banda

GPS: N 39° 19' 07.9" E 8° 25' 38.1"
max. WOMOs: 3-4.
Ausstattung/Lage: Sandstrand/außerorts.
Zufahrt: Nördlich Gonnesa von der SS 126 links ab Richtung Buggerru. Am Ortsende von Nébida links steil hinab (ausgeschildert).

1,5 km später sind wir nach MASUA hinabgekurvt, das von oben wie ein Industrierevier aussieht. Aber wir lassen es einfach links bzw. rechts liegen, werfen von oben einen Blick auf das Bergwerksmaschinenmuseum (Museo delle macchine da miniera) und rollen vor bis zum Meer, wo eine ganze Reihe von (schrägen) Parkplätzen [N 39° 19' 59.5" E 8° 25' 15.9"] oberhalb des schönen Sandstrandes angelegt wurde. Wer einen ebenen Nächtigungsplatz braucht, der fährt am rechten Ende den sehr steilen (**?**) Schotterweg hoch und findet im 1. Rang große, ebene Flächen mit herrlichem Sonne-versinkt-hinter-dem-Zuckerhut-Blick [N39° 20' 0.1" E8° 25' 18.7"]. Kurvt er wieder hinab, so landet er auf einer (kostenpflichtigen) **Sosta Camper** neben einer Tauch-/Kletter-/Exkursionsbasis.

(139) WOMO-Stellplatz: Masua

GPS: N 39° 17' 21.7" E 8° 26' 16.3"   **max. WOMOs:** 3-4.

Ausstattung/Lage: Dusche, Wasserhahn, Sandstrand 100 m, Gebühr/außerorts.

Zufahrt: Von Funtanamare Richtung Buggeru, in Masua links hinab zum Meer.

Tipp: Abend- oder morgendlicher Spaziergang auf dem (ausgeschilderten) "Sentiero miniere nel blu", einem Wanderweg, der sich küstennah bis zur Cala Domestica hinzieht. Er beginnt oberhalb der Sosta Camper und führt auf breiter, ebener Bahn in 15 min. zunächst mit bester Aussicht zum Porto Flavia ...

Hinter MASUA steigt die Straße in kunstvoll angelegten Kehren ins Gebirge hinein, übersteigt einen Sattel, schwingt wieder auf Meeresniveau hinab. Nach knapp 10 km, bei »km 19,1«, biegen wir links ab zur **Cala Domestica**. Die Zufahrt, ein Flüsschen begleitend und flankiert von steilen Felswänden, endet nach 1300 m an einem Parkgelände, dessen Schatten-angebot sich in einem einzigen Feigenbaum erschöpft.

(140) WOMO-Badeplatz: Cala Domestica

GPS: N 39° 22' 21.1" E 8° 22' 55.8"   **max. WOMOs:** 2-3

Ausstattung/Lage: Mülleimer, Sandstrand, Camping verboten/außerorts.
Zufahrt: Von der SS 126 Fluminimaggiore - Gúspini links, 6 km südlich Buggeru.
Sonstiges: Links des geteerten Parkplatzes kostenpflichtige Parkplatzwiese. Diese
ist nur in der Hauptsaison geöffnet.

Hier kann man recht einsam stehen. Noch ungestörter wird
man sein, wenn man sich auf den Weg zum Wasser macht:
Erst sind etwa 100 m Dünen zu durchqueren und der Sand-
strand ist auch noch 200 m tief, so dass man mittags ziemlich
heiße Füße bekommt, bis man sie im ruhigen, sauberen
Wasser der tief eingeschnittenen Bucht kühlen kann. Wem
dies immer noch nicht einsam genug ist, marschiert am rechten
Rand der Bucht auf einem rutschigen (**?**) Felsenband Richtung
Meer, durchquert ein Felsentor und landet an einem zweiten,
kleinen, feinen Sandstrand – wir meinen, ein guter Platz für
Verliebte, die mal so richtig unter sich sein wollen.
Eltern mit kleinen Kindern ist er weniger zu empfehlen –

schließlich artet jede ver-
gessene Pampers in
eine Expedition aus.
6 km ziehen wir weiter
über einsame, öde Mac-
chierücken, machen ei-
nen Aussichtsstopp auf
BUGGERU bei dem al-
ten Bergwerks-Luftkom-
pressor aus dem Jahre
1925.

Blick auf Buggeru, WOMO-Stellplatz markiert

Die Straße schwingt sich, wie an den Berg geklebt, in weitem Bogen nach BUGGERU hinab. Das einst so verschlafene, ehemalige Bergarbeiterdorf mit stillgelegtem Erzhafen ist inzwischen aufgewacht, hat sogar einen speziellen (gebührenpflichtigen) WOMO-Stellplatz nördlich des neuen Jachthafens und direkt oberhalb des Sandstrandes ausgewiesen (viele Wegweiser)!

(141) WOMO-Badeplatz: Buggeru (WOMO-Stellplatz)

GPS: N 39° 24' 10.7" E 8° 24' 07.6"; Via Marina.   **max. WOMOs:** > 5.
Ausstg./Lage: Sandstrand, Duschen, Wasserhahn, Entsorgung, Strom, Gaststätten im Ort, kein Schatten/Ortsrand.
Zufahrt: Nördlich Gonnesa die SS 126 verlassen, an der Küste weiter nach Norden.
Preise: WOMO + 2 Personen: 10-20 €, Strom 5 €, V/E 5 €.

Kaum haben wir im Rückspiegel den Strand von BUGGERU aus den Augen verloren, tut sich vor uns das nächste Strandparadies auf. Bei »km 28,2« schwenken wir links zur Gaststätte "San Nicolo" (vier **Wasserhähne** davor an der Mauer!), wo man speziell für Camper Terrassenplätze angelegt hat.

(142) WOMO-Badeplatz: Buggeru (San Nicolo)

GPS: N 39° 25' 8.7" E 8° 24' 43.2" max. WOMOs: > 5.
Ausstattung/Lage: Sandstrand, Wasserhahn, Dusche, Gaststätte, 5 € Gebühr/
außerorts. **Zufahrt:** 2,5 km nördlich Buggeru links.

Auf den nächsten 2 km ist die Straße gestreift wie ein Zebra –
hunderte von (gebührenpflichtigen) Parkplätzen für PKWs sind
markiert. Da würde man gerne in die Einsamkeit flüchten!
Diese findet man vielleicht, wenn man sich an der nächsten
Straßengabelung links hält und 4 km zum **Capo Pecora** (Medio
Campidano) kurvt.
Der Wendeplatz am Ende der Teerstraße ist ringsum mit
Felsen und Erdwällen verbarrikadiert ist, auf dass man die
umliegende Einöde nicht befahren möge. Längst hat man
einen Durchbruch geschaffen und kann sich auf verschlungenen Pisten ein Robinsonplätzchen suchen.

(143) WOMO-Stellplatz: Capo Pecora (Medio Campidano)

GPS: N 39° 27' 23.9" E 8° 23' 1.7" max. WOMOs: > 5.
Ausstattung/Lage: Felsstrand/außerorts.
Zufahrt: Von Buggeru nach Norden, an der ersten Gabelung links.

Der **Tempel von Antas** muss uns auch einen größeren Abstecher wert sein! Zurück an der Gabelung rauschen wir rechts des **Riu Mannu** mit seinen hohen Schilfufern 6 km ins Landesinnere, schwenken rechts in die SS 126 nach FLUMINIMAGGIORE. Dort sichten wir zwei **Wasserstellen**: Eine am Ortsbeginn rechts mit Viehtränke ist besonders gut anfahrbar, dann zwängen wir uns durch die schmale, meist verstopfte Ortsstraße. Am zweiten **Brunnen**, 700 m hinter dem Ort, bei »km 61,3«, am **Picknickplatz** links unter Eukalyptusbäumen, können wir etwas entspannen, bevor wir weiter durch die **Schlucht** des

Riu Antas kurven.

Sie brauchen noch mehr Abkühlung? Dann schwenken Sie bei »km 59« nach rechts zur **Grotta di Su Mannau** (offen: 9.30-18.30 Uhr) mit ruhig-schattigem **Wanderparkplatz** [**144: N 39° 24' 27.1" E 8° 29' 38.7"**]. 2 Std. sind es zum Tempel von Antas auf historischem Weg. Auch mehrere **Brunnen** sowie Tisch & Bank haben wir entdeckt.

Jetzt haben wir noch 4 1/2 km Gekurve vor uns, dann schwenken wir links und stehen bald auf dem großen Parkplatz vor dem eingezäunten Tempelgelände (offen: 9.30-18.30 Uhr).

(145) WOMO-Stellplatz: Antas-Tempel

GPS: N 39° 23' 30.3" E 8° 29' 58.4"; 326 m. **max. WOMOs:** 2-3.
Ausstattung: Tempelbesichtigung, Wanderweg, Mülleimer. **Zufahrt:** siehe Text.

Der "**Römische Tempel des Sardus Pater von Antas**" versetzt uns ins tiefste Griechenland: Auf den Trümmern eines Punischen Tempels, der etwa 600 v. Chr. entstand, bauten die Römer 300 v. Chr. einen Tempel im klassischen Stil (ein typisches Beispiel sind die ionischen Kapitele der Säulen). Der religiöse Hintergrund blieb jedoch punisch: Man beachte nur die beiden "Badewannen", die unmittelbar vor dem "Allerheiligsten" am Ende des Tempels in den Boden eingelassen sind. Diese Reinigung ist eindeutig eine punische Sitte ebenso wie die Ausrichtung des Tempels nach Nordwesten – ein römischer ist stets nach Osten ausgerichtet.
Wir können uns freuen, einen solch gut restaurierten Tempel besichtigen zu können! Zwar waren seine Reste zunächst Jahrhunderte in den dichten Wäldern des **Iglesiente** verborgen; nach seiner Entdeckung machten Plünderer und Schatzsucher noch nicht einmal vor Sprengungen halt und die Jäger, die während des letzten Krieges an Bleimangel litten, rissen die Bleiklammern aus dem Gemäuer und schmolzen sie zu Kugeln um. Erst zwischen 1966 und 1968 erstanden die Reste wieder in alter Pracht.

Tempel von Antas; 300 v. Chr. (Foto: Nowak)

Die Passage durch FLUMINIMAGGIORE ist bei unserer Rück-kehr noch nicht breiter geworden, dafür gehört uns die SS 126 Richtung GÚSPINI fast allein. Mann oh Mann, gibt es in Sardinien viele Kurven, Biegungen, Serpentinen – aber bald müssen wir den **Passo Bidderdi** erreicht haben.

Da überrascht uns bei »km 72,2« eine Abzweigung mit der vielsagenden Aufschrift "Is Arenas/Scivu" und schnell biegen wir links in das schöne, gepflegte Teersträßchen ein. Es kurvt und kurvt durch die Berglandschaft, so als hätte es keine Eile (nach 8,5 km sichten wir eine Abzweigung mit einem kleinen, gelben Schildchen "Scivu") und stehen nach ein paar weiteren Metern – am Schlagbaum eines Gefängnisareals.

Der Torwächter ist freundlich und zuvorkommend, erklärt mir den weiteren Weg zum Strand – und öffnet mir sogar den Schlagbaum, damit ich im Gefängnishof bequemer wenden kann. Sie können sich diesen Umweg sparen und gleich Richtung SCIVU abbiegen.

Nach 500 m überrascht uns der Camping "Le Palme" mit V/E, allein auf weiter Flur [**146:** N39° 29' 20.0" E8° 26' 59.7"], und nach weiteren 4 km endet die Teerstraße an einem riesengro-ßen, schattenlosen Parkkarree unmittelbar hinter (besser ge-sagt über) dem herrlichen Dünenstrand, dessen rotbraune Farbe wunderbar mit den grünen Wacholderbüschen und dem türkisblauen Meer kontrastiert. Leider ist das Parkareal total schattenlos, dafür aber auch schön einsam.

(147) WOMO-Badeplatz: Scivu

GPS: N 39° 29' 39.5" E 8° 24' 48.4"   max. **WOMOs:** 3-4
Ausstattung: Sandstrand, Mülleimer, zeitweise Strandbar und Gebühr/außerorts.
Zufahrt: Von der SS 126 Fluminimaggiore - Gúspini bei »km 72,2« links bis Scivu.

Blick hinab zum endlosen Sandstrand von Scivu

1,2 km nach der Is-Arenas-Abzweigung erreichen wir bei der verfallenen Cantoniera Bidderdi den **Passo Bidderdi** in 492 m Höhe, überqueren eine Hochebene, sichten bei »km 77,2« die Abzweigung nach INGURTOSU (gleichzeitig wird auch das Hotel "Le Dune" angezeigt).

Bereits in früheren Jahren führte von diesem fast verlassenen Bergwerksörtchen eine schaurige Piste hinab ans Südende der **Costa Verde**, jetzt ist sie verbreitert, fast bis ins Tal asphaltiert – und erspart uns den Umweg über ARBUS.

Zunächst schwingt sie sich in Schleifen bis INGURTOSU hinab, das blendendweiße Dünenmeer der **Costa Verde** leuchtet bereits zu uns herauf. Ein Kuriosum erwartet uns am Ortsende, wo wir mitten durch ein Berg-werksgebäude hindurchfahren müssen; das Tor gibt aber auch großen WOMOs keine Probleme auf. Immer weiter kurven wir bergab, vorbei an den Wegweisern "Le Dune" und "Piscinas" und einer Unmenge von Bergwerksruinen, die eine unwirkliche Atmosphäre aus Verfall und mutwilliger Zerstö-rung verbreiten. Inzwischen bereits vom Regen zerfurchte Abraumhalden gleichen einer bizarren Mondlandschaft. Am weißlich verfärbten Bachbett des **Rio Naracauli** entlang errei-chen wir die ersten Dünenberge, sichten den **Picknickplatz** "Tinacci" unter Eukalyptusbäumen rechts [N 39° 31' 19.4" E 8° 28' 32.4"] und den kleinen **Camping** "Sciopadroxiu" mit nur fünf

Stellplätzen für WOMOs [**148:** N39° 31' 30.2" E8° 28' 25.5"].
Dann gabelt sich die Schotterbahn, rechts geht's durch die Furt des **Rio Naracauli** zur Teerstraße und nach MARINA DI ARBUS, geradeaus sind es noch genau 1500 Meter auf Schüttelpiste bis zum großen Parkplatz [N 39° 32' 27.9" E 8° 27' 4.0"] neben dem Hotel und Nobelrestaurant "Le Dune", direkt am Sandstrand (Zufahrt auf 1,90 m Breite beschränkt).
Die Umgebung ist überwältigend: Oleander am nahen Flussbett und dahinter – Sahara! Riesige, goldgelbe Dünen ziehen wie

Berge ins Hinterland, sind teils spärlich bewachsen, meist jedoch reingelb, ohne jede Vegetation, makellos.

Links der Piste fallen die Reste der Bergwerkslorenbahn auf....
Wir sind vom "Le Dune" 1500 m zurückgeholpert, halten uns an der Gabelung links Richtung

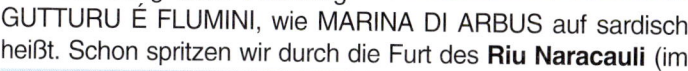

GUTTURU É FLUMINI, wie MARINA DI ARBUS auf sardisch heißt. Schon spritzen wir durch die Furt des **Riu Naracauli** (im

Flussbett liegt ein Maschendraht, damit man sich nicht einwühlt). Dann treibt uns eine steile Passage (**?**) den Angstschweiß in den Nacken, ein zweiter Hügel, dann hinab zum sommers trockenen Flussbett des **Riu Piscinas**. Danach wieder steil auf Schotter hinauf, wo uns schöner schwarzer Asphalt begrüßt.
Nach 3,4 km Asphalt die erste Zufahrt zu Macchiebüschen oberhalb des Strandes, die zweite nach 3,6 km, die dritte nach 3,8 km. Dann beginnt das Ferienhäusergebiet von MARINA DI ARBUS. Nach 4,6 km kann man links zur Pizzeria "Il Corsaro Nero" abzweigen. Vor ihr führen nach links verschlungene Pisten zu Mastixbuschplätzchen über dem **Sandstrand** (weitere 1,7 km nördlich [N39° 35' 31.4" E8° 27' 57.1"].

(149) WOMO-Badeplatz: Marina di Arbus (Il Corsaro Nero)
GPS: N 39° 34' 35.5" E 8° 27' 56.3"   **max. WOMOs:** 3-4.
Ausstattung: Sandstrand, Gaststätte/Ortsrand bei Einzelgebäude.
Direkte Zufahrt: Von der SS 126 Fluminimaggiore über Ingurtosu durch Furten.
Asphaltierte Zufahrt: Auf der SS 126 bis Arbus, dort links und am Meer wieder links.

TOUR 9 (ca. 280 km / 2-3 Tage)

Porto Palma – Giara di Gésturi – Arborea – Oristano – Torre Grande – Tharros – Putzu Idu – Is Arutas

Freie Übernachtung: u.a. Funtanazza, Porto Palma, Pistis, Giara, Marceddi, Marina di Arborea, San Giovanni, Is Arutas, Mari Ermi, Su Pallosu.

Trinkwasserstellen: Terme di Sárdara, Tuili, San Nicolo, S. Giusta, Oristano.

Campingplätze: Torre Grande, Is Arutas.

Baden: Porto Palma, Pistis, Marina di Arborea, Marina di Torre Grande, S. Giovanni, Tharros, Is Arutas, Mari Ermi, Su Pallosu.

KARTE TOUR 9

Besichtigungen:	Santa Giusta (Basilika), Oristano (Dom, Torre S. Christofero), San Salvatore, San Giovanni, Tharros (punisch/römisch).
Wanderungen:	Giara di Gésturi, Tharros, Punta Tonnara (Spaziergänge).

Die südliche COSTA VERDE kennen wir nun. Wie sieht es mit ihrer nördlichen Fortsetzung aus?

Die Namen der Badeorte PORTO PALMA und TORRE DEI CORSARI klingen ja verheißungsvoll, und eine "strada bianca" ist auch verzeichnet. Die nähere Besichtigung fällt zwiespältig aus. Zwar ist die ganze Strecke inzwischen geteert, alle Orte sind jedoch ferienhausüberschwemmt.

Aber der Reihe nach:

500 m nach der Einmündung in die Straße Guspini – Porto Palma führt eine auf den Karten noch als "str. priv.", also als Privatstraße gekennzeichnete Stichstraße zum leerstehenden Hotel **"Funtanazza"** hinter einem schönen **Sandstrand**. Stellplätze gibt's reichlich im Parkgelände oberhalb des Sandstrandes – aber wie sich die Situation weiter entwickeln wird, wagen wir nicht vorauszusagen (Come and see!).

---

(150) WOMO-Badeplatz: Funtanazza

GPS: N 39° 36' 49.3" E 8° 28' 3.0"   **max. WOMOs:** 3-4.
Ausstattung/Lage: Sandstrand, Baumschatten/außerorts.
Zufahrt: 500 m nördlich der Einmündung in die Straße Guspini – Porto Palma links.

In PORTO PALMA gibt es drei Parkplätze: Am Ortsbeginn scharf links auf schmalem Schotterweg zum ersten mit großem Parkplatz südlich des Strandes, ein zweiter (mit Toilette) im mittleren Strandbereich (bei unserem letzten Besuch wegen Unterspülung gesperrt). Snobs, die sich nicht unter die Menge mischen, fahren bis zum nördlichen Ende des Strandes und auf Schotter weiter bis zu einem kleinen Kap, wo sie auf das Getümmel hinabblicken können – aber keinen Strand haben [N 39° 40' 13.9" E 8° 27' 14.3"].

(151) WOMO-Badeplatz: Porto Palma (Ortsbeginn)

GPS: N39° 40' 04.7" E8° 27' 34.5"   **max. WOMOs:** 2.

Ausstattung/Lage: Sandstrand, Toilette (?), Gaststätte/im Ort.

Zufahrt: Von Guspini 32 km nach Nordwesten, von Marina di Arbus 10 km nach Norden.

Die Abzweigung nach TORRE DEI CORSARI lohnt sich nur, um zwischen den Ferienhäusern hindurch einen Blick auf die schönen Dünen zu werfen ....

Am Ortsbeginn von S. ANTONIO zweigt die Stichstraße nach PISTIS ab. Nach 2,7 km schwenkt die Straße an der Felsenküste nach links und endet nach knapp 4 km an einem großen Schotterplatz oberhalb eines langgezogenen Sandstrandes. Am südlichen Horizont sieht man die Häuser von TORRE DEI CORSARI.

(152) WOMO-Badeplatz: Pistis

GPS: N 39° 41' 54.5" E 8° 27' 17.4"   **max. WOMOs:** 3-4.

Ausstattung/Lage: Sandstrand, Gaststätte, Toilette 100 m/Ortsrand.

Zufahrt: In San António links 4 km.

1 km hinter S. ANTONIO kommen Sie an eine völlig unbeschilderte Straßengabelung, die nach links zu einer kuriosen **900-m-Brücke über den Stagno** nach MARCEDDI führt! Sie ist so schmal, dass einem WOMO nur ein Fiat Panda begegnen darf – und vielleicht nicht immer geöffnet (weil mit Toren versehen), eigentlich eine Art Schleusendamm. Versuchen Sie Ihr Glück – und Sie sparen 20 km Umweg um den der **Stagno di Marceddi** herum!

Sie haben Glück gehabt!?

Dann finden Sie hinter dem Schleusendamm, am Beginn von MARCEDDI, auch noch schöne Grünanlagen mit Pinien, Palmen, Picknicktischen und **Wasserhahn** (hinter der Schleusenbrücke rechts) am Ufer des **Stagno di Marceddi**.

(153) WOMO-Picknickplatz: Marceddi

GPS: N 39° 43' 13.6" E 8° 30' 43.0"   **max. WOMOs:** 2-3
Ausstattung/Lage: Baumschatten, Tisch & Bank, Wasserhahn/Ortsrand.
Zufahrt: Von der Costa Verde über Porto Palma bis S. Antonio, 2 km später links über den Schleusendamm, dahinter rechts.

Haben Sie schon einmal wilde Pferde gesehen? Nein?

Dann fahren Sie nicht über den Damm, sondern machen mit uns einen Abstecher zur **Giara di Gésturi**, einer Basalthochebene, deren Flanken so steil in die umgebende Landschaft abfallen, dass die etwa 500 Pferdchen nicht eingezäunt werden müssen. Außerdem sind eine Therme und zwei Nuraghen auf dem Abstecherprogramm.

Zunächst ignorieren wir also die Abzweigung über den Damm und zickzacken uns knapp 30 km durch flaches Land nach PABILLONIS, wo wir links Richtung SÁRDARA abzweigen. Nach 8 km liegt rechterhand bei den **Thermen von Sárdara** ein großer, lichter Eukalyptuspicknickwald, schön angelegt mit Wasserhähnen, WC, Spazierwegen, Wasserhähnen mit Trinkwasser und einem Wasserhahn mit heißem Mineralwasser, das in ein Bächlein fließt. Wer kuren will, geht ins benachbarte Schwimmbad des Thermalhotels.

(154) WOMO-Picknick-platz: Thermen von Sárdara

GPS: N 39° 36' 46.7" E 8° 47' 5.3"
max. WOMOs: 3-4.
Ausstattung/Lage: Baumschatten, Tisch & Bank, Wasser (heiß & kalt)/außerorts.
Zufahrt: Von S. Antonio im Zickzack über Pabillonis nach Sárdara, davor rechts.

Weiter zieht unsere Bahn auf kurvigen Nebenstraßen durch SÁRDARA, COLLÍNAS, vorbei am **Nuraghendorf Genna Maria** nach VILLANOVAFORRU. Über LUNAMATRONA und PAULI ARBAREI erreichen wir schließlich TUILI, das zu Füßen der **Giara** liegt. Dort folgen wir nach rechts und hinter der Kirche wieder links den Wegweisern "Alto Piano de la Giara", dampfen steil zur Hochebene hinauf, parken nach 6,5 km in 555 m Höhe auf dem ebenen, aussichtsreichen, ruhigen **Wanderparkplatz** vor der Info-Stelle..

(155) WOMO-Wanderparkplatz: Alto Piano de la Giara

GPS: N 39° 43' 55.2" E 8° 58' 29.9"   **max. WOMOs:** 2.
Ausstattung/Lage: Wanderwege/außerorts.
Zufahrt: Von Sárdara über Villanovaforru, Kunamatrone und Tuili (ausgeschildert).

GPS-Gerät, Wandersandalen, Trinkflasche und ein Faltblatt der Info-Stelle (mit Wanderwegen) sind die einzige Ausrüstung für unseren Zweistundenspaziergang über die dicht mit Niederwald bewachsene Hochebene. Als Ziel wird uns der (sommers fast ausgetrocknete) **Sumpfsee Pauli Maiori** empfohlen, wo wir auch wirklich eine kleine Herde der struppigen Pferdchen aus nächster Nähe sehen. Wir marschieren rechts des Sees (bzw. über seinen eingetrockneten Schlamm) bis zur **Mitza Salamessi**, einem niedlichen, runden Brunnenhäuschen, aus dem das Nass in drei Tränktröge fließt. Dann spazieren wir den gleichen Weg zurück, um noch einen Rundgang durch den kleinen botanischen Garten zu machen (Geschlossen? Schlüssel liegt meist links vom Tor auf der Mauer).

Wildpferde weiden im Mai den Wasserhahnenfuß ab (Foto: Nowak)

Mit stinkenden Bremsbelägen kehren wir nach TUILI zurück. Nach Osten sind es nur wenige hundert Meter bis zum Nuraghen-komplex **Su Nuraxi**. Die gewaltige Festung gipfelt in einem Mittelturm, der von vier Ecktürmen flankiert und von einer Ring-mauer umgeben ist. Diese ist nochmals durch einen Mauerring mit sieben Türmen geschützt.

Für den Rückweg zur Küste rollen wir zu Füßen der **Giara** nach Nordwesten; über SÉTZU, GENURI, SINNI, GONNOSNO und ALBAGIARA kommen wir hinter ESCOVEDU an eine Kreuzung mit der SS 442, an der wir uns links halten müssen. Wir rollen jedoch noch 300 m weiter und links auf das Gelände der Cantina Sociale von USELLUS. Das ist keine Sozialküche, sondern die **Winzergenossenschaft** von USELLUS [N 39° 47' 47.2" E 8° 51' 22.6"], wo wir uns unsere leeren Mineralwasserflaschen mit guten und zudem preiswertem Roten füllen lassen.

Jetzt steht der Rückkehr zum Meer nichts mehr im Wege! Über ÀLES und MORGONGIORI erreichen wir, die Schnellstraße SS 131 querend, SAN NICOLÓ. Dort lassen wir uns per Piktogramm zu einer **Area Attrezzata** leiten, einem Picknickkiefernwäldchen mit WOMO-Stellplätzen [**156:** N 39° 41' 7.0" E 8° 38' 45.5"]. Den Schlüssel zum Gitterkasten für Wasser, Abwasser und Strom erhält man gegen eine bescheidene Gebühr bei der benachbar-ten Bar.

ARBOREA ist eine Schöpfung der Mussolini-Zeit (hieß auch bis 1943 Mussolinia). Die Stadt, eigentlich mehr eine landwirt-schaftliche Großsiedlung, ist rechtwinklig mit Straßen und Bewässerungskanälen durchzogen und macht auf uns einen frischen, saftiggrünen, sehr aufgeräumten Eindruck.

Erst 2,4 km nördlich des Ortsendeschildes "Arborea", bei »km 11,6« biegen wir links (Wegweiser: "Marina di Arborea"), rollen pfeilgerade nach Westen, begleitet von Eukalyptus, Pappeln und Schilfgesträuch, dahinter flitzen Felder vorbei.

Am Strand erwartet uns ein prächtiger, hoher Pinienwaldstreifen, der Platz bietet für hunderte von PKWs, die den tiefen Sand zwischen den Bäumen nicht fürchten, für die WOMOs wurde unweit des Strandes eine spezielle **Area Camper** befestigt! Der fünfzöllige Wasserstutzen am Platz ist eigentlich für die Feuerwehr und nicht für Sie.

(157) WOMO-Badeplatz: Marina di Arborea

GPS: N 39° 48' 7.5" E 8° 32' 57.9"
max. WOMOs: 3-4.
Ausstattung/Lage: Sandstrand, Gaststätte, Brunnen bei der Gaststätte/außerorts.
Zufahrt: 2,4 km nördlich des Ortsendeschildes "Arborea" links.

Der endlose Sandstrand ist sauber, wenn auch ziemlich überlaufen. Parallel zum Strand kann man etwa 2 km auf der Strandpromenade nach Norden fahren (viele Stelleplätze direkt am Strand ohne Schatten), bereits nach 1 km kehrt die letzte Straße wieder zur Hauptstraße SP 49 zurück.

Wie gesagt, der Strand ist breit und der schöne Wald bietet auch reichlich Schatten für Bleichgesichter, aber das ganze Gelände ist so riesig, dass man sich nicht wohlfühlen kann. Überdies ist in der Saison ein gewaltiger Andrang bis spät in die Nacht zu befürchten.

Die heiße Tageszeit verbringen wir folglich hier, bis sinkende Sonne und niedrigerer Thermometerstand wieder Lust auf Unternehmungen aufkommen lassen.

Bei der Weiterfahrt nach ORISTANO bleiben wir auf der SP 49,

Romanische Basilika Santa Giusta

rollen rechts an zwei Stagnos vorbei, in deren flachem Wasser Flamingoschwärme stehen; von den Parkplätzen unter alten Eukalyptusbäumen aus kann man sie beobachten.

Wir durchqueren SANTA GIUSTA (zwei **Wasserhähne** rechts); die romanische **Basilika** gleichen Namens aus dem XII. Jahrhundert ist nicht zu verfehlen, denn sie liegt erhöht am Ortsende direkt rechts neben der Straße. Durch das Hauptportal, von dem zwei säugende Löwinnen (wen wundert's) friedlich wie Lämmer herabblicken, betreten wir den dreischiffigen Hallenbau. Er wirkt schlank und licht. Das einfarbige Mauerwerk lenkt den Blick nicht von den Säulen ab, die die Schiffe unterteilen: Jede ist aus anderem Gestein, jede wird von einem anders geformten Kapitell gekrönt – Absicht oder "Fundstücke" von anderen Bauwerken? Versäumen Sie nicht, zur **Krypta** unter dem Chor hinabzusteigen!

Wir fallen nun vierspurig nach ORISTANO ein, halten auf den

alles überragenden **Dom** zu. Wenn Sie immer den Wegweisern "Centro" folgen, werden Sie dort vermutlich im Gewirr der Sträßchen stecken bleiben!

Wir folgen deshalb noch vor dem Dom bei einer Ampel nach links den Wegweisern "Stadio Comunale Tharros/ Cimitero" und finden direkt vor dem Friedhof reichlich Parkraum bei einem kostenlosen **Camperservice** [N 39° 53' 49.6" E 8° 35' 21.9"]; zweiter Platz beim Wasserturm [N39° 54' 21.7" E8° 34' 46.1"].

Beim ersten Platz stellen wir das WOMO ab, marschieren 500 m nach Nordosten zur Altstadt und machen uns auf Besichtigungstour: **Dom** (Foto) aus dem XII. Jahrhundert, **Kirche San Francesco** im klassizistischen Stil mit prachtvollem, holzgeschnitztem Kruzifix, **Antiquarium Arboreum** mit umfangreichen Funden aus der Umgebung von der Steinzeit bis zu den Römern – alles ist mit wenigen Schritten zu erreichen.

Auch zu den schattigen Arkaden neben dem Wahrzeichen ORISTANOs, dem zinnenbewehrten **Torre San Christofero** (Foto), geht man nicht lange.

Fürs Abendessen und anschließenden Verdauungsbummel wünschen Sie eine Strandpromenade? Dann verlassen Sie ORISTANO mit uns nach Norden, Richtung CUGLIERI, auf der SS 292. Am nächsten Verkehrsknoten biegen wir links und treffen direkt am gewaltigen Turm von MARINA DI TORRE GRANDE wieder ans Meer (nebenan Münz**toilette** und gleichnamiger **Campingplatz** [**158:** N39° 54' 28.6" E8° 31' 12.8"]). Hier kann man parken und daneben, wie herbeigewünscht, wartet die **Pizzeria** "Oasi" auf hungrige Gäste. Wir genießen die riesigen "Wagenräder", belegt mit Auberginenscheiben, Schinken oder Meeresfrüchten und flanieren verdauend an der "Kurpromenade" am Meer, die für den Autoverkehr gesperrt ist. Schwenkt man noch vor dem Camping links (Wegweiser: Pontile) und nach 1,5 km wieder rechts, so findet man reichlich Parkraum direkt am Sandstrand bei einem alten Schiffsanleger (besonders beliebt bei Anglern).

(159) WOMO-Badeplatz: Marina di Torre Grande (Pontile)
GPS: N39° 53' 51.4" E8° 31' 55.6"　　　　　**max. WOMOs:** 3-4.
Ausstattung/Lage: Sandstrand/außerorts.
Zufahrt: Vor Marina die Torre Grande links, nach 1,5 km rechts und noch 700 m.

21.00 Uhr! In wenigen Minuten wird es dunkel – und wir wollen noch bis **Tharros**!
Schnell ins WOMO! Wir verlassen MARINA DI TORRE GRANDE nach Norden Richtung CABRAS, biegen jedoch bald links nach SAN GIOVANNI DI SINIS ein.
Am Ortsende dieses Dörfchens wartet links das gleichnamige, wohl **älteste Kirchlein Sardiniens**, denn es wurde wahrscheinlich schon im V. Jahrhundert mit byzantinischer Kuppel errichtet und erst im XI. Jahrhundert romanisiert.

Kirchlein San Giovanni di Sinis

Wir verschieben die Besichtigung auf den nächsten Tag.
Man kann auf dem großen, asphaltierten Tharros-Besucher-
parkplatz übernachten, links des Kirchleins oder (noch vor dem
Verbotsschild) uns links in einen holprigen Sandweg folgen.
Nach wenigen Metern stehen wir am Ostrand der Südspitze der
Halbinsel Sinis, auf grünem Rasen, zwischen Palmen und
Binsenwedeln (Mare Morto) neben dem kleinen Leuchtturm.
Der schmale Sandstrand liegt direkt vor unseren Füßen und
das spiegelglatte Meer lädt zu einem spät-abendlichen Bade.

(160) WOMO-Badeplatz: San Giovanni di Sinis

GPS: N 39° 52' 51.0" E 8° 26' 31.8"   **max. WOMOs:** 2-3.
Ausstattung/Lage: Flacher, ruhiger Sandstrand/außerorts.
Zufahrt: Von Oristano nach S. Giovanni, bei der Kirche links auf Sandweg zum Strand.
Hinweis: Bei "Problemen" auf den großen Besucherparkplatz fahren.

Wer früh aufsteht, schwitzt nicht so sehr in **Tharros**!
Trotzdem wird gemütlich gefrühstückt, denn wir haben nur

wenige Meter Anmarsch. Zunächst besuchen wir das Kirchlein S. GIOVANNI, in dessen romanischem Dunkel wir andächtig verharren. So beeindruckt wir von dem harmonisch gestalteten Innenraum mit den drei niedrigen Längsschiffen sind, so wenig findet die lieblos hingeschmierte Beton-Restaurierung der Außenmauern und des Daches unseren Beifall.

Dann marschieren wir nach Süden und schreiten die Hauptallee nach **Tharros** hinein: Schon die alten **Punier** wussten

gepflegte Straßen zu bauen – und vor allem haltbare! Die klodeckelgroßen Steinblöcke sind wohlgefügt und verraten viel Mühe bei der Bearbeitung. Auch die Ruinen der weiteren Bauwerke, die den ganzen Hang bis hinab zum Meer bedecken, zeigen das großstädtische Gepräge der punisch/römischen Siedlung, die vom VIII. Jahrhundert v. Chr. bis zum XI. Jahrhundert n. Chr. besiedelt war. Erst danach resignierten die Bewohner vor den pausenlosen Sarazenenüberfällen, packten nicht nur Hab und Gut, sondern auch die Steine ihrer Häuser auf Karren und gründeten landeinwärts das heutige ORISTANO.

Der Sarazenenturm, der jetzt die Siedlung überragt, wurde später von den Spaniern ebenfalls aus dem "Steinbruch" der Ruinenstadt errichtet, aber selbst damit gelang ihnen nicht die Präzision des antiken Mauergefüges.

Auch die Westseite der Landenge von **Tharros** ist ein guter **Badeplatz**. Nur wenige Schritte steigt man hinab zu malerischen Sandstreifen zwischen Felsarrangements. Hier, an der meeroffenen Westseite, schlagen die Wellen krachend auf den Strand, übertönen das fröhliche Kreischen der bei jeder Welle emporhüpfenden Kinder.

Die Westküste der Halbinsel SINIS hat eine ganze Reihe von Badestränden. Leider führen zu jedem Platz nur Stichstraßen. Es wird eine ganze Weile dauern, bis wir alle abgefahren haben, stellen wir beim Kartenstudium fest.

Aber es kommt ja bekanntlich alles anders, als man denkt ....
Vorher müssen wir das "Westerndorf" SAN SALVATORE besichtigen, das haben wir unseren Kindern versprochen. Sie sind enttäuscht von der spärlichen Kulisse eines Wildwestfilmes, der vor Urzeiten hier gedreht wurde.

Die "Gruft" unterhalb des Kirchleins SAN SALVATORE, die auf ein viertausend Jahre altes **Brunnenheiligtum** aus der Zeit der Nuragher zurückgeht, ist schon eher sehenswert, kann man sich doch dort nicht nur von der Haltbarkeit antiker Fresken aus der Zeit der Punier überzeugen, sondern auch vom nahtlosen, geschickten Übergang alter heidnischer Bräuche (der Nuragher) über "moderne" heidnische Riten (der Römer) bis zu religiösen Feiern (der Christen). Würde einen nur nicht dauernd der herrschsüchtige Fremdenführer vom Fotografieren abhalten!

Der südlichste **Strand** der Westküste, **Is Arutas**, ist der schönste – nur wissen wir das jetzt noch nicht. Verwundert starren wir

auf den reinweißen Sand, der verblüffend unserem leeren Salzstreuer gleicht – gefüllt mit Reiskörnern. Jedes Sandkorn gleicht, wie üblich, dem anderen, nur haben sie hier genau die Größe von Reiskörnern, was übrigens recht angenehm ist, denn solche großen Körnchen kleben nicht an den Beinen und Füßen – und in der Po-Rille der Babies.

Aber ist das überhaupt noch Sand? Schnell erfinden wir die WOMO-Euro-Sanddefinition, nach der auf den Durchmesser einer Euromünze mindestens 12 Sandkörner passen müssen – sind es weniger, dann ist es eben Feinkies!

(161) WOMO-Badeplatz: Reiskornstrand Is Arutas I

GPS: N 39° 57' 7.7" E 8° 24' 11.1"   **max. WOMOs:** 3-4.
Ausstattung/Lage: Reiskornstrand, Duschen, Toiletten, Gaststätte, saisonale Gebühr, Übernachtung nur außerhalb der Saison möglich/außerorts.
Zufahrt: Von Oristano nach Westen Richtung Tharros, dann rechts nach S. Salvatore und 1,5 km später wieder links.
Hinweis: 500 m vor dem Strand links Camping "Is Arutas" mit Camperservice!

Der Strandbereich ist durch ein niedriges Mäuerchen geschützt, davor erstreckt sich ein langer Parkplatzbereich. Weiter im Süden und im Norden, wo Felsen den Sand durchsetzen,
kann man auch direkt an den Strand fahren.
Ja und dahinter – da führen doch Pisten bis zum Horizont!?
Sollten sie auch zum nächsten Strand, **Mari Ermi**, führen?
Wir verriegeln das Heckfenster, dampfen los, passieren nach
200 m einen praktischen Fels-Regenschutz und stehen nach

700 m vor einer Felsbrockenbarriere, die uns die Weiterfahrt
verwehrt. Nun, immerhin haben wir bei diesem Abstecher
schöne, abseits gelegene Stellplätze entdeckt ...

(161a) WOMO-Stellplatz: Reiskornstrand Is Arutas II
GPS: N39° 57' 26.3" E8° 24' 07.9"　　　　　　　　　　　**max. WOMOs:** 3-4.
Ausstattung/Lage: Reiskornstrand 400 m/außerorts.
Zufahrt: Von Oristano nach Westen Richtung Tharros, dann rechts nach S. Salvatore
und 1,5 km später wieder links, am Strand rechts halten 400 m.

Mari Ermi ähnelt **Is Arutas** zum Verwechseln, hat aber vorne, an der Flutlinie, ganz feinen Sand und keine "Reiskörner". Dafür aber lange Bretterbrückenstege über die Düne zum Strand führen. Zusätzlich im Angebot ein kleiner **Stagno**, wo wir (im Oktober) aus nächster Nähe Flamingos studieren konnten.

(162) WOMO-Badeplatz: Mari Ermi

GPS: N 39° 58' 7.5" E 8 24' 1.0"   **max. WOMOs:** 3-4.
Ausstattung/Lage: Sandstrand, Duschen, Toiletten, Gaststätte, saisonale Gebühr, Übernachtung nur außerhalb der Saison möglich/außerorts.
Zufahrt: Von Oristano nach Westen Richtung Tharros, dann rechts nach S. Salvatore und 5 km später wieder links (oder direkt von Is Arutas aus 2 km).

Ja, und dann machen wir eine äußerst verhängnisvolle Entdeckung! Die auf der Karte eingezeichnete Teerzufahrt verlässt den Strand nach Osten, die Piste setzt sich jedoch nach Norden fort – und wir folgen ihr!
Zunächst geht alles gut. Die Piste ist schmal und holperig, macht einen

vielbefahrenen Eindruck, unmerklich wird sie jedoch immer schlechter. Wir sind aber so von der Steilküste fasziniert, an deren oberem Rand wir nun dahinkurven, dass wir kaum darauf achten.
Ein Warnschild am Wegrand: **Lebensgefahr!**
Wir steigen aus und starren erschaudernd in ein WOMO-großes Loch, das 100 Meter hinab bis zu den schwappenden Wellen reicht.
Weiter und immer weiter kurven wir, überwinden zähneknirschend felsige Passagen, PUTZU IDU, unser nächstes Ziel, sichtbar vor Augen. Dann kommt das verhängnisvolle Stück, eine felsig-wellige Doppel-S-Passage um einen Felsklotz herum.

Ich steige aus, schreite das Wegstück ab. Alles zurückfahren? Unsinn! **Durch!**

Vorsichtig steigere ich die Drehzahl im ersten, holpere mit schleifender Kupplung über den ersten Felsen, sinke in die Spalte dazwischen, steige mit dem Vorderrad wieder hoch – da sinkt das Hinterrad ein – es knirscht "mittschiffs", als sei ein Eisberg aufgetaucht – wir sitzen fest!

Mir wird eiskalt im Genick, dann heiß – jetzt nur Ruhe bewahren!

Ich steige aus, studiere die nunmehr fünf Auflagepunkte unseres Gefährts: Fünf Zentimeter vor dem Hinterrad geht es wieder aufwärts. Da gibt es nur eines – **Gas geben!**

Es ruckt und scharrt, das Vorderrad reibt sich qualmend den nächsten Fels empor – wir sind frei und haben nur noch wenige hundert Meter bis nach PUTZU IDU.

Und die Moral von der Geschicht'?

Kauf' Dir ein gutes Buch vom WOMO-Verlag – dann weißt Du im voraus, wo Du hängenbleiben kannst!

PUTZU IDU ähnelt verblüffend dem Strand von BUGGERU: An der Straße hunderte von Parkstreifen mit Toilette, Dusche und **Wohnmobilentsorgung** (alles vergammelt und verriegelt), auf der anderen Straßenseite schöner Sandstrand.

(163) WOMO-Badeplatz: Putzu Idu

GPS: N 40° 1' 58.9" E 8° 24' 6.3"   **max. WOMOs:** 3-4.
Ausstattung/Lage: Sandstrand, Mülleimer, saisonale Gebühr/Ortsrand.
Zufahrt: Von Oristano nach Westen Richtung Tharros, dann rechts nach S. Salvatore und 8 km später wieder links.

Wir fahren an MANDRIOLA vorbei und haben uns dann einen sehr schönen, offiziellen WOMO-Badeplatz kurz vor SU PAL-LOSU angeschaut. Von der Teerstraße führen nach links zwei Sandpisten die erste bei »km 18,8« (Kreisverkehr), die zweite bei »km 19,1« zu den Dünen. Der große, ebene Platz liegt hinter den Dünen und wird auf Bretterstegen zum Sandstrand geleitet, der an manchen Stellen von Steinplatten durchsetzt ist. Eine Strandgaststätte liegt wenige Schritte westwärts.

(164) WOMO-Badeplatz: Su Pallosu (Sa Mesa Longa)

GPS: N 40° 2' 38.1" E 8° 23' 54.5"   **max. WOMOs:** > 5.

Ausstattung/Lage: Sandstrand, Gaststätte/außerorts.

Zufahrt: Von Oristano nach Westen Richtung Tharros, dann rechts nach S. Salvatore und 8 km später wieder links. Bei »km 18,8« oder »km 19,1« links auf Sandpiste.

Wir durchqueren SU PALLOSU, stehen bald am Ende der Straße an der **Punta Tonnara**. Dort kann man fein auf bizarr ausgewaschenen Felsen mit einer kleinen Grotte (Foto) herumklettern und sich von den hereinkrachenden Brechern nass spritzen lassen.

TOUR 10 (ca. 125 km / 1 Tag)

Oristano – Fordongianus – Nuraghe Losa – Santa Cristina – Molinos-Schlucht – San Leonardo
(Karte siehe Tour 9)

Freie Übernachtung:	u. a. Fordongianus, San Leonardo de Siete Fuentes.
Trinkwasserstellen:	Massama, Siamaggiore, Zerfaliu, Ollastra, Villanova, Fordongianus, Bonarcado, San Leonardo de Siete Fuentes.
Campingplätze:	Torre Grande.
Baden:	Rio sos Molinos (unterm Wasserfall).
Besichtigungen:	u. a. Oristano (Madonna di Rimedio), Massama, Solarussa, Fordongianus (Thermen), Nuraghe Losa, Santa Cristina (Brunnenheiligtum), Bonarcado, San Leonardo (Kirche).
Wanderungen:	Rio sos Molinos (Spaziergang).

KARTE TOUR 10

Das Meer hat auch noch am nächsten Tag eine herrliche Brandung und ist 27 °C warm – so richtig zum Wohlfühlen! Heiße Füße holt man sich dabei natürlich noch lange nicht. Da müssen Sie uns schon nach FORDONGIANUS folgen! Warten Sie aber ruhig bis gegen Abend. Dann hat die Sonne genau den Stand erreicht, dass man sich ohne Schweißausbrüche hinters Lenkrad setzen kann. An S. SALVATORE

Wallfahrtskirche Madonna di Rimedio

vorbei rollen wir Richtung ORISTANO zurück, schwingen in den großen Verkehrskreisel ein, den wir schon bei der Fahrt nach MARINA DI TORRE GRANDE durchkurvt hatten. Mitten im Gewirr der Auf- und Zufahrten liegt die Wallfahrtskirche **Madonna di Rimedio** (Zufahrt **Wasserhahn** links bei den Palmen [N 39° 55' 38.8" E 8° 34' 36.3"]). An ihren dicken Mauern prallt der Verkehrslärm ab, so dass man in Ruhe durch die kühle Pracht schreiten kann, deren Wände förmlich gepflastert sind mit den Danksagungen der Wallfahrer.

In MASSAMA halten wir direkt vor dem roten Trachytportal der **Pfarrkirche**. Dem Trachyt werden wir als Baumaterial in dieser Gegend noch häufiger begegnen. Er ist ein zum Teil blasiges, leichtes und vor allem leicht zu bearbeitendes, tuffähnliches Gestein, das während der heftigen vulkanischen Tätigkeit im Tertiär entstand. Links ne-

Oratorio delle Anime

ben der Pfarrkirche, dessen Portal eine nicht genau definierbare Mischung aus verschiedenen Stilelementen "typisch sardisch" in sich vereinigt, sollte man das kleine Kirchlein **Oratorio delle Anime** aus vorromanischer Zeit nicht übersehen. Es zeigt aber keinen byzantinischen Grundriss, sondern bildet ein "T" mit direkt aufgesetzter, hufeisenförmiger Apsis – Stilelemente, die auf westgotische Einflüsse hindeuten. Vielleicht hatten sich hier spanische Flüchtlinge nach der Eroberung ihrer Heimat durch den Islam angesiedelt!?

Direkt vor der Pfarrkirche und in der Ortsmitte von SIAMAG-GIORE links, dem folgenden Städtchen, entdecken wir je einen **Wasserhahn**.

Pisanische Kirche von Solarussa

Wir durchqueren SOLARUSSA, und unmittelbar vor unserer Nase schließt sich bimmelnd die Bahnschranke am Ortsende. Hätten wir sonst die kleine **pisanische Kirche** links auf dem Hügel entdeckt? Wir stolpern durch das vertrocknete Unkraut hinauf zu dem schlichten Hallenbau aus dunklem Trachyt, der einsam und verschlossen inmitten eines Mauerringes mit großartigem Portal in den Disteln steht [N 39° 57' 18.8" E 8° 40' 48.6"].

Wer gedankenlos geradeaus durch ZERFALIU tuckert, der entdeckt zwar unschwer mindestens drei **Wasserhähne**, steht jedoch mit seinem Gefährt plötzlich auf einer "strada bianca"! Unerklärlich, warum die Straße nicht weiter geteert ist. Falls die Verkehrsplaner nicht in nächster Zukunft ein Einsehen haben, müssen Sie also kurz nach dem Ortschild von ZERFALIU rechts abbiegen, um Ihren Weg nach FORDONGIANUS ohne Staubfahne fortsetzen zu können.

Bei dem Örtchen VILLANOVA TRUSCHEDU endet die weite **Tirso-Ebene**. Bereits zwischen seinen Mauern beginnt die Straße ihren Aufstieg ins Gebirgsland der **Barbagia**, schwingt sich in sanften Kurven durch das ausgetrocknete Weideland mit Handlesemauern, dem die auch im heißen Sommer stets üppig-grünen Mastixsträucher

ein frisch-lebendiges Gepräge geben. An vielen Stellen wird die Straße flankiert von undurchdringlichen Hecken aus Feigenkakteen. Niemand erntet die leckeren Früchte ....

Bei »km 24,5« passieren wir noch die pisanische Kirche **San Lussurgiu** (rechts oberhalb der Straße), deren Außenwände aus rotem und grauem Trachyt frisch restauriert sind.

Pisanische Kirche San Lussurgiu

Sie ist dem heiligen Lussorius geweiht, der während der Christenverfolgung unter Diokletian im IV. Jahrhundert sein Leben lassen musste. Ob bei Ihrem Besuch immer noch Goldfische in den zwei großen Tränktrögen schwimmen, die der Wasserhahn an der Mauer des Kirchenareals füllt?

Ein Kilometer später ist FORDONGIANUS erreicht, das antike **"Forum Traiani"**. Hier hatten die oströmischen Eroberer ihr Hauptquartier aufgeschlagen, einen Limes gegen die stets rebellischen Bergbewohner, die "Barbaren" der **Barbagia** errichtet – und ließen's sich wohl sein!

Dazu gehört für einen rechten Römer, wie man aus seinem Geschichtsunterricht weiß, das Dampfbad – und das hat die Jahrhunderte in FORDONGIANUS wohlerhalten überdauert.

Wir biegen in der Ortsmitte links ab, dem Wegweiser **"Terme romano"** folgend, passieren einen **Wasserhahn** rechts. Wer hier seinen Wassertank nachfüllt, kann, im Baumschatten wartend, gleichzeitig das **Casa Aragonese**, ein Schmuck-

stück aus dem XVII. Jahrhundert, bewundern. Der einstöckige Bau, der jetzt die Bibliothek beherbergt, wird außerdem von einem schattenspendenden Vordach geziert, das, einer Wandelhalle gleich, von zierlichen Säulen gestützt wird.

Kurz darauf erfreuen wir uns am Anblick der Kirche **San Pietro**, deren prächtige Fassade, wie das **Casa Aragonese**, in rotem Trachyt prunkt. Wir kurven nun hinunter zum **Tirso**, finden hinter dem staubigen Parkplatz neben den **Thermen** ein ruhiges und schattiges **Picknickplätzchen**, das wir zu unserem Nachtlagerplatz erkoren haben.

(165) WOMO-Picknickplatz: Fordongianus/Therme

GPS: N 39° 59' 50.2" E 8° 48' 34.6" max. WOMOs: 2-3.

Ausstattung/Lage: Bademöglichkeit im Fluss, Bar, Steintische, WC, Kinderspielplatz, Baumschatten/Ortsrand.

Zufahrt: Von Oristano auf SS 388 nach Osten bis Fordongianus, dort ausgeschildert.

Die Ruinen der antiken Thermen kann man von 9.30-12.30 Uhr und 15-18.30 Uhr besichtigen. Aber eigentlich sieht man alles auch von außerhalb des Zaunes. Besucherfreundlich sind zwei große Heilwasserbecken außerhalb des eingezäunten Areals angelegt (Foto). Das selbst noch am Auslauf zum **Tirso** über 50 °C heiße Wasser dürfte allerdings für Ihre Füße recht ungewohnt sein

Römische Thermen von Fordongianus

– nur Sekundenbruchteile hält man in dem "kochendheißen" Becken aus. Für längere Badekuren sollten Sie sich deshalb im **Tirso** die Stellen aussuchen, wo die Mischtemperatur Ihren Wünschen entspricht. Auch unser Berg meersalzstarrender Badetücher wird dort gespült.

Ein Stadtrundgang schließt sich an, und in der Abenddämmerung reihen wir uns ein in den Corso, den Bummel auf der Hauptstraße von FORDONGIANUS, schlafen später ruhig am vorbeirauschenden **Tirso**.

Tief hat der Fluss sein Bett in den roten Trachyt gegraben, der fast weißlich verwittert. Auch die siebenbogige Tirsobrücke, über die wir am nächsten Morgen unseren Weg fortsetzen, wurde aus dem gleichen Gestein erbaut.

Sofort hinter ihr biegen wir links nach ABBASANTA, verlassen diese Richtung nach 7,5 km, vor einem großen Steinbruchgelände, nach rechts (Wegweiser: BUSACHI), kurven wieder hinab zum TIRSO, dessen grüne, träge Fluten auch unterhalb des Staudammes des **Lago Omodeo** unbeweglich im Tal zu liegen scheinen. Wir überqueren den Fluss nur kurz bei der Staudammkrone, um die **Area Sosta** dahinter links zu inspizieren.

---

(166) WOMO-Stellplatz: Lago Omodeo

GPS: N 40° 3' 7.7" E 8° 52' 23.0" **max. WOMOs:** > 5.
Ausstattung/Lage: keine/außerorts.
Zufahrt: Über den Omodeo-Staudamm Richtung Busachi, dahinter links.

Panoramafahrt entlang des Lago Omodeo

Dann fahren wir an seinem linken Ufer geradeaus weiter Richtung TADASUNI. Die wunderschöne **Panoramastraße** führt oberhalb des **Lago Omodeo** entlang, immer wieder fällt der Blick zwischen geschälten Korkeichenstämmen hinab auf den Spiegel des Sees, der umrandet ist von steilem, kahlem Gestein, denn der Wasserstand ist im Sommer stets weit abgesunken. Ein gemütlicher Zwischenstopp bietet sich bereits nach 3 km an: Links oberhalb liegt das Kirchendorf **San Serafino** [N 40° 4' 12.0" E 8° 51' 29.0"], durch das man fein bummeln kann (das WOMO sollte man vor dem Tor abstellen). Aber auch an der Uferstraße laden Ausbuchtungen zum Rasten und Schauen ein. Nach weiteren 10 km stoßen wir, ohne einen einzigen Badeplatz entdeckt zu haben, auf die Hauptstraße, die uns nach links zur SS 131 D.C.D. bei GHILARZA bringen soll.
Sie möchten aber baden!?
Nur keine Eile!
Erst etwas "Kultur", dann ein schattiges Mittagspicknickplätzchen, darauf folgend ein Badebecken beim Wasserfall des **Rio sos Molinos** – und für den Abend und die Nacht ein Plätzchen

bei den **"Sieben Quellen des Heiligen Leonhard"** – O.K.?
Zunächst überqueren wir die Schnellstraße nach GHILARZA und inspizieren nach 1000 m in einem kleinen Wäldchen vor dem Friedhof die **WOMO-Entsorgungsstation** [N 40° 7' 33.4" E 8° 50' 21.8"]; unbedingt sehenswert ist der **Torre Aragonese** 150 m weiter westlich.

Dann entern wir die SS 131 D.C.N. Richtung SASSARI/CA-GLIARI, kommen aber schon 5 km weiter westlich an das Schnellstraßendreieck mit der SS 131. **Aufpassen!**

Der sehenswerte **Nuraghe Losa** liegt direkt am Auffahrtskreisel zur SS 131. Wir überqueren zunächst die SS 131, dem

Wegweiser CAGLIARI folgend – und mitten in der Rechtskurve, die in die SS 131 mündet, zweigen wir links ab (**Picknickplatz** [N 40° 6' 56.4" E 8° 47' 32.1"]).

Der Stumpf des 4000 Jahre alten Bauwerkes ragt wie ein gewaltiger Schornsteinsokkel 13 Meter in die Höhe, die gleichmäßig gewölbten Außenseiten der Mauerklötze sind von orangegelben Flechten überzogen. Bei der näheren Betrachtung erweist sich der Querschnitt eher als eiförmig, denn der ursprüngliche Rundturm wurde von weiteren Türmen umgeben, die durch eine gemeinsame Außenmauer verbunden sind.

Ein weiterer Verteidigungsring mit Mauern, Rundtürmen mit Schießscharten und ein weitläufiger Ringwall wollen beschaut, bestiegen und bewundert werden. Am verblüffendsten ist jedoch das Innere der Nuraghentürme: Sie haben, wie üblich, nur einen kleinen, zuckerhutförmigen Innenraum, der Rest ist massives Zyklopenmauerwerk – auch für Kanonen des Mittelalters wäre es unzerstörbar gewesen!

Wir vollenden den Einfahrtskreisel zur SS 131 Richtung CAGLIARI nach Südwesten. Nach 8 km, bei »km 115«, verlassen wir sie wieder, dem Wegweiser **"Zona archeologica Santa Cristina"** folgend. Wir unterqueren die Schnellstraße und landen auf einem Parkplatz neben einem schönen **Picknickgelände**; der Boden ist sorgfältig gepflastert, Olivenbäumchen spenden etwas Schatten. Ob der Platz wegen der Nähe der Schnellstraße für die Übernachtung geeignet ist, testen Sie am besten selbst!

(167) WOMO-Picknickplatz: Santa Cristina

GPS: N 40° 3' 42.0" E 8° 43' 52.7"   **max. WOMOs:** 2-3.
Ausstattung/Lage: Tisch & Bank, etwas Schatten, Autobahnlärm?/außerorts.
Zufahrt: Auf der SS 131 Richtung Cagliari bis »km 115« (ausgeschildert).

Die Hinweisschilder führen uns durch eine bestens gepflegte Anlage (offen: 8.30-21 Uhr) zunächst zu einem Nuraghendorf, in dem besonders ein vollständig erhaltenes Nuraghenhaus sehenswert ist, eine längliche Halle mit tonnenförmigem Dach.

Mit ungläubigem Staunen stehen wir dann vor den steilen Stufen, die in die Tiefe des Brunnentempels (pozzo sacro) führen. Vor 4000 Jahren sollen die Bausteine in diese präzise geschliffene, schiefwinklige Form gebracht worden sein (Foto)? Kaum ein Fingernagel passt zwischen die passgenauen Flächen. Das Staunen erlebt einen weiteren Höhepunkt, wenn man vom Brunnenbecken in der Tiefe genau nach oben schaut – die gleiche, unglaubliche Präzision jetzt sogar in absolut gleichmäßigen Kreisen, die sich nach oben stufenweise bis auf Handballgröße verengen, gerade ein Loch für den Lichteinfall freilassend.

Wir wollen gerne glauben, dass man jahrzehntelang das kleine Wunderwerk an Präzision und Gefühl für stilistisch Jahrtausende jünger einstufte, schließlich sogar als neuzeitliche Fälschung abtat.

Langsam nähert sich die Sonne dem Zenit – Zeit fürs Mittagessen und eine gemütliche Siesta!

Wir kehren zur Schnellstraße SS 131 zurück und biegen wieder Richtung CAGLIARI ein. Nach 8 km, kurz vor Straßenkilometer »km 107«, verlassen wir sie wieder bei der Ausfahrt BAULADU/MILIS, halten über BONARCADO auf SANTU LUSSURGIU zu.

Die Umgehungsstraße führt links um MILIS herum, rollt zunächst recht gemütlich über die Wellen der **Hochebene von Abbasanta** auf BONARCADO zu, aber die Gipfel des **Monte-Ferru-Massivs** links vor uns deuten an, dass es bald ernster wird.

Bereits innerhalb BONARCADO beginnt die Straße ihren Aufstieg. Wir sind so mit dem Umrunden spielender Kinder und parkender Autos beschäftigt, dass unser Blick nur "en passant" die romanische **Kirche Santa Maria** mit ihrer dreibogigen Fassade erhascht.

Deshalb lohnt es sich unbedingt, 50 m später zu dem großen **Parkplatz [168:** N 40° 6' 04.8" E 8° 39' 17.5"] mit Schattenbäumen, Bänken und **Brunnen** hinabzukurven, um dann bequem

Santuario della Madonna di Bonacattù

die Kirche und das winzige **Santuario della Madonna di Bonacattù** (einem byzantinischen Zentralbau aus dem VII. Jahr.) davor zu besichtigen.

Etwa 4 km oberhalb BON-ARCADOS, die Straße hat schon kräftig an Höhe gewonnen und gibt den Blick frei auf zackige Felsnadeln und eine enge Schlucht, in deren Tiefe der **Rio sos Molinos** dahinschäumt, zweigt bei »km 25,4« eine kurze Piste rechts hinab in ein malerisches **Picknickgelände** – schön angelegt und sehr schattig – aber leider verschlossen.

Folglich dampfen wir ca. 700 m weiter bis zur Ausbuchtung der Straße bei »km 26,1«, parken dort [N 40° 7' 47.4" E 8° 38' 46.8"]. Auf einem schmalen, liebevoll angelegten Jägersteig tauchen wir von dort hinab in das schattige Reich der Nymphen und Nixen. Steinerne Sitzbänke laden zum Verweilen und Schauen ein. Wir aber eilen weiter, halten uns an allen Gabelungen rechts, staunen die weiß schimmern-

den Fluten an, die über mehrere Stufen des schwarz glänzenden Gesteins mehr als 15 Meter herabstürzen.

Dann kommt der Höhepunkt der **Molinos-Schlucht**: Wenige Meter flussaufwärts sprudelt ein Katarakt in ein tiefes **Schwimmbecken**, dessen Wasser im Schatten der Bäume schwarz wie Tinte schimmert.

Jetzt sind wir nicht mehr zu halten – und bald hüpft und planscht es in dem Naturbad, dass die Wassergeister vor den Nackedeis erschro-cken in die Tiefe flüchten.

Der Besichtigungspfad führt noch weiter flussauf bis zu den Ruinen der kleinen Mühlen, die dem Fluss seinen Namen gegeben haben. Kunstvoll wurde ein Weg für den Mühlbach ins Gestein gehauen – auch jetzt ist noch zu erkennen, wie dadurch der nötige Höhenunterschied am Mühlrad erzielt wurde.

Wir durchqueren SANTU LUSSURGIU und halten uns links Richtung SAN LEONARDO. 3 km oberhalb des Ortes, in einer scharfen Rechtskurve, lädt wieder ein kleines Wäldchen mit Tisch und Bank zu schattiger Rast ein. Der gemauerte Brunnenturm mit der Marienstatue liefert besonders gutes Wasser.

Picknickplatz bei der Fontana Sa Preda Lada

Linkerhand führt ein Weg auf Kugelkopfsteinen (Wegweiser: **"Fontana Sa Preda Lada"**) hinauf zur eigentlichen Quelle, die unter einem Feigenbaum munter in gestaffelte Viehtröge plätschert.

Die Steigerung von "gutem Wasser" heißt "heiliges Wasser"! 1600 m später kommen wir an eine letzte Gabelung, halten uns rechts und rollen hinab nach SAN LEONARDO DE SIETE FUENTES (Heiliger Leonhard bei den sieben Quellen).

Besichtigung in der Minweralwasserfabrik Siete Fuentes

Der Ort besteht im wesentlichen aus einer Mineralwasserfabrik (wen wundert's), einigen Restaurants und Herbergen, dem romanischen **Kirchlein San Leonardo** – und dem benachbarten **Picknickwäldchen** mit den sieben Quellen.

Wir biegen am Ortsbeginn, vor der Pizzeria **"Le sorgenti"**, rechts zum Fußballplatz und finden direkt nach der Abzweigung einen Wiesenplatz unter Bäumen, weitere Stellplätze liegen beidseits der Straße.

(169) WOMO-Stellplatz: San Leonardo

GPS: N 40° 10' 38.1" E 8° 39' 52.7"; Via Macomer.　　　**max. WOMOs:** 3-4.
Ausstattung/Lage: Sanitärgebäude (verschlossen), Baumschatten, Pizzeria/im Ort.
Zufahrt: Von der SS 131 über Milis und Sant Lussurgiu nach San Leonardo, am Ortsbeginn rechts oder am Ortsende 2x links durchs Eisentor ins Picknickwäldchen.
Hinweis: Das Picknickwäldchen ist nur zu bestimmten Zeiten geöffnet.

Wasserfassen in San Leonardo de Siete Fuentes

Romanisches Kirchlein San Leonardo

100 m weiter geradeaus geht es bei einem **Brunnen** links zur Kirche, den **sieben Quellen** (die gibt es wirklich) und zu dem berühmten Picknickwäldchen.

Nicht nur gewaltige Flaumeichen, sondern für Sarden geradezu "exotische" Bäume wie Ahorn und Eschen breiten ein fast lückenloses Blätterdach über ihre Gäste. Toilette (verschlossen), Mülleimer, **Wasserhähne** mit dem berühmten Quellwasser und nachts tiefe Ruhe – denn hier ist die Sommerfrische der Sarden, hier will man sich erholen.

Vor allem wenn Sie das Glück haben, auch den Sonntag hier zu verbringen – dann können Sie die Sarden in ihrer Freizeit erleben. Komplette Großfamilien rollen an, bevölkern das Wäldchen und vor allem den benachbarten "Park der sieben Quellen", breiten Decken und Tücher aus, kühlen Wein und Melonen im Quellbächlein, essen und unterhalten sich, halten Siesta...

An der Durchgangsstraße haben Händler ihre Stände aufgeschlagen, verkaufen Andenken und Krimskrams, Kunstgewerbe, Kitsch und Süßigkeiten – und auf einem Grill bruzzelt "porcheddu" (Foto).

Die berühmten Spanferkelstücke, nur mit Brot und Tomatensalat, werden für uns ein unvergessliches Festmahl.

TOUR 11 ca. (130 km / 1 Tag)

Cuglieri – Punta di Foghe – Tresnuraghes – Turas – Bosa – Macomer – Nuraghe Santa Sabina

Freie Übernachtung:	Monte Ferru, Vittoria, Punta di Foghe, S'Abba Druche, Torre Argentina, Bosa (2x), Santa Sabina (Nuraghe).
Trinkwasserstellen:	»km 11« & »km 12« vor Cuglieri, Cuglieri, Sennariolo, Sindia.
Baden:	Punta di Foghe, Turas, Bosa Marina, S'Abba Druche, Torre Argentina.
Besichtigungen:	Tresnuraghes (San Marco), Bosa (Dom, Kastell, San Petro Extramuros), Macomer (Nuraghe Ruju), Santa Sabina (Kirche und Nuraghe).
Wanderungen:	Monte Ferru, Bosa (Altstadt, Kastell): Spaziergang.

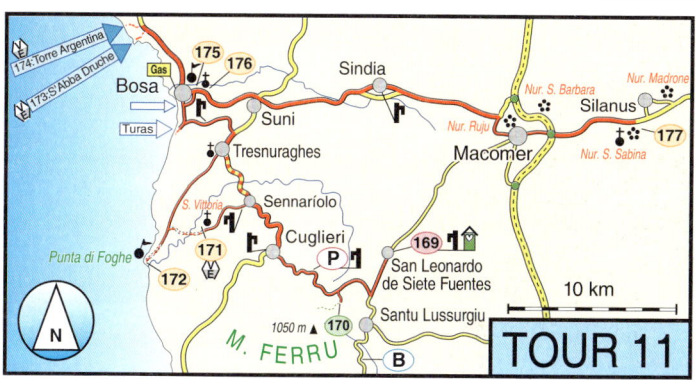

Wir fahren Richtung SANTU LUSSURGIU bis zur ersten Gabelung auf der Passhöhe zurück und biegen dort rechts ab nach CUGLIERI. Die Umgebung ist dicht bewaldet, Maronen, Oliven und frisch aufgeforstete Kiefernwälder wechseln einander ab; wenig später haben wir einen "Antennengipfel", den **Monte Urtigu**, vor uns. Aber auch andere Höhen ragen kahl und schroff aus der Macchie- und Weidelandschaft, die weiter oben die Wälder ablöst.

Sie wollen sich jetzt sicher ein wenig "die Beine vertreten" in frischer Bergluft!?

Dann biegen Sie mit uns 4,5 km seit der letzten Gabelung scharf links in ein schmales, löcheriges Asphaltwegle Richtung "RAI Radio-Televisione Italiana usw."

Bald stehen wir neben rot-weiß gestreiften Stahlriesen mit schönen Rundumblick.

(170) WOMO-Wanderparkplatz: Monte Ferru (Badde Urbara)
GPS: N40° 09' 27.5" E8° 37' 43.2"; 960 m.   **max. WOMOs:** 2-3.
Ausstattung/Lage: Wanderweg/außerorts.
Zufahrt: Von San Leonardo Richtung Cuglieri; 4,5 km nach der Einmündung in die SP 19 links (ausgeschildert).

Nach rechts beginnt der Wanderweg durch ein offenes Eisengittertor mit der Aufschrift "Ente foreste della Sardegna".

Nein, wir haben nicht die Absicht, Sie auf den höchsten Gipfel zu schleppen; es wird eine "optische Genusstour, die nur 1 Stündchen (hin & zurück) dauern wird.

Nach wenigen Schritten passieren wir eine geschlossene Schranke, rechts unterhalb liegt die Forststation.

Der Weg ist ein breiter geschotterter Fahrweg, er führt, vorbei an einer Plätscherquelle fast eben dahin. Mannshohe Baumheide dominiert, dazwischen wurde mit Kiefern aufgeforstet. Vor zerrissenen Felstürmen kurvt der Weg zu einem Sattel hinauf, verzweigt sich bei einer Steineiche.

Wir halten uns rechts, erreichen einen zweiten Sattel bei einem weiteren Sendemast und genießen den Blick hinab über CUGLIERI hinweg zum offenen Meer bei BOSA.

Hier beenden wir unsere Spaziergang und kehren auf dem gleichen Weg zurück. Wer das Ganze zu einer "richtigen" Wanderung ausweiten möchte, dem empfehlen wir wie immer den Rother Wanderführer, Tour 40.

Jetzt windet sich die Straße, wieder dichte Waldbestände durchquerend, wie ein verschlungener Dünndarm zu Tale. Zwischen

»km 11« und »km 12« plätschern zwei **Brunnen** im Schatten der Bäume, neben einem ist auch ein **Picknickplatz** angelegt.

Es ist ein urgewaltiges Gebiet, das wir durchfahren! Die wie abgekaute Bleistiftstummel emporragenden Bergstümpfe lassen den vulkanischen Ursprung des **Monte-Ferro-Massivs** deutlich erkennen.

Nun rollen wir direkt auf einen Felskamm zu, geformt wie ein Fischrücken. Er trägt die Ruinen des **Castello di Monte Ferro**. Kurz darauf blitzt silbern wie ein kugelförmiges Raumschiff die alle anderen Gebäude überragende Kuppel der **Kathedrale** von CUGLIERI herauf.

Gleich am Ortseingang rechts, beim Kriegerdenkmal mit der kleinen Kanone, wartet ein **Wasserhahn**, ein weiterer am Ortsende Richtung BOSA links.

BOSA – vielgerühmt wegen seiner Lage, seines Stadtbildes und seiner Strände, liegt bald vor uns. Wer es einsamer möchte, biegt in SENNARIOLO an der Kreuzung links (Wegweiser: Loc. Santa Vittoria), passiert nach 500 m einen Brunnentrog und landet nach gut 5 km auf schmaler, guter Asphaltbahn bei der Sosta Camper der Gaststätte "La Rosa dei Venti" mit allem Komfort. Und das Schönste: Wer im Restaurant einkehrt, genießt den Komfort auch noch gratis!

(171) WOMO-Stellplatz: "La Rosa dei Venti"
GPS: N 40° 12' 1.6" E 8° 30' 10.1"   **max. WOMOs:** > 5.
Ausstattung/Lage: V/E, Dusche, Strom, Liegewiese, Gaststätte/bei Einzelgebäude.
Zufahrt: In der Ortsmitte von Sennariolo links abbiegen noch 5 km (ausgeschildert).

Die Aussicht in knapp 280 m Höhe ist toll; was könnte das für ein Turm an der Mündung des **Rio Mannu** sein?

Aber bevor wir Ihnen diese Frage beantworten, laden wir Sie ins Restaurant ein, wo wir bereits, nicht billig, aber sehr lecker gespeist haben.

In der Gaststätte "La Rosa dei Veni"

Links unterhalb der Gaststätte führt eine Strada bianca zu Tale (Wegweiser: San Marco/Su Laccheddu), überquert den **Rio Mannu**, stößt nach dem Agriturismo auf eine asphaltierte Querstraße, die uns nach links zur **Punta di Foghe** mit dem bereits gesichteten **Torre di Foghe** führt (die letzten 1,5 km sind wieder Holperschotter).

Diesen Turm kann man erklettern – und hat dann einen noch besseren Blick in die Umgebung, entlang der felsig-steilen Küstenlinie und hinab zur Kiesmündung des **Rio Mannu**, zu der Badelustige wohl 100 m auf einem Mulisteig hinabkraxeln müssten, bis sie in felsgewaltiger Umrahmung schwimmen können.

(172) WOMO-Stell- und Badeplatz: Punta di Foghe

GPS: N 40° 10' 40.8" E 8° 27' 31.7"; 77 m.
max. WOMOs: 1-2.
Ausstattung/Lage: Bademöglichkeit 77 m tiefer/außerorts.
Direkte Zufahrt: In Tresnuraghes ca. 10 km nach Südwesten (Wegweiser: San Marco).

Punta di Foghe, Blick hinab zur Mündung des Riu Mannu

Unser Urteil: Ein ideales Plätzchen für aussichtsreiche Ruhetage und atemberaubende Sonnenuntergänge, für Badegäste zweite Wahl, nichts für Kinder!

Folglich wenden wir, wirbeln den Staub ein zweites Mal auf, durchqueren die öde Weidelandschaft, in der die steinernen Rundhütten der Hirten wie Mini-Nuraghen in der Einsamkeit stehen (Foto).

Am südlichen Ortsrand von TRESNU-RAGHES bewundern wir noch kurz ein winziges **Kirchlein**, das mit seiner Rundkuppel mit Knopf und den festungsartig abgestützten Mauern des Kirchenschiffes recht kriegerisch wirkt.

Dann schlängeln wir uns durch die Gassen des Ortes, halten auf BOSA MARINA zu.

Das Ortsende von TRESNURAGHES ist gleichzeitig der Ortsbeginn von MAGOMADAS. 300 m nach dem Ortsschild biegen wir links nach TURAS/BOSA MARINA, turnen in wilden Kurven hinab zur Küste.

Dort, wo wir auf den Strand treffen, gabelt sich die Straße. Wir halten uns links, fahren unterhalb des (geschlossenen) Hotels **"Turas"** in den Beginn einer Schlaglochpiste hinein (so weit man darf) [N 40° 16' 20.5" E 8° 29' 3.5"]. Zum violettbraunen **Sandstrand** geht man nur wenige Schritte.

Badestrand unterhalb des Hotels "Turas"

Unser provisorisches Plätzchen ist das ruhigste des gesamten Strandabschnittes! Ein weiteres findet man, wenn man Richtung BOSA rollt und rechts zur "Discoteka Paradise" abbiegt. Dort findet man eine ganze Zahl von Plätzen [N40° 16' 24.8" E8° 29' 08.5"], zum Teil mit Schatten – und auch nur 100 m vom Strand entfernt.

Fährt man weiter nach BOSA MARINA, dann stehen die Sonnenschirme schon 2-6-reihig auf dem braunen Sandstrand.

Am Badestrand von Bosa Marina

In der nächsten Gabelung nach 1400 m (der linke Ast ist für WOMOs gesperrt), liegt ein großer, geschotterter, ungemütlicher Parkplatz [N 40° 17' 3.8" E 8° 29' 0.2"] gegenüber dem Sandstrand, aber er ist der einzige für einen Badestopp.

Zwei wirklich gute Badeplätze (mit allem Camperkomfort) gibt's nordwestlich von BOSA – allerdings nicht gratis!

Um sie aufzusuchen, überqueren wir den **Temo-Fluss** Richtung ALGHERO. 3,8 km später erreichen wir die erste Area Camper **"S'Abba Druche"** [**173:** N 40° 18' 59.0" E 8° 28' 24.0"]. Außerhalb der Saison ist das Tor versperrt.

Der WOMO-Badeplatz **"Torre Argentina"** folgt 3,2 km später. Man holpert von der Asphaltstraße zur vielgestaltigen Küste hinab und kann dort seinen Stellplatz [**174:** N 40° 19' 36.0" E 8° 26' 27.0"] frei wählen (möglichst nicht in der Nähe des lauten Stromaggregates).

Gasfülltipp: Guido Ferralis in Bosa Marina (Via Sardegna 9) füllt deutsche Gasflaschen [N 40° 17' 27.0" E 8° 28' 45.7"] mit einer Wartezeit von 24 Std.

Sie wollen gar nicht baden, sondern BOSA unsicher machen? Dann können wir Ihnen (wer hätte es vermutet?) den wirklich schönen WOMO-Stellplatz von BOSA empfehlen.

Man schwenkt an der oben genannten Gabelung mit dem Schotterbadeplatz rechts nach BOSA und nach 1000 m nicht links Richtung ALGHERO/Badeplätze, sondern rechts, flussaufwärts, Richtung MACOMER. Nach weiteren 800 m zeigt das Hinweisschild nach links zum ruhigen Stellplatz direkt am Fluss, den man besonders auch für den Nachtschlaf empfehlen kann. Links vom Platz führt (wie praktisch) eine Fußgängerbrücke, direkt in die Altstadt.

(175) WOMO-Stellplatz: Bosa

GPS: N 40° 17' 41.1" E 8° 29' 57.1"; Via Giovanni Spano.   **max. WOMOs:** > 5.
Ausstattung/Lage: Fußgängerbrücke ins Zentrum/im Ort.
Zufahrt: Von Bosa Marina ca. 1000 m flussaufwärts, ausgeschildert.

BOSA liegt, malerisch am Hang und gekrönt von den wuchtigen Mauern des **Kastells Serravalle**, nördlich des **Temo**.

Zum Bosa-Stadtbummel überqueren wir die Fußgängerbrücke, flussaufwärts sichten wir die alte, dreibogige Trachytbrücke und den **Dom** mit den farbig glasierten Kuppeln und einem Glockenturm ohne Dach.

Wir tauchen ein in das Straßengewirr unter dem Burgberg, bewundern den mehrstöckigen **Marmorbrunnen** auf der Piazza Umberto I. von dem es herabtriefelt auf einen Sockel aus rotem Trachyt, wandeln unter den blühenden Mimosen auf der Piazza IV. Novembre, marschieren auf dem Corso Vittorio Emanuele zum Dom...

Alle Straßen sind fein säuberlich mit faustgroßen, runden Flusskieseln gepflastert, ihre obere Hälfte glänzt durch die Abnutzung wie mit Speckschwarte eingerieben – und nur in der Straßenmitte verlaufen parallel zwei Streifen schwarzer, flacher Steinplatten – wohl früher zur Schonung der Ohren gedacht bei den eisernen Kutschenrädern, heute sind die Stoßdämpfer dankbar.

Am **Dom** finden wir eine Gasse, die bergauf führt, Richtung **Kastell**. Im Zickzack tasten wir uns immer weiter aufwärts – am besten, man fragt an jeder Gabelung eine der alten Omas, die vor den Häusern sitzen, ihre Gasse gut "unter Beobachtung" haben und,

wie nebenher, zierliche Stickereien fertigen.

Wie erwartet, hat das **Kastell** eine hervorragende strategische Lage: Der Dom, die Altstadt von BOSA, der **Temo** hinab bis zu seiner Mündung bei BOSA MARINA – alles liegt unter uns, und wir genießen eine Aussicht wie von einem Adlerhorst. Das Kastell selbst umrunden wir wie erfolglose Freibeuter. Es ist nach den Restaurierungsarbeiten wieder geöffnet von 10.00-13.00/ 15.15-18.30 Uhr.

Zurück an der alten Brücke, marschieren wir unter Palmen flussabwärts, bestaunen die Fertigkeiten der Netzeflicker und Reusenflechter, deren Produkte weit größer sind als sie selbst, kehren über die Fußgängerbrücke zum WOMO zurück.

Ein schönes Motiv: Die Häuserfront amTemo-Fluss

Mit dem WOMO rollen wir zur alten Brücke (für den Fahrzeug-verkehr gesperrt), halten uns vor ihr rechts und kurven ein schmales Teersträßchen etwa 1,5 km den **Temo** hinauf bis zur **Kirche San Petro Extramuros**. Eine Schafherde kommt uns entgegen – der Hirte treibt sie, laut schreiend, aus einem Fiat 500 an! Vor der Kirche liegt ein großer, ruhiger Stellplatz.

(176) WOMO-Stellplatz: Bosa (San Petro Extramuros)
GPS: N 40° 17' 21.7" E 8° 31' 9.9"; Via San Pietro.   **max. WOMOs:** 2.
Ausstattung/Lage: Schattiger Rastplatz hinter der Kirche/Ortsrand.
Zufahrt: Von Bosa ca. 1500 m flussaufwärts, ausgeschildert.

Der **"Heilige Petrus außerhalb der Mauern"** ist ein beeindruckendes Bauwerk in rotem Trachyt, die Front ist durch drei frühgotische Bögen aufgelockert, über dem mittleren und in den zwei seitlichen lassen Rundfenster Licht ins Kirchen-innere. Das kleine Türmchen über dem Giebel sieht aus, als hätte es Darmver-schlingungen. Aber das sind alles spä-tere An- bzw. Umbauten. Das Kirchen-schiff aus dem XI. Jahrhundert hat in seiner archaischen Einfachheit den frühromanischen Charakter bewahrt (offen: 10-13/15.30-18 Uhr).

Wir verlassen BOSA Richtung MACOMER. Sofort schraubt sich die Straße in Serpentinen den Hang empor, die Kunster-zieher von BOSA haben offensichtlich den Malunterricht an die Betonstützmauern verlegt und die Schüler haben sehenswerte "murales" produziert.

Bald schon liegt, wie aus Streichholzschachteln zusammenge-setzt, das Dörfchen MODOLO unter uns. Rote Trachytfelsen flankieren unseren Weg, bis wir bei SUNI die tafelartige Hoch-fläche **Altopiano Campeda** erreicht haben: Gelbe Wiesenflä-chen ziehen vorbei, Handlesemauern, ab und zu Olivenbäume oder Feigensträucher, die aus den Mauern herauswachsen – und immer wieder die Schmalspurbahn MACOMER – BOSA, deren Trasse wir mehrfach kreuzen.

SINDIA wird durchquert (nicht die Umgehungsstraße benut-zen!), ein Parkplatz mit **Wasserhahn** findet sich am Ortsende rechts gegenüber dem Friedhof, die Straßenbiegung dahinter wird bewacht vom **Nuraghen Montecódes**, der sich, wenn man sein hohes Alter bedenkt, ausgezeichnet gehalten hat. Gegenüber liegt die Zufahrt zum ehemaligen Zisterzienserklo-ster **Santa Maria di Corte**.

Man kann sich den Abstecher sparen! Das Kirchlein kann nicht besichtigt werden und ist zudem durch einen unüberwindbaren Zaun aus säbelspitzen Eisenstangen weiträumig abgeschirmt. Kurz vor MACOMER gabelt sich die Straße. Links führt sie nach SASSARI, rechts geht's nach MACOMER. Wir biegen rechts und nach 200 m wieder links, hinab zu einem Krankenhausgelände. Parkt man am Ende der Straße [N 40° 16' 38.5" E 8° 46' 13.7"], dann kann man leicht den Weidehang zum **Nuraghen Ruju** (Ruggiu) hinaufsteigen, den Sie längst entdeckt haben.

Schon wieder ein Nuraghe?

Weniger und gleichzeitig mehr – nur ein halber!

Der halbe Nuraghe Ruju

Er wurde längs abgetragen oder ist einseitig eingefallen, so dass man wie in einem Längsschnitt die Geheimnisse der urtümlichen und doch genial-stabilen Konstruktion vor Augen hat: Die gewaltige Mauerdicke, den zuckerhutförmigen Innenraum und die bogenförmige Treppe, die in der Wandung im Halbkreis zur Plattform hinaufführt.

Im Weidegelände gibt's weitere Überraschungen. Nach und nach entdekken wir vier "domus de janas", Höhlengräber mit langem, nicht überdachten Zugang (dromus) und verzweigtem Innenraum zu mehreren Grabkammern (Foto).

In der Saison: Zugang nur gegen Gebühr.

Wir "go and stoppen" im Feierabendverkehr durch MACOMER Richtung NUORO, unterqueren die Schnellstraße SS 131, während die Sonne im Rückspiegel blutrot den Horizont berührt.

Good timing!

6 km weiter östlich, bei »km 85,5«, biegen wir rechts ab (Wegweiser: **Santa Sabina**) und parken direkt neben dem kleinen archaischen **Kirchlein**, benachbart dem gleichnamigen **Nuraghen** (oder, noch besser, auf der Wiese davor).

Das Kirchlein Santa Sabina mit dem gleichnamigen Nuraghen

Hier glauben wir, ein völlig ruhiges Schlafplätzchen gefunden zu haben, sitzen noch zusammen bei einem "Gute-Nacht-Schlückchen". Völlig unerwartet ein heftiges Klopfen an der WOMO-Tür, wir schrecken fast zusammen. Zwei junge Männer reden auf uns ein – wir verstehen zunächst kein Wort. Da zückt einer seinen Ausweis: Kommunale Kontrolle. Wir revanchieren uns mit einem Reisepass. „Aha, Deutsche!" und man zieht zufrieden von dannen, nicht ohne uns vorher noch auf den "viel höheren" **Nuraghen Madrone** am östlichen Stadtrand von SILANUS "scharf" zu machen.

(177) WOMO-Stellplatz: Nuraghe Santa Sabina
GPS: N 40° 16' 32.5" E 8° 52' 59.4"; 379 m.　　　　　**max. WOMOs:** 2-3
Ausstattung/Lage: keine/außerorts.
Zufahrt: Von Macomer ca. 10 km auf der SS 129 nach Osten (Richtung Nuoro).

TOUR 12 (ca. 160 km / 1-2 Tage)

Silanus – Nekropole S. Andria Priu – Nuraghe Santu Antine – San Pietro – Thiesi – Alghero – Lazzaretto

Freie Übernachtung:	u. a. Picknickplatz Parco Pabude, Punta Palai, Rebeccu, San Pietro, S. Andria Priu, Spiaggia Lazzaretto.
Trinkwasserstellen:	Bolotana, Bonorva, S. Andria Priu, S. Lucia (Mineralwasser), Thiesi, Ittiri.
Campingplätze:	Alghero (2x).
Baden:	südlich und nördlich Alghero (Lido), Spiaggia Lazzaretto.
Besichtigungen:	u. a. Nuraghe Madrone, San Andria Priu (Nekropole), Santu Antine (Nuraghenfestung), San Pietro di Sorres ("Zebra"-Kathedrale), Mandra Antine, Santu Pedru, Alghero.
Wanderungen:	Punta Palai, Mandra Antine (Spaziergang).

Am nächsten Morgen, nach einem gemütlichen Frühstück mit Blick auf das eigentümliche romanische Kirchlein und den Nuraghenstumpf, schreiten wir zur Besichtigung: Das Kirchlein ist, wie erwartet in einsamer Umgebung, verriegelt und verrammelt, den Nuraghen kann man jedoch auf der Treppe ersteigen, deren Konstruktionsmerkmale wir am Vorabend beim **Nuraghen Ruju** augenfällig begreifen konnten. Auch in allen weiteren Einzelheiten gleicht er dem halbierten Nuraghen wie allen "Einfachnuraghen" ohne nachträgliche Verstärkung durch "Tochternuraghen" (Zugang jederzeit möglich).

Natürlich müssen wir auch noch einen Blick auf den Nuraghen unserer Freunde vom gestrigen Abend werfen (am besten fahren Sie dazu die SS 129 1,3 km weiter nach Osten, schlagen in SILANUS an der Vorfahrtsstraße einen Haken nach rechts und parken nach 600 m links in einem Feldweg [N 40° 17' 24.8" E 8° 54' 2.6"]!

Der zweistöckige Nuraghe Madrone

Von hier aus kann man zwei völlig verschiedene, aber gleich wichtige Dinge unternehmen: Zunächst stapfen wir natürlich den mageren Weidehang hinan (Taschenlampe nicht vergessen!), überwinden einen Stacheldrahtzaun und einige Mäuerchen, um schließlich den zweistöckigen **Nuraghen Madrone** zu stürmen. Zwei tütenförmige Gewölbekuppeln sind vollständig erhalten und die um sie herum in der Wandung zur Plattform führende Ringtreppe. Die mächtigen Steinklötze, aus denen das Bauwerk errichtet wurde, waren wohl späteren Generationen viel zu schwer, so blieb der Koloss mit seinem rotgoldenen Flechtenbewuchs an der Nordseite gut erhalten.

Zum WOMO zurückgekehrt schnappt sich jeder eine Plastik-schüssel – und pflückend und schmatzend gehen wir den linken Rand der Straße weiter bis zum Bahnübergang – denn sein Hang ist überwuchert mit riesigen Brombeerhecken, die über und über mit schwarzglänzenden, aromatischen Beeren behängt sind. Magen und Schüsselchen sind bald gefüllt, und jeder komponiert sich in Gedanken schon für den Abend eine eigene Gaumenorgie aus Beeren, Zucker, Joghurt, Sahne ....

Wir fahren auf der SS 129 weiter nach Osten Richtung NUORO, bald ist auch BOLOTANA angezeigt.

Durch dieses Städtchen schrauben wir uns hinauf zur **Catena del Marghine**, einer Mittelgebirgskette, von deren höchstem Gipfel, der **Punta Palai** (1200 m), wir mit Ihnen die Aussicht genießen wollen.

Zunächst lassen wir Mensch und Maschine 1000 m nach dem Ortsende beim schattigen Picknickplatz mit **Brunnen** [N40° 20' 24.4" E8° 56' 59.8"] unter einer Trauerweide ausruhen, dann gewinnt die Straße in zwei langgestrecken Serpentinen weiter an Höhe, zieht durch grüne Stein-/Korkeichenwälder auf dem Kamm nach Westen.

Bei »km 40,5« sichten wir rechterhand den riesigen **Picknick-platz** "Parco Pabude" mit großem Parkplatz gegenüber.

(178) WOMO-Picknickplatz: Parco Pabude

GPS: N40° 21' 21.4" E8° 55' 08.4"; 1000 m.　　　　　**max. WOMOs:** > 5.
Ausstattung/Lage: Baumschatten, Liegewiesen, Kinderspielplätze, Grillstellen, steinerne Tische & Bänke/außerorts.
Zufahrt: Von Bolotano auf der SP 17 bis »km 40,5«.

Knapp 2 km weiter, bei »km 42,3«, zeigt ein Schildchen nach links zu einem "Campo tiro", nur wer seinen Hals noch weiter verrenkt, sieht den massiven Felsstein mit der gesuchten

Aufschrift zur **Punta Palai**, der wir folgen.

Nach 600 m halten wir uns links, nach 2300 m rechts, haben bald das Ende der Asphaltbahn erreicht, wo ein ebener Wiesenplatz mit Schafherdengebimmel, Vogelgezwitscher und Steineicheneinparknische auf uns wartet.

(179) WOMO-Wanderparkplatz: Punta Palai

GPS: N40° 20' 23.0" E8° 55' 17.3"; 1163 m.   **max. WOMOs:** > 5.
Ausstattung/Lage: Baumschatten, Liegewiese, Wanderweg/außerorts.
Zufahrt: Von Bolotano auf der SP 17 bis »km 42,3«, dort links, nach 2,3 km rechts.

Spaziergang auf die Punta Palai
(hin & zurück 20 min.)
Auf der Schotterpiste sind es hinauf zu den zwei Feuerwächtertürmen noch nicht einmal 10 min. Dort warten außerdem eine äußerst massive Tisch-Bank-Kombination auf "erschöpfte" Wanderer sowie kleine Kletterfelsen, um den Blickgenuss in die Tiefe noch zu steigern.

Das schönste an diesem Plätzchen aber ist die Frische und die Ruhe, die wir ausgiebig genießen. Der Nachtschlaf könnte höchstens durch vorbeibimmelnde Schafe gestört werden.

Zurück auf der SP 17 führt 400 m weiter links ein Parallelweg (Wegweiser: Badde Salighes) zu dem Hotelrestaurant "Borgo Antico" mit großem Parkplatz und schließlich zurück zur Hauptstraße, auf der wir zu Tale rauschen und die Schnellstraße SS 131 Richtung SASSARI entern.

Wir überqueren die 600 m hohe Ebene **Altopiano Campeda** nach Norden, verlassen sie und die Schnellstraße bei »km 162«, durchqueren BONORVA, den Verlauf der Hauptstraße erahnend; erst am Ortsende Touristenwegweiser **"San Andria Priu"** (und links **Brunnen**).

Zwischen ausgewaschenen Felswänden brausen wir hinab in ein weites Tal (schöner **Picknickplatz** mit **Brunnen** [N 40° 25' 53.0" E 8° 46' 17.0"] links am Wege).

Nach rechts machen wir einen Abstecher nach REBECCU, um die "Fonte Nuragica Su Lumarzu" zu finden.

(180) WOMO-Wanderparkplatz: Rebeccu

GPS: N40° 25' 25.3" E8° 48' 30.4"; 407 m.   **max. WOMOs:** 2-3.
Ausstattung/Lage: Gaststätte im Ort, Wanderweg/Ortsrand.
Zufahrt: Von Bonorva auf der SP 43 Richtung San Andria Priu, im Tal rechts.

Spaziergang zur Fonte Nuragica Su Lumarzu (hin & zurück 20 min.)

Auf dem Dorfplatz wenden wir uns rechts, schön gepflastert, beleuchtet, an der Hangkante entlang - und verlaufen uns gottserbärmlich! Hier unser Dank an Pietro, der uns 600 Schritte nach dem Ende des Pflasterweges die schmale, wirklich kaum sichtbare Abzweigung nach links zur Quelle aus nuraghischer Zeit (3000 v. Chr.) gewiesen hat. Übersehen Sie nicht den "steinalten" Backofen am Beginn der Anlage.

Fonte Nuragica Su Lumarzu mit Pietro

Gut 5 km nach BONORVA, bei »km 5,9«, halten wir uns bei einem schönen, alten, gusseisernen Wegkreuz rechts (Wegweiser: **"Grotte de San Andria Priu"**).

Zunächst ist das Sträßchen 2 km geteert, ab dem weißen **Kirchlein Santa Maria** rumpeln wir noch 600 m auf Schotter, parken 150 m hinter der Anlage rechts. Die Anlage ist "touristenfreundlich" mit Wachpersonal und Billethäuschen ausgestattet; offen: 10-13/15-18 Uhr).

Wir bekommen zunächst die frei zugänglichen bzw. erkletterbaren Felsengräber gezeigt, werden auf den Hangrücken hinaufgeführt, wo der berühmte "steinerne Riesenschemel" steht, den man sich, falls man sich einen Kopf dazudenkt, auch als steinernen Löwen vorstellen

kann (Foto), obwohl er vermutlich einen Stier darstellen soll.

Dann aber wird das Tor zum "Häuptlingsgrab" geöffnet (Foto). Ein kurzer Vorraum, in dessen Boden halbkugelige Näpfe für Speiseopfer eingemeißelt

sind, weist auf den Glauben der Erbauer an das Weiterleben nach dem Tode hin. Die folgenden zwei Räume werden von je zwei Säulen "abgestützt". Die Erbauer hatten aber keineswegs Angst, von der massiven Steindecke erschlagen zu werden. Sie imitierten vielmehr, wie auch in anderen Punkten, zum Beispiel durch eingemeißelte Türrahmen, Scheintüren und angedeutetes Dachgebälk, die besonderen Merkmale ihrer eigentlichen Behausungen.

Die zwei in den Stein gehauenen Kistengräber im Vorraum, der Verputz, der an manchen Stellen der Decke auch Verzierungen aufweist, sowie der quadratische Lichtschacht (der oben neben dem kopflosen Löwen endet) und die halbkreisförmige Apsis im hinteren Säulenraum zeigen, dass das Grab später, in frühchristlicher Zeit, weiter genutzt wurde, diesmal als Felsenkirche – eine recht geschickte Methode, heidnischen Glauben in "die richtigen Bahnen" zu lenken.

Fährt man 700 m weiter, dann findet man, direkt hinter einem Bächlein, den **Picknickplatz** "Parco Mariani" mit **Brunnen**.

(181) WOMO-Picknickplatz: Parco Mariani

GPS: N40° 25' 04.7" E8° 51' 10.7"   max. **WOMOs:** 2-3.
Ausstattung/Lage: Baumschatten, steinerner Tisch & Bank, Brunnen/außerorts.
Zufahrt: Von San Andria Priu noch 700 m dem Fahrweg folgen, wobei man eine frei zugängliche Grabstätte passiert.

Wir kehren zur Landstraße mit dem alten Kreuz zurück, halten uns rechts, müssten schon 2,8 km später links Richtung SS 131 abbiegen. Wir machen aber einen 1000 m-Abstecher zur Mineralwasserfabrik "Santa Lucia", wo man links vor dem Tor kostenlos echtes Mineralwasser zapfen kann.

Aus dem ebenen Weideland ragen linkerhand wie halb versunkene Riesenschlote die **Nuraghen Oes** und **Santu Antine**. Wir zwängen uns nicht links auf das kleine Parkplätzchen, sondern parken rechts neben dem langen Tränktrog [N 40° 29' 16.8" E 8° 46' 18.1"] – dort ist es eindeutig gemütlicher.

Santu Antine ist kein einfacher Nuraghe! Es ist eine ganzes Nuraghen-Puzzle, von den Militärarchitekten der Steinzeit zu einer wohl uneinnehmbaren Festung zusammengesetzt: Ein Nuraghendreieck, durch gigantisches Mauerwerk verbunden, umschließt den Hauptnuraghen.

Nuraghenfestung Santu Antine

Nur ein vergleichsweise winziger Zugang, versehen mit einer "Pförtnerloge", die sicher nicht von einem friedlich-freundlichen, älteren Herrn besetzt war, sondern von einem grimmigen Rambo, leitet die Besucher in den großen Innenhof mit dem überlebenswichtigen Brunnen. Von diesem "Sammelplatz" sind alle Bereiche der Festung auf kürzesten Wegen zu erreichen, und im Notfall mit frischen Kräften zu versorgen.

Der dreistöckige Zentralturm dürfte einst 22 m über die Ebene geragt haben – leider brauchten die Bewohner von TORRALBA im letzten Jahrhundert eine neue Schweinetränke ....

Die Festung kann täglich von 8.30-20.15 Uhr besichtigt werden und kostet Eintritt.

Wie eine Glucke von ihren Küken ist die **Nuraghenfestung** von den Grundmauern eines **Nuraghendorfes** umgeben, alles wiederum umringt von einer Wehrmauer. Wie viele Menschen werden wohl hier, im Schutze der Burg, gelebt haben?

In Sichtweite der Festung erspähen wir im weiten Land, von den Touristikmanagern **Valle dei Nuraghi** genannt, bereits zwei weitere Nuraghentürme, die so wirken, als hätten spielende Kinder ihre Sandeimer umgestülpt.

Bei unserer Weiterfahrt unterqueren wir die SS 131 Richtung ALGHERO. Kurz vor THIESI, bei »km 3,6«, biegen wir rechts ab (Wegweiser: BORUTTA); steil steigt die Straße den Hang hinauf, und bereits 1,8 km später, in einer scharfen Linkskurve, zweigen wir wieder rechts ab nach **San Pietro di Sorres**, das bereits vor uns auf einem Hügelrücken prunkt (Fotos).

Die **Kathedrale** neben dem **Frauenkloster** wurde bereits im XI. Jahrhundert begonnen. Trotzdem macht das Bauwerk auf uns einen "jugendlichen Eindruck". Liegt es an den "modernen" schwarz-weißen Mustern der Fassade – Scheiben, Dreiecken, Rauten, an dem zebragleichen Wechselspiel der schwarzen und weißen Säulenblöcke oder am schwarzen Trachytmaterial der Kreuzrippengewölbe, deren Fugen wiederum weiß abgesetzt sind?

Der riesige Parkplatz vor der Kirche eignet sich gut als ruhiger **Übernachtungsplatz**.

(182) WOMO-Stellplatz:
San Pietro di Sorres
GPS: N 40° 31' 10.4" E 8° 44' 53.4"
max. WOMOs: 2-3.
Ausstattung/Lage: Brunnen hinter der Mauer/außerorts.
Zufahrt: Vom Nuraghen S. Antine Rtg. Thiesi. Rechts Rtg. Borutta, dann wieder rechts.

Wir halten im Zentrum von THIESI zum Einkauf (inzwischen gibt es auch eine Ortsumfahrung). Drei Opas sitzen auf kleinen Hockern auf dem Bürgersteig, diskutieren den Wandel der Welt. Ich frage nach dem "Alimentari" und werde in gutem Französisch zur nächsten Tür geschickt. Man kommt, wie üblich in kleinen Ortschaften ohne Tourismus, ohne Reklame und Schaufenster aus, führt aber von der Salami bis zum

Toilettenpapier alles, was ein Tante-Emma-Laden bieten muss. Bei der Rückkehr zum WOMO hält mir der Alte stolz "seinen" DuMont-Führer unter die Nase – mit einer Widmung des Autors, war er doch früher der Begleiter zu dem **Höhlengrab Mandra Antine**, unserem nächsten Ziel.

Jetzt genießt er die Ruhe auf seinem Stühlchen, begleitet uns aber sehr freundlich zur Via Demartini 3 (direkt an der Hauptstraße), wo sich uns die Tochter des Hauses Porqueddu als Begleiterin zum elterlichen Grundstück mit dem Höhlengrab anschließt. Wir durchqueren THIESI (Ortsmitte rechts **Wasserhahn** neben Springbrunnen), dann geht es steil in zwei Serpentinen hinab (danach nochmals rechts ein **Brunnen** mit Viehtränke). 2,5 km unterhalb THIESI zweigen wir von der »SS 131 bis« nach links Richtung ROMANA ab. Nach genau 2,5 km seit dieser Abzweigung sichten wir im Vorbeifahren einen gewaltigen **Brunnen** [N 40° 30' 58.0" E 8° 40' 26.2"] mit zwei Tränkbecken unter schattenspendenden Eukalyptusbäumen, dann, nach knapp 5,4 km seit der Abzweigung, weist uns ein gelbes Schild **"Mandra Antine"** halbrechts in einen zum Teil recht schmalen (**?**) Schotterweg, dem wir 1,1 km bis zum nächsten gelben Schild folgen. Hier wenden wir (sehr knapp!) und parken rechts vor einem Eisengittertor [N 40° 30' 44.6" E 8° 37' 55.8"]. Größere WOMOs sollte man an der Asphaltstraße parken; 1,1 km sind ein schöner Spazierweg!

Neben einem Maschendrahtzaun stolpern wir nun noch 200 m hinter unserer Führerin bis zu einem locker bewaldeten Felshang, an dem ein scharfes Auge schon den rot gestrichenen Beton einer Schutzüberdachung erspäht, die das bemalte Grab vor der Witterung und vor "Grabschändern" schützen soll.

Auch durch das Gittertor können wir die wesentlichen Teile der Bemalung in rotbrauner Farbe erkennen, die wohl stilisierte Stierhörner darstellen soll. Eine Begleitung ist folglich für Sie nicht unbedingt erforderlich.

Außer dem bemalten Grab haben wir beim Herumstöbern am Hang noch drei weitere, unbemalte entdeckt und die Fledermäuse darin aufgeschreckt: Zwei kleinere, einfache Grabkammern mit beschwerlicher "Hühnerstallöffnung" und ein größeres, das in seiner verzweigten Form dem von **San Andria Priu** ähnelt.

Wir bringen unsere Begleiterin wieder nach THIESI zurück und treten das Gaspedal etwas weiter durch – denn bis zum Abend wollen wir in ALGHERO sein.

Der einsame **Stausee Bidighinzu** zieht an uns vorbei. Baden ist hier nicht möglich, denn im Sommer fließt kein Tropfen mehr zu, das stillstehende Wasser verschmutzt zunehmend – auch wenn der Wasserspiegel aus der Ferne frisch und blau wirkt. Steile Berghänge begleiten unseren Weg. Auch bei ihren Gipfeln weiß man nie, ob sie von natürlichen Felsmauern oder einem Nuraghen gekrönt sind. Hinter ITTIRI, bei »km 30,5« und «km 32,3» zwei gut anfahrbare **Brunnen** rechts (der erste mit Parkplatz), dann der **Stausee di Cuga**. Ein letzter Hügelrücken, bevor die Ebene von Alghero beginnt.

Aufpassen! Der Straßenverlauf beim **Höhlengrab Santu Pedru** wurde verlegt, da man ein zweites Grab freigelegt hat. Man passiert am besten die Anlage und stößt dann rückwärts in das alte Straßenstück hinein [N 40° 37' 22.9" E 8° 24' 11.4"].

Die Anlage am Fuße des Hügels aus rotem Trachyt ist sehr fotogen: Neben dem langen, nicht überdachten Zugang zu den Grabkammern blühen Agaven. Von diesem "dromos" führen Stufen durch einen kleinen, fensterartigen Durchbruch – Fensterrahmen und Fenstersturz sind auch hier nachgeahmt – hinein in die Hauptkammer mit zwei quadratischen Säulen, von der wiederum Fensterdurchbrüche den Zustieg zu den seitlichen, eigentlichen Grab-

Höhlengräber Sant Pedru I & II

kammern ermöglichen – ein besonders sehenswertes, und dabei auch noch äußerst bequem zu erreichendes Bauwerk (inzwischen mit Gittertor versperrt)! Eine weitere, frei zugängliche Grabkammer liegt unterhalb.

Unsere Straße führt direkt auf den Hafen von ALGHERO zu. Dort links, vor den Anlegestellen der Jachten (oder rechts der Strandstraße [N 40° 33' 44.6" E 8° 18' 57.2"]), findet man noch

Alghero; Stadtmauer mit Torre La Maddalena

am ehesten einen Parkplatz (allerdings ist es offiziell für WO-MOs verboten!) und den Ausgangspunkt für einen abendlichen Stadtbummel durch die **Altstadt**.

Vor uns ragen die gewaltigen **Stadtmauern** hoch. Vor ihrem vordersten Eck, der **Bastione della Maddalena**, fahren die Boote zur Neptunsgrotte ab. Davor, neben dem Bunker, wartet ein gusseiserner **Wasserspender**.

Wir lassen uns durch die belebten Gassen der "Algenstadt" treiben, die ganz im Zeichen des Korallenschmuckes steht – in jeder Form und Größe – und zu jedem Preis. Aber auch von den vielen tausend anderen Dingen, die des Touristen Herz höher schlagen lassen, quellen die Auslagen über.

An der Landseite hat die Stadtmauer dem "Fortschritt" längst weichen müssen, lediglich die massigen Rundtürme markieren ihren ehemaligen Verlauf. Wir landen an der Südwestecke, auf der baumbestandenen Via XX. Settembre, wo hunderte von Vögeln in den Zweigen zwitschern und das **Aquarium** auf unseren Besuch wartet.

Jetzt werden wir von unseren Kindern unbarmherzig zum Vergnügungspark am Hafen geschleppt, müssen Achterbahn und Autoscooter über uns ergehen lassen – und haben noch keinen Schlafplatz!

Südlich von ALGHERO haben wir ein kleines **Badeplätzchen** entdeckt. Es liegt 1500 m südlich des Hafens am Ortsausgang beim Hotel "Calabona" [N 40° 32' 45.0" E 8° 19' 15.2"].

Den Strandabschnitt nördlich von ALGHERO, den Lido, kann man vergessen! Die pinienbewaldeten Dünen hinter dem feinem Sandstrand sind zwar optisch eine Wucht, und die Besucherdichte lässt nördlich des **Campingplatzes** "La Mariposa" [**183:** N40° 34' 46.6" E8° 18' 44.1"] auch deutlich nach – das WOMO muss jedoch an der belebten Durchgangsstraße jenseits der Dünen geparkt werden.

Am besten steht man noch, links der Straße und unmittelbar am Strand, direkt vor dem Kreisverkehr nach FERTILIA [N 40° 35' 36.0" E 8° 17' 42.4"]. Das ist aber nichts für die Nacht, zumal wenige Schritte weiter der nächste **Camping** "Calik Blu" [**184:** N40° 35' 41.3" E8° 17' 28.1"] auf Sie wartet!

Wir tuckern also weiter, überqueren vor FERTILIA den **Stagno di Calich** neben der alten, verfallenen, aber ach so fotogenen Römerbrücke (Foto), halten weiter nach Westen.

Zwischen der **Punta Negra** und dem **Capo Galera** liegen, in die Felsküste eingesprenkelt, kleine Sandbadebuchten. Tagsüber sind sie ziemlich überlaufen, nachts überrascht man höchstens ein Pärchen im Auto.

Wir benutzen die Abfahrt zum **"Hotel dei Pini"** bei »km 44,1«, die man auch im Dunkeln findet, passieren nach 100 m die **Area Sosta** "Park Paradise" mit Camperservice [**185:** N 40° 35' 26.9" E 8° 15' 21.0"], halten uns an der nächsten Querstraße rechts und nehmen dann die einzige Straße nach links zum Strand (der Rest ist eingezäunt).

(186) WOMO-Badeplatz: Spiaggia Lazzaretto
GPS: N 40° 34' 57.0" E 8° 14' 47.3"   **max. WOMOs:** 3-4.
Ausstg./Lage: Sandstrand, saisonale Gebühr, Strandbar, Camp. verboten/außerorts.
Zufahrt: Von Alghero ca. 10 km nach Nordwesten bis »km 44,1«, dort links.

Hier, am **Lazzaretto-Strand**, können Sie völlig ruhig stehen, am nächsten Morgen noch frühstücken und baden – und wenn der Gästestrom anrollt, sind Sie längst wieder auf Achse.

Grotta di Nettuno – Porto Ferro – Lago Baratz – Palmadula – Argentiera – Stintino – Capo Falcone

Freie Übernachtung:	Mugoni, Spiaggia la Stalla, Tramariglio, Capo Caccia, Porto Ferro, Lago Baratz, Argentiera, Pazzona, Capo Falcone.
Trinkwasserstellen:	Mugoni, Palmadula, Biancareddu, Pozzo S. Nicola.
Campingplätze:	"Torre del Porticciolo", Porto Palmas.
Baden:	u. a. Mugoni, Porto Palma, Argentiera, Porto Ferro.
Besichtigungen:	u. a. Nuraghe Palmavera, Capo Caccia, Grotta di Nettuno, Lago Baratz, Argentiera (Bergwerksruinen).
Wanderungen:	Fußweg zur Neptunsgrotte, Lago Baratz, Capo Falcone.

KARTE TOUR 13

Besonders Bequeme besteigen in ALGHERO ein Bootchen und lassen sich zum Eingang der **Neptunsgrotte** schaukeln. Wir benutzen den Landweg – und haben dann noch eine gehörige Joggingstrecke vor uns ...
Kaum sind wir von unserem Strandplätzchen **Spiaggia Lazzaretto** zur »SS 127 bis« zurückgekehrt und dort links eingebogen, müssen wir schon wieder aufpassen, denn bei »km 45,2«

Nuraghe Palmavera

wartet an der Straße rechts der **Nuraghe Palmavera** mit einem
ganzen **Nuraghendorf** auf unseren (kostenpflichtigen) Besuch.
Zwei zusammengewachsene, obwohl baulich verschiedene
und aus unterschiedlicher Zeit stammende Türme bilden das
Zentrum der **Festungsanlage**, die aus gewaltigen Trachyt-
und Kalksteinblöcken aufgetürmt ist. Von der Plattform hat man
eine schöne Aussicht über die umliegende Landschaft aus
Weinbergen, Oliven- aber auch Kiefernpflanzungen, und der
Name des Nuraghen erklärt sich dabei von selbst – eine
Zwergpalme wächst dort oben.

Nach einem kurzen Rundgang zwischen den Grundmauern
des ehemaligen Nuraghendorfes – wir sind inzwischen etwas
nuraghenmüde – setzen wir unseren Weg zur **Neptunsgrotte**
fort – und bleiben bald darauf in einem Stichweg zur **Bucht
Porto Conte** zwischen Eukalyptus- und Pinienästen stecken.
Die Ostseite der Bucht hat ordentlichen **Sand-/Kiesstrand**,
eine ganze Reihe von schmalen Zufahrten – und ist schön dicht
bewaldet – leider manchmal zu dicht....

Wir wühlen uns rückwärts aus der Sackgasse und finden bei
MUGONI eine geteerte Zufahrt zu einer (gebührenpflichtigen)
Parkplatzwiese am Rande der Küstenpineta.

(187) WOMO-Badeplatz: Mugoni
GPS: N 40° 36' 59.9" E 8° 12' 28.8"   **max. WOMOs:** > 5.
Ausstattung/Lage: Sandstrand, WC, Dusche, Mülleimer, hohe Gebühr/außerorts.
Zufahrt: Von Alghero ca. 16 km nach Nordwesten bis zur Bucht Porto Conte.

Wer auf diesen Komfort verzichten kann, findet 600 m später
die Einfahrt zur **Spiaggia la Stalla** (bei einem großen Um-
spannhäuschen). Die geschotterte Einfahrt führt zu einem
großen Parkplatz neben einer Pizzeria.

(188) WOMO-Badeplatz: Spiaggia la Stalla
GPS: N 40° 37' 10.4" E 8° 12' 10.8"   **max. WOMOs:** 3-4.
Ausstattung/Lage: Sandstrand, Pizzeria, Mülleimer/außerorts.
Zufahrt: 600 m nordwestlich der Einfahrt Mugoni.

Viel einsamer geht es an der Westseite der Bucht Porto Conte zu, denn dort ist der Strand zumeist felsig - aber es gibt Ausnahmen!

Bei »km 4,5«, kurz hinter TRAMARIGLIO, schwenken wir links in ein Asphaltsträßchen (Wegweiser: Overing Diving Center), biegen am Meer beim "Club nautico Capo Caccia" rechts und finden am Ende der Straße Park- und Badegelegenheit an einem Sandstrandbogen unterhalb des Torre Tramariglio.

(189) WOMO-Badeplatz: Tramariglio

GPS: N40° 35' 25.1" E8° 10' 08.5"   **max. WOMOs:** 1-2.

Ausstattung/Lage: Sandstrand, Tauchcenter/außerorts.

Zufahrt: An der Straße zum Capo Caccia bei »km 4,5« links, am Meer rechts.

Badeplätzchen Cala Dragunara in der Cala delle Calcina

1700 m weiter geht es links hinab zur "Imbarco Traghetto Grotte", der allerletzten Möglichkeit, sich den Fußmarsch zur Neptunshöhle zu ersparen. So ganz nebenbei besitzt die kleine Bucht ein allerliebstes Sandbadeplätzchen und 100 m vorher einen großen, einigermaßen ebenen Parkplatz.

(190) WOMO-Badeplatz: Cala Dragunara
GPS: N40° 34' 33.9" E8° 09' 35.9"   **max. WOMOs:** 2-3.
Ausstattung/Lage: Sandstrand, Bar, WC, Fähre zur Höhle/außerorts.
Zufahrt: An der Straße zum Capo Caccia bei »km 6,2« links (Imbarco).

200 m weiter führt ein Parallelsträßchen hinauf auf einen Felsrücken: Aussteigen, Platz nehmen, genießen!
Fast senkrecht bricht die Wand nach Westen zur **Cala d'Inferno**, der **Höllenbucht** ab, der Blick gleitet über die Wogen bis zum Horizont, wird nur einmal aufgehalten von der kleinen, steilen Insel **Foradada**.

(191) WOMO-Stellplatz: Cala d'Inferno
GPS: N 40° 34' 27.0" E 8° 9' 33.5"; 59 m.   **max. WOMOs:** 2-3.
Ausstattung/Lage: keine.
Tipp: Noch schöner ist die Aussicht, wenn man den Klippenberg hinaufgekraxelt ist!
Zufahrt: An der Straße zum Capo Caccia bei »km 6,4« rechts.

Die 652-Stufen-Wanderung vom Endpunkt der Straße am **Capo Caccia** bis hinab zur **Grotta di Nettuno** kann man durchaus empfehlen. Sie führt in einer grandiosen Kalkfelsenszenerie mit Blick auf das tintenblaue, abgrundtiefe Meer hinab bis zum Meeresspiegel (Foto), wo einige Taucher unterwegs sind zu unterirdischen Höhlen.
Auch der Anblick der anlegenden Bootchen und das Gedränge der Leute in der Eingangshalle, überaus malerisch im dezent ausgeleuchteten Halbdunkel mit Tropfsteinen und einem Höh-

Eingang der Neptunsgrotte

lensee, lohnt sich zu begucken – und bis 11 Uhr bleibt fast der gesamte Treppenweg im Schatten, so dass auch die Rückkehr zum WOMO nicht in schweißtreibende Arbeit ausartet.

Für 12 Euro darf man ins unterirdische Tropfsteinreich hineinschreiten, sich berauschen an schneeweißen Kalksinterlandschaften, blitzenden Meeresreflexen, an Seen vorbei, durch riesige Hallen (nach deutscher Führung fragen!).

„**Porto Ferro** – schönster Badeplatz der Region!" lesen wir in einem alternativen Führer.

„Nichts wie hin!" sagen wir uns nach dem Getümmel rings um ALGHERO und biegen am Nordrand der Bucht **Porto Conte**, bei der Hotelanlage "Baia di Conte" links (Wegweiser: SASSARI/Camping "Porticciolo").

Zunächst machen wir einen Abstecher zum genannten **Campingplatz**, der oberhalb einer ganz reizenden Bucht liegt.

(192) WOMO-Campingplatz-Tipp: Torre del Porticciolo

GPS: N40° 38' 32.8" E8° 11' 24.8"
Öffnungszeiten: 1.5. - 10.10.
Zufahrt: Von Alghero/Fertilia nach Westen, im Scheitel der Bucht Porto Conte rechts.
Ausstattung: schattig, Laden, Gaststätte, V/E, Strand 200 m; nächster Ort: 10 km.
Preise: WOMO + 2 Personen: 16-40 €, Strom: 3,50-5 €, Hund: 2-7 €.

Der "schönste Badeplatz der Region" besteht aus einem halbkreisförmigen, braunen Dünenstrand, dessen Hangwald einst vollgestopft war mit Wohnwagen und Zelten (jetzt ist er eingezäunt). Für das WOMO gibt es zwei Stellplätze:
Auf dem ersten landet man automatisch (und bequem), wenn

man die letzte Abzweigung nach rechts verpasst. Es ist ein ebener, geteerter Platz [N 40° 40' 35.7" E 8° 11' 58.7"] nahe dem **Torre Bantine Sale**, dafür ziemlich weit vom Strand entfernt. Rollt man durch den eingezäunten Hangwald hinab und zwängt (**?**) sich auf den Strandweg, so steht man dort zwar schattenlos, aber strandnah (im Herbst waren wir die einzigen am Strand, im Sommer ist der Trubel enorm!).

(193) WOMO-Badeplatz: Porto Ferro

GPS: N40° 40' 43.9" E8° 12' 10.3"   **max. WOMOs:** je 2-3.
Ausstattung/Lage: Mülleimer, Strandbar, Fels-/Sandstrand/außerorts.
Zufahrt: Von Alghero/Fertilia nach Westen, im Scheitel der Bucht Porto Conte rechts.

Da wäre doch noch der **Lago Baratz**, der einzige natürliche See Sardiniens?!

Vom Strand fahren wir zunächst 1,4 km zurück, biegen in die Via Pattada links, rollen durch die wie ein Schachbrett angelegte, landwirtschaftliche Siedlung VILLA ASSUNTA, die uns nicht ohne Grund verblüffend an ARBOREA erinnert (nach 1,5 km wieder links), stoßen bei einer Vorfahrtsstraße auf den einsamen **Lago**, der eigentlich auch kein natürlicher See ist, sondern das ehemalige Ende der Meeresbucht von **Porto Ferro**.

Ruhe haben wir hier, das Auge entspannt sich am satten Grün des Waldrandes, der Schilfbüschel – und der Grünalgen, die den eutrophierten Uferbereich bedecken – ein Idyll für Frösche, Libellen, Ornithologen – und unsere Kinder, die im Nu ein ganzes Säckchen voller Pinienkerne gesammelt haben, um sie bei der Weiterfahrt mit der Kombizange zu knacken und die Schalenhälften im ganzen WOMO zu verteilen.

Am Südende (beim Info-Gebäude mit Fotoausstellung) und am Nordwestende des Sees kann man fein parken und auf einem der angelegten Wanderpfade zu Aussichtspunkten schlendern.

(194) WOMO-Wanderparkplatz: Lago Baratz

GPS: N 40° 40' 54.1" E 8° 13' 06.3"   **max. WOMOs:** 2-3.
Ausstattung/Lage: Wanderwege, Mülleimer/außerorts.   **Zufahrt:** s. Text.

Vom Info-Gebäude des **Lago Baratz** fahren wir 1,2 km genau nach Osten. Am Stoppschild kommen wir an eine Querstraße. Der Wegweiser "PALMADULA" führt uns nach links in eine breit asphaltierte Straße, nach weiteren 9 km haben wir die paar Häuser von PALMADULA vor uns.

Ein "alimentari" rechts, einer links, dann das gelbe PT-Schild der Post wieder rechts und zehn Schritte weiter zwei **Wasserhähne** [N 40° 44' 51.2" E 8° 11' 23.9"] unter einer Zypresse, die meist gut frequentiert sind, denn in der Bucht von **Porto Palmas** gibt es kein Trinkwasser!

Eine Straßengabelung mit Tankstelle beendet den Ort, dann rollen wir links hinab Richtung ARGENTIERA.

Bereits von weit oben sichten wir die hübsche, kleine Sandbucht von PORTO PALMAS [**195:** N 40° 44' 52.7" E 8° 9' 36.0"] und in ihr eine ganze Reihe von Wohnwagen am Hang. Eine Schranke sperrt das Areal ab, bei unserem letzten Besuch war die Anlage verschlossen.

Folglich müssen Sie sich entscheiden: Sandstrandpracht und Campingplatzidylle – oder totale Einsamkeit?

Falls Sie letzteres lieben, können wir Ihnen die sandig-felsige Piste (**?**) empfehlen, die zwischen dem Strand und dem Campingplatz Richtung **Capo Mannu** nach Norden zieht. Über drei Kilometer führt sie oberhalb von Klippen und Felsstränden entlang, einem Eldorado für Angler, Muschelsucher und Klippenwanderer. Ebene Stellplatzflächen findet man schon nach wenigen Metern neben der Piste.

(196) WOMO-Stellplatz: Capo Mannu

GPS: N 40° 45' 1.6" E 8° 9' 29.5"   **max. WOMOs:** > 5.
Ausstattung/Lage: keine.
Zufahrt: Von Palmadula nach Argentiera, am Meer rechts auf Piste.

Wir turnen noch einige Hügel weiter nach Süden, um einen Blick auf die zerfallenden **Bergwerksanlagen** von ARGEN-TIERA zu werfen.

Silberglanz ist es nicht, der uns erwartet, aber einige der Gebäude sind schon wieder restauriert, braun gestrichen und dienen als Feriendomizil. Vielleicht kann so der Erhalt der Bergwerksanlagen als Industriemuseum finanziert werden.

Vom rechten Ende eines großen, modern gestalteten Parkplatzes führt eine "Discesa a mare", ein Treppenweg hinab zum Sandstrand.

(197) WOMO-Badeplatz: Argentiera

GPS: N40° 44' 23.9" E8° 08' 55.2"   **max. WOMOs:** 2.
Ausstg./Lage: Sandstrand, Gaststätte im Ort/Ortsrand.
Zufahrt: In Palmadula links und an Porto Palma vorbei bis zum Straßenende.

Hier zu baden ist ein ganz eigentümliches Erlebnis: Man schwimmt im klaren Wasser hinaus, nur das freie Meer vor Augen, wendet – und hat plötzlich den Eindruck, in einem Industriegebiet zu erwachen (in dem man hochinteressante Spaziergänge machen kann).

Strand von Argentiera mit "Discesa a mare"

Wir kurven zurück gen PALMADULA, machen noch kurz einen Abstecher zu den **Wasserhähnen** neben der Post – und halten dann nach Norden, auf STINTINO zu (in BIANCAREDDU **Brunnen** rechts).

„Das **Capo del Falcone** muss man gesehen haben!" lautet ein Sardinienspruch. Folglich biegen wir 14 km weiter nördlich, in POZZO S. NICOLA (wo es nicht nur einen gewöhnlichen pozzo = **Brunnen**, sondern auch einen schönen Springbrunnen inmitten von Palmen zu bewundern gibt), nach links.

In einem unaufhörlichen Autostrom schwimmen wir weiter nach Norden, die Autokennzeichen weisen meist auf Einheimische aus SASSARI und Umgebung hin. Ziemlich schnell wird uns klar, dass in dieser Ecke Sardiniens kein einsamer WOMO-Stellplatz zu finden sein wird; drei annehmbare Stellen haben wir trotzdem entdeckt.

Die erste ist die "Area di sosta attrezzata Pineta" mit Camperservice bei »km 22« rechts der Straße; ein schönes Plätzchen – aber weit weg vom Strand!

(198) WOMO-Stellplatz: Area di sosta "Pineta"
GPS: N40° 52' 08.8" E8° 14' 13.3"   **max. WOMOs:** > 5.
Ausstattung/Lage: Schatten, V/E, Dusche, Gaststätte, Mülleimer/außerorts.
Preise: WOMO + 2 Personen: 16-23 € (all inclusive).
Zufahrt: Von Pozzo S. Nicola Richtung Stintino bis »km 22«, dort rechts der Straße.

Zur zweiten muss man bei »km 25,7« (Wegweiser: Pazzona) abzweigen und 1000 m auf welliger Erdbahn zu einem abgelegenen Strand neben einem Stagno schwanken, die Ausstattung ist nach WOMO-Definition eindeutig als Feinstkies zu bezeichnen.

Die dritte, bei »km 26,5«, ist ein umfangreiches **Parkgelände** hinter dem flachen, weißen Sandstrand, eine neue Teerstraße führt zu ihr hin.

Die anderen Parkgelegenheiten auf der Halbinsel sind zu schmal und liegen unmittelbar an der Fahrstraße.
Die **Spiaggia Pelosa** gar, ein etwa 300 Meter breiter Sandstreifen zwischen STINTINO und dem **Capo del Falcone**, ist nicht nur so dicht mit Sonnenschirmen vollgepflastert, dass man kaum das Meer sieht, man hat gar eine 1,50 Meter hohe Querstange angebracht – hier will man noch nicht einmal VW-Busse haben.

Aber auch "oben ohne" hätten wir uns mit Grausen abgewandt und wären bis zum Ende der Teerstraße, einem kleinen Ringstraßenstück, weiter gefahren. Dort kann man vor einem zugebauten Hang mit Privatstraßen auf einem großen Platz [**201:** N 40° 57' 59.6" E 8° 12' 13.5"; 36 m] parken und unterhalb der Ferienhäuser weiter nach Norden, Richtung **Falkenkap**, emporkraxeln. Wir steigen über schrägliegende Granitplatten, deren Abbruchkanten wie Haifischzähne nach Norden, in Richtung der ehemaligen **Sträflingsinsel Asinara** starren.
Der Blick vom Kap ist toll – sowohl auf die Meeresbucht, den Korsarenturm und die vorgelagerten Inseln als auch auf das Sonnenschirmmeer auf dem Pelosa-Strand ....

KARTE TOUR 14

Golfo dell' Asinara

10 km

N

TOUR 14 (ca. 160 km / 2-3 Tage)

Pozzo S. Nicola – Porto Torres – Sassari – Kirche Trinita di Saccargia – Martis – Laerru (Höhle) – Castelsardo – Marina di Sorso

Freie Übernachtung:	Centrale Enel, Monte d'Accodi, S. S. Trinita di Saccárgia, Martis, Laerru (Belvedere), San Pietro de Simbranos, Sedini, Marina di Sorso.
Trinkwasserstellen:	Pozzo S. Nicola, Chiaramonti, Martis, Sedini, Marina di Sorso.
Campingplätze:	Marina di Sorso: "Li Nibari" mit WOMO-Entsorgung.
Baden:	u. a. südl. Stintino, Porto Torres, Marina di Sorso.
Besichtigungen:	Porto Torres, Monte d'Accodi, S. Trinita di Saccargia, Martis: versteinerter Wald, Laerru: Höhle Su Coloru, San Pietro, l'Elefante, Castelsardo.
Wanderungen:	Höhlenspaziergang: Su Coloru.

Zurück in POZZO S. NICOLA halten wir uns links, Richtung SASSARI (so, als wollten wir links an den zwei großen, rotweißen Schornsteine vorbeifahren, nicht geradeaus!).

Nach 4 km biegen wir links (Wegweiser: **Centrale Fiume Santo**) – was hat mich bloß bewegt, angesichts der Industrieanlagen von PORTO TORRES zur Küste zu rollen???

Am Eingang zum Elektrizitätswerk biegen wir links – und stehen verblüfft an einem herrlichen Sandstrandmeer, wo man sich auf lauschigen Plätzchen zwischen halbkugeligen Mastixsträuchern und Agaven einnischen kann.

(202) WOMO-Badeplatz: Centrale Fiume Santo

GPS: N 40° 51' 36.2" E 8° 17' 9.3"   **max. WOMOs:** 3-4.
Ausstattung/Lage: Sandstrand/außerorts.
Zufahrt: Von Pozzo S. Nicola 4 km Rtg. Porto Torres, dann links zur Centrale ENEL.

Wir umfahren den Industriebezirk von PORTO TORRES (Zona industriale) südlich. An seinem nordöstlichen Ende kommen wir unmittelbar hinter dem Ortsschild von PORTO TORRES an eine wichtige Kreuzung:

Geradeaus (Wegweiser: **Ponte romano**) lohnt sich ein Blick auf die überaus stabile, alte 7-bogige **Römerbrücke** über den **Mannu-Fluss** [N 40° 50' 10.2" E 8° 23' 28.2"] – und nur die drei dicken Betonpfosten mitten auf der Fahrbahn halten uns davon ab, sie ganz selbstverständlich zu benutzen.

Nach rechts geht es an dieser Kreuzung nach SASSARI. Das interessiert jedoch nicht so sehr wie die erfreuliche Tatsache, dass man nach 1,5 km an eine Tamoil-Tankstelle mit **Autogas** [N 40° 49' 41.2" E 8° 24' 5.0"] kommt.

Sie sind weder an römischen Brücken noch an Autogas interessiert? Dann fahren Sie links, denn so gelangen Sie am schnellsten an den Hafen von PORTO TORRES. Hier sollten Sie sich entscheiden, ob Sie mit uns eine Entdeckungstour ins Landesinnere machen wollen oder einen Badetag vorziehen.

Baden?

Dann fahren Sie am Hafen vorbei weiter nach Osten, Richtung PLATAMONA/CASTELSARDO. Die Strandstraße ist schön hergerichtet mit rot-weiß gekachelten Bürgersteigen und großen Kugellampen – sicher die abendliche Corso-Zone. An ihrem östlichen Ende, oberhalb eines kleinen **Sandstrandes**, der **Balai**, findet man großzügige Parkbuchten zwischen Tamarisken. Unterhalb der Begrenzungsmauer, von der Fahrbahn aus nicht einsehbar, klammert sich ein kleines **Kirchlein** an den Fels, seine Grundmauern sind von der Flut schon angenagt. **Gavino a Mare** erinnert an den römischen Offizier Gavinus, der zum Christentum bekehrt und getauft, hier im Jahre 235 für seinen Glauben sterben musste und dadurch zum ersten und bedeutendsten Märtyrer Sardiniens wurde. Am sahara-beigen Felsklippenstrand vorbei und am völlig überfüllten PLATAMONA LIDO rollen wir bis zur MARINA DI SORSO. Zwischen »km 9« und »km 3« erstreckt sich ein dicht mit Pinien bestandener Dünenstrand, an den eine ganze Reihe von geteerten Stichstraßen führt. Hier findet man jeweils riesige **Parkflächen**, meist auch eine Gaststätte mit **Toiletten** und einen **Wasserhahn**, und in der Mittagsglut können Sie sich vom Strand weg in die schattige Pineta flüchten.

Wenn Sie die Zufahrt Nr. 7 kurz vor dem Fluss **Silis** benutzen, dann kommen wir nach unserer Inlandstour bei Ihnen vorbei.

Unsere Entdeckungstour ins Landesinnere beginnt nach 600 m mit dem Besuch der **Basilika** (Wegweiser: San Gavino), der besterhaltenen romanisch-pisanischen Kirche Sardiniens [N 40° 49' 55.8" E 8° 24' 4.6"]. Der dreischiffige Bau mit den endlos scheinenden, schlanken Säulenreihen zwischen den beiden Apsiden ist ein "Muss".

Basilika San Gavino

Dann führt uns die Schnellstraße SS 131 nach Südosten, direkt auf SASSARI zu. Eine ganze Reihe von Abzweigungen trägt die Aufschrift PLATAMONA LIDO bzw. MARINA DI SORSO (falls Ihnen doch noch nach baden zumute ist).

Bei »km 222,4«, führt rechts eine herrlich gepflasterte Zufahrt zum **steinzeitlichen Kultberg Monte d'Accodi** (Offen: 8-17 Uhr, So zu). Leider muss man bereits nach wenigen Metern parken und dann in der Sommerhitze zu Fuß weitermarschieren.

(203) WOMO-Stellplatz: Monte d'Accodi

GPS: N 40° 47' 37.6" E 8° 27' 12.8"   **max. WOMOs:** 2-3.
Ausstattung/Lage: Mülleimer.
Zufahrt: Von Porto Torres auf der SS 131 5 km Richtung Sassari bis »km 222,4«.

Der riesige, heute noch etwa 8 m hohe, megalithische Terrassenbau hat bereits vor über 4000 Jahren dem alten Menschentraum gedient, den Göttern näher zu sein. Eine lange Rampe führt auf den **Altarberg**, zur Linken fand man einen 4,5 m langen Menhir aus weißem Kalkstein, zur Rechten einen gewaltigen 6-Tonnen-Opfertisch, dessen Ösen am Rande wohl zum Anbinden der Opfertiere dienten. Ein zweiter Menhir aus rotem Sandstein auf der Rückseite des Altarberges lässt vermuten, dass damit ein "weiblicher" im Gegensatz zum weißen, "männlichen" dargestellt werden sollte.

Weitere Rätsel gibt eine blutrote Wand auf, die man beim Graben im Inneren des Altarberges freilegte, den man zunächst für eine kompakte Aufschüttung hielt. Vielleicht ist der Altarberg eine Hülle für ein im Inneren verborgenes, älteres Heiligtum? Fragen über Fragen, die nur weitere Grabungen lösen können...

Wer hat uns nur auf die Idee gebracht, SASSARI zu besichtigen? Dabei ist Wochenende, die Läden sind geschlossen, die Einwohner am Strand!?

Für die Besichtigung des – sehr sehenswerten – **Dom**es im spanischen Barock (Foto) gelingt es uns, auf der **Piazza Mons. Arcangelo Mazzotti** [N40° 43' 39.1" E8° 33' 29.1"] einen Parklatz zu ergattern.

Nach der Zufahrt zur **"Fontana di Rosello"**, einem Marmorbrunnen aus dem XVII. Jahrhundert, der jahrelang das Trinkwasser Sassaris lieferte, suchten wir trotz Navi und Google lange vergeblich, denn er steht – direkt unterhalb einer Brücke [N40° 43' 52.6" E8° 33' 40.8"]. Als wir dann vor ihm stehen, hat sich die Suche aber doch gelohnt (man kann auch einen Blick von der Ponte Rosello hinabwerfen).

Das **"Monumento alla Brigata Sassari"**, ein modern gestaltetes Kriegerdenkmal für die Tapferen aus SASSARI [N 40° 44' 22" E 8° 34' 10.6"] finden wir in dem hübsch angelegten, einge-

Monumento alla Brigata Sassari

zäunten "Parco Baddi Manna" oberhalb der Stadt mit Café, Tischen & Bänken, Kinderspielplatz und WC (offen: 9-19 Uhr). Schnell verlassen wir SASSARI wieder, finden eine Auffahrt auf die SS 131 Richtung CAGLIARI/ORISTANO. Von beachtlicher landschaftlicher Schönheit ist die Strecke, die diese Schnellstraße durcheilt. Die hellgelben Kalksteinfelsen, aus denen auch die Kathedrale von SASSARI erbaut ist, müssen zweimal durchtunnelt werden und bilden mit ihren verwaschenen Formen ein immer neues Begleitpanorama.

Bei »km 198« verlassen wir die SS 131 nach rechts Richtung PLOAGHE/OLBIA – und hinter »km 1« taucht plötzlich, als würde es aus der Straße herauswachsen, das Kirchlein **Santissima Trinita di Saccargia** auf, ein selten schönes Schmuckstück aus schwarzem Basalt und weißem Kalkstein – in seiner publikumswirksamen Anmut nur vergleichbar mit San Michele auf Korsika.

Die einschiffige Kirche hat eine dreibogige Vorhalle, das Portal darüber ist durch schwarz-weiße, geometrische Muster und

Santissima Trinita di Saccargia

farbige, glasierte Kacheln ausgeschmückt. Im Innenraum beeindruckt vor allem die vollständig ausgemalte Apsis, als Zentralfigur Jesus in der Mandorla. Die Kirche war nur Teil einer ausgedehnten Klosteranlage, von der noch durchaus beeindruckende Mauerreste zeugen.

---

(204) WOMO-Picknickplatz: S. S. Trinita de Saccargia
GPS: N 40° 40' 13.4" E 8° 41' 21.9"; 207 m.   **max. WOMOs:** > 5
Ausstattung/Lage: Mülleimer, Toilette, Wasserhahn, Gaststätte/außerorts.
Zufahrt: Von Sassari SS 131 Rtg. Macomer, bei »km 198« links 1 km Rtg. Ploaghe; hinter der Kirche rechts zum PKW-Parkplatz oder 100 m weiter zum Busparkplatz.
Sonstiges: 200 m vor der Kirche wohnmobilfreundliche Pizzeria mit Rastplätzen auf großer Wiese. Auf dem Busparkplatz 300 m oberhalb steht man am ruhigsten.

Dieses Kirchlein muss jeder gesehen haben!
Ernsthaftere Kircheninteressenten allerdings haben in der Folge gewisse Probleme zu bewältigen – denn offensichtlich heidnische Straßenbauer, jedoch zumindest Kunstignoranten, haben das Straßenkreuz SS 672 x SS 597 so idiotisch gelegt, dass die beiden nächsten Kirchen, zwar verkehrsumtost, jedoch kaum erreichbar sind.

Aufpassen!
Die Auffahrt zur Kirche **San Michele di Salvenero** liegt rechts der SS 597, nur drei Kilometer südöstlich der Trinita, an der Ausfahrt FLORINAS. Die Kirchenzufahrt findet man etwa 100 m nach dem Vorwegwei-

San Michele di Salvenero

ser FLORINAS, bei »km 4,8«. Fahren Sie langsam – wenden und rückwärtsfahren ist nicht möglich! Sollten Sie wirklich die Abfahrt erwischt haben, dann finden Sie inmitten einer Grünfläche [N 40° 39' 30.2" E 8° 42' 55.8"] ein bescheidenes Abbild der Trinita, allerdings ohne Turm. Das Tor ist vergittert, das Innere ist völlig kahl.
Das Kirchlein **San Antonio di Salvenero** ist leichter zu erreichen: Man fährt die Abfahrt FLORINAS hinaus und weiter auf FLORINAS zu. Dann biegt man links zu einem Umspannwerk ab und vor ihm rechts in ein altes Straßenstück [N 40° 39' 16.4" E 8° 42' 33.0"]. Links auf einem Hügel steht das Kirchlein: Rotes

und weißes Gestein wurde im Wechsel zum Bau benutzt, eine schlichte Giebelfront wird von einem Rundbogenfries geziert. Die Anbauten rechts und links sind späteren Datums, vor dem Bau steht ein Menhir mit Kreuz(!?). Nein, die Nuragher wurden nicht zum Christentum bekehrt – das Kreuz haben erst spätere Generationen eingemeißelt. Wir kehren zum Straßenkreuz zurück, fahren auf der SS 672 Richtung TEMPIO. Nach genau 13 km verlassen wir sie wieder bei der Abfahrt CHIARAMONTI. Sofort beginnt die Straße, sich wie wild den Hang hinaufzuknäulen. Am Ortsbeginn von CHIARAMONTI rechterhand eine kleine, begrünte Anlage mit **Wasserhahn**. Hier schwenken wir links – das eigentliche Ortszentrum kommt erst einige hundert Meter später und mit ihm wieder eine kleine Parkanlage mit einem **Wasserhahn**. Toll ist der Brunnen mit Wassertrögen zwischen CHIARAMONTI und MARTIS bei »km 36,1«!

Wir durchqueren MARTIS. Gerade notiere ich die große **Brunnenwand** am Ortsende links, da führt uns auch schon ein Schild (200 m nach dem Ortsendeschild) nach rechts zum "**Foresta Pietrificata Carrucana**".

Unsere Kinder hatten sich unter einem versteinerten Wald natürlich Wunderdinge vorgestellt und starren etwas enttäuscht auf die "aufgeschichteten Kanonenrohre" wenige 100 m später auf einem vertrockneten Weidegelände. Wer nicht genau hinschaut, glaubt gewöhnliche Steinhaufen zu sehen, erst bei näherer Betrachtung erkennt man, dass  wirklich 2 – 5 Meter lange, fossilierte Baumstämme lieblos aufeinandergehäuft wurden. Stark aufgewertet wird das Areal durch den neuen, schattigen **Picknickplatz**; der Sinn der "Kunstwerke" aus Holzlatten hat sich uns nicht erschlossen.

(205) WOMO-Picknickplatz: Martis (versteinerter Wald)
GPS: N 40° 46' 35.1" E 8° 49 ' 32.1" **max. WOMOs:** 1-2.
Ausstattung/Lage: Tische & Bänke, Brunnen, sehr wenig Stellplatz/außerorts.
Zufahrt: Über Chiaramonti nach Martis. Nach dem Ortsende rechts hinab.

Wir fahren zur Straße zurück und halten rechts auf LAERRU zu. Am Ortsbeginn wird jedoch nicht, wie nach der T.C.I.-Karte erwartet, die "**Grotta de Su Coloru**" angezeigt, sondern "**Belvedere Fonte Concula**". Wir folgen diesem Wegweiser (Via Tergu) in Serpentinen steil hinauf durch eine bizarre Felslandschaft und landen nach 3,6 km an einem mit Steintischen und -bänken sowie zwei **Brunnen** ausgestatteten **Picknickgelände** – von einer Höhle keine Spur!

(206) WOMO-Picknickplatz: Laerru/Belvedere Fonte Concula

GPS: N 40° 49' 0.7" E 8° 48' 29.2"; 371 m.   **max. WOMOs:** 2 (am Weg mehr)
Ausstattung/Lage: Tische & Bänke, Mülleimer, Höhle/außerorts.
Zufahrt: Von Sassari SS 131 Rtg. Macomer, bei »km 198« links und über Chiramonti und Martis nach Laerru. Am Ortsbeginn links hinauf zur Belvedere Fonte Concula.

Bei unserem zweiten Versuch wollen wir uns natürlich schlauer anstellen und einen einheimischen Burschen als Führer engagieren. Als wir im Dorf erwartungsvoll Umschau halten, ist es jedoch nahezu ausgestorben, nur zwei ältere Damen plaudern am Straßenrand. Waltraud wird vorgeschickt und schafft es wirklich, beide ins WOMO zu schleppen. Hier also unser herzliches Dankeschön an Francesca Tanca und Pes Giuliana, die uns einen Märchentraum gezeigt haben:

Fünf Schritte vor dem Tränktrog am Picknickplatz führt ein Trampelpfad vom Picknickplatz weg 100 Schritte bis zu einer 3-stämmigen Eiche zwischen Steinplatten. Dahinter hält man sich links, schlängelt sich 120 Schritte zwischen Macchiebüschen, findet (vielleicht) ein Steinmännchen oder eine rote Markierung, schwenkt links - und fällt fast in den Eingang zur Märchenwelt [N 40° 49' 4.8" E 8° 48' 33.3"]! Zunächst ist man enttäuscht, man

muss fast im Entengang krauchen; aber nach etwa 30 m erhebt sich die Decke über einem, und man schreitet in einem strahlend weißen Marmorgang in die Tiefe des Berges. Dann erweitert sich der Gang zu Räumen und Sälen, erfreut sich das Auge an unterirdischen Fabelwesen, Gestalten und Figuren, die das Wasser ausgewaschen hat. Plötzlich ein Flüstern und Wispern, das in ein hohes Zwitschern übergeht!

Der Strahl der Taschenlampe schwenkt nach oben: Zu-

sammengedrängt klammern sich hunderte winziger Fellpäckchen an die Decke – Fledermäuse, die darauf warten, dass es auch draußen schön dunkel wird.

Ich stapfe zurück, erlöse Waltraud, die vor der Höhle unermüdlich Konversation auf italienisch macht. Wir bringen die Damen zurück in ihr Dörfchen, wo sie sicher viel zu erzählen haben.

Finden Sie nicht auch, dass der Belvedere-Platz nun geradezu ideal alle WOMO-Wünsche vereinigt: Picknick- oder Übernachtungsplatz – und ein einmaliges Abenteuer?

Sie brauchen viele gute Taschenlampen, den Fotoapparat mit Blitzlicht – und werden "am Ende" [N 40° 48' 58.3" E 8° 48' 40.5"] eine unerwartete Überraschung erleben!

Kurz hinter LAERRU, bei einem Brunnentrog mit Wasserhahn auf der <u>Rück</u>seite, biegen wir links nach CASTELSARDO. Knapp 2 km später führt rechterhand eine schmale Betonbahn hinab zum Kirchlein **San Pietro de Simbranos** (**Wasserhahn** davor links).

(207) WOMO-Picknickplatz: San Pietro de Simbranos
GPS: N 40° 50' 7.6" E 8° 51' 4.1"; 107 m.   **max. WOMOs:** 1-2.
Ausstattung/Lage: Wasserhahn, Tisch & Bank/außerorts.
Zufahrt: Von Laerru Richtung Sedini, auf halber Strecke rechts hinab.

Den einzigen Figuren-schmuck entdecken wir über der Tür des Haupt-portals, eine Dreiergrup-pe, wahrscheinlich ein Abt und zwei Mönche. Halt! In der Umrandung des mittleren Fenster der Apsis erspähen wir noch ein sorgfältig herausge-arbeitetes, schmales, ge-bogenes Blatt, eigentlich eine Verzierung, die nur im maurischen Kunstbe-reich vorkommt. In sei-ner Gesamtheit ist die-ses Kirchlein trotz, oder gerade wegen seiner schlichten Selbstverständlichkeit ein beeindruckendes Beispiel pisanisch/sardischer Kirchenbaukunst.

In BULZI machen wir rechts hinab einen Abstecher zur "Fonte pubblica", einem prächtigen Bau aus dem Jahre 1865, damals sicher die einzige Wasserzapfstelle und natürlich das Waschhaus des Dorfes.

Fonte pubblica und Waschhaus in Bulzi

SEDINI wird von einem riesigen, quaderförmigen Sandsteinklotz überragt, aber auch seine Häuser scheinen geradezu aus dem Stein herauszuwachsen. Ja, in einem der Steinklötze wohnt man sogar – dem "domus de janas" am Ortsbeginn links – allerdings mit Komfort und Fernsehantenne!

Domus de janas in Sedini

Wenige Schritte weiter, gleich hinter dem Carabinieri-Posten, führt ein (asphaltierter) **Wanderweg** hinab ins Tal des **Rio Silanis** und zu der Kirchenruine **San Nicola de Silanis**.

Wir lassen das WOMO hinabrollen, steil und dann immer steiler bis in den Talgrund, wo die Kirchenruine seit Jahrzehnten auf einen Sponsor zum Wiederaufbau wartet. Trotz oder gerade wegen ihres Ruinencharakters ist die dreischiffige, romanische Kirche aus dem XII. Jh. den Abstecher wert.

Sie haben natürlich beim Hinabrollen den schönen Picknickplatz neben der Straße entdeckt!? Er eignet sich wegen seiner Ruhe sicher für einen ungestörten Nachtschlaf und ist doch nur 600 m vom Ort entfernt.

(208) WOMO-Picknickplatz: Sedini

GPS: N40° 50' 42.5" E8° 49' 11.7"   max. **WOMOs:** 1-2.
Ausstattung/Lage: Wasserhahn, Tisch & Bank/außerorts.
Zufahrt: In Sedini hinter der Polizei links hinab 600 m.

Am Ortsende, gut ausgeschildert, geht es rechts steil hinauf zum Sportplatz. Rechts von ihm, auf einem ebenen und ruhigen Parkplatz, entdeckt der verblüffte WOMO-Urlauber **zwei** kostenlose **Entsorgungseinrichtungen** mit **Wasserhähnen**.

(209) WOMO-Stellplatz: Sedini

GPS: N 40° 51' 20.2" E 8° 49' 0.7"   **max. WOMOs:** > 5.
Ausstattung/Lage: Wasserhähne, Entsorgungseinrichtung/Ortsrand
Zufahrt: Am Ortsende von Sedini rechts (ausgeschildert) zum Fußballplatz.

Richtung CASTELSARDO windet sich die Straße wie auf einem Balkon den Hang entlang – weite Blicke bis hinab zu den **Sandstränden** vor VALLEDORIA und aufs dunstige Meer sind gestattet. Dann wird unser Blick auch schon gefesselt von dem meistfotografierten Stein Sardiniens, einem Felsklotz in Form eines **Elefanten** [N 40° 53' 23.9" E 8° 44' 43.0"], der auch Archäologen verzückt, denn sein aufgebrochenes Inneres hat drei **Felsengräber** freigelegt, von denen eines durch zwei gegenüberliegende Stierhörnerpaare und säulenförmige Türpfosten verziert ist.

Castelsardo von der Spiaggia la Marina aus

Das genuesische **Kastell** mit seinen gewaltigen Mauern überragt alles – dafür darf man von seinen Höhen auch erst blicken,
wenn man Eintritt bezahlt hat – "bambini" gucken gratis!
Das buntglasierte Dach des schmalen Turmes der **Kathedrale**
taucht leuchtend immer wieder im Gassengewirr auf. Wir
bestaunen das Altarbild "Madonna mit (altem) Kind" so interessiert, dass der Messdiener uns den Kunstgenuss erleichtert,
indem er sechs "Wachskerzen" mit Glühbirnen anknipst. Dadurch entdecken wir auch das schön geschnitzte Chorgestühl
dahinter. Ob die Gesichter über den Rückenlehnen wohl den
Stammgästen nachgebildet waren?

Wer findet den "Botanischen Garten" in der Palme?

Was schöne Strände anbetrifft, kommt südlich von CASTEL-SARDO eine ganze Weile – nichts! Zunächst säumen Klippen das Ufer, und dann ist alles zugebaut!

Am Strand von Marina di Sorso bei »km 3,3«

Aber im Nu sind wir im Bereich des Pinienwaldes der MARINA DI SORSO. Hier, westlich des Flusses **Silis**, finden Sie sicher eine Stichstraße zum Strand. Wir haben gleich die erste bei »km 3,3« genommen und stehen etwas zurückgezogen am

Marina di Sorso Mitte Mai

Marina di Sorso Mitte August

Parkrund direkt am Rande des Pinienwaldes, bauen darin Tische, Stühle und Hängematte auf – und fühlen uns nach ruhiger Nacht (abends alles 'reinräumen, d. h. "parcheggio" statt "campeggio") auch am nächsten Tag noch wohl, als sich hinter unserem WOMO wieder der Parkplatz füllt.

---

(210) WOMO-Badeplatz: Marina di Sorso

GPS: N 40° 50' 1.1" E 8° 34' 21.0"   **max. WOMOs:** 3-4.
Ausstattung/Lage: Sandstrand, Mülleimer, Toilette, Gaststätte/außerorts.
Zufahrt: Von Castelsardo nach Marina di Sorso. Bei »km 3,3« rechts.
Sonstiges: Bei »km 6« Campingplatz "Li Nibari" [**211:** N 40° 49' 32.8" E 8° 32' 34.2"].

TOUR 15 (ca. 135 km / 2-3 Tage)

Castelsardo – Valledoria – Thermen von Castel-doria – Lago del Coghinas – Tula – Monte Limbara

Freie Übernachtung: S. Pietro a Mare, S. Maria Coghinas, Lago del Coghinas, N. S. di Castro, Wald von Valliciola, Monte Limbara.

Trinkwasserstellen: Maragnani, Érula, N.S. di Castro, Monte Limbara.

Campingplätze: Valledoria.

Baden: u.a. S. Pietro a Mare, Baia delle Mimose, Lago del Coghinas.

Besichtigungen: u. a. S. Maria Coghinas, Thermen und Burg von Casteldoria, Lago del Coghinas, N. S. di Castro, Monte Limbara.

Wanderungen: Monte Limbara: Punta Giugantinu (1333 m).

KARTE TOUR 15

Von MARINA DI SORSO rollen wir nach Nordosten zurück, verlassen 10 km später die Küstenstraße (Richtung SANTA TERESA GALLURA), untertunneln südlich CASTELSARDO den steinernen Elefanten. Rechts am **Nuraghen Su Tesoru** vorbei geht es auf VALLEDORIA zu. 4,5 km nach dem Tunnel schwenken wir rechts ab nach VALLEDORIA/LA MUDDIZZA, 2,7 km dahinter gabelt sich die Straße.

Schwenkt man nach links in eine Stichstraße, so kommt man bald am Campingplatz "**Valledoria**" [**212:** N40° 55' 17.9" E8° 47' 44.8"] vorbei.

Bereits 300 m später besuchen wir die Area Camper "**Maragnani**". Dort steht man sehr schön, schattig und aussichtsreich 20 m oberhalb des Strandes – viel schöner, als am Ende der Straße bei

LA CIACCIA, wo man, ebenfalls gegen Gebühr, sein WOMO abstellen kann, um im Gewühl der Badegäste unterzutauchen.

(213) WOMO-Badeplatz: Area Camper "Maragnani"

GPS: N 40° 55' 13.0" E 8° 47' 32.0" **max. WOMOs:** > 5.
Ausstattung/Lage: Liegewiese, Treppe hinab zum Sandstrand/Ortsrand.
Preise: 10-18 €/Tag incl. Dusche, Waschbecken, V/E, Strom: 2 €.
Zufahrt: 4,5 km nach dem Elefantentunnel rechts, nach 2,7 km links noch 300 m.

Wir biegen an der Gabelung rechts und fahren weiter auf VALLEDORIA zu, finden nach 700 m erneut eine Stichstraße, in die wir nach links einschwenken (Wegweiser: **Spiaggia San Pedro**).

Blick auf die Mündung des Coghinas-Flusses

Wenig später beginnt ein üppiger Eukalyptuspicknickwald, von dessen Schattenangebot bereits reichlich Gebrauch gemacht wird.

Bei dem kleinen Kirchlein **San Pietro a Mare** biegt die Straße nach links in die Küstenlinie ein. Hinter dem Kirchlein kann man auf einem großen Platz prima parken.

---

(214) WOMO-Badeplatz: San Pietro a Mare (Eukalyptuswald)
GPS: N 40° 55' 47.3" E 8° 48' 13.8"   **max. WOMOs:** 3-4
Ausstg./Lage: Sandstrand 200 m, Schatten im Wald, dort Tisch & Bank/außerorts.
Zufahrt: Von Castelsardo über Muddizza Rtg. Valledoria, dann links (ausgeschildert).

Unterhalb des Parkplatzes glaubt man, einen abflusslosen Stagno zu erblicken, es ist jedoch die durch eine Sandbarriere versperrte Mündung des breiten **Coghinas**-Flusses, der die Badelustigen zu einem weiten Umweg zwingt.

Weiter links, an der Küstenstraße, ist es näher zum Wasser – dafür stauen sich dort die parkenden Autos beängstigend. Nur am Ende der Stichstraße sind noch Parkplätze frei – denn dort sind sie nur gegen Gebühr zu haben!

Weit reicht der Blick flussaufwärts, an den Dünen entlang. Glitzern dort nicht auch Autos im Sonnenlicht? Sind sie vielleicht auf der Straße, die rechts des **Coghinas** zum Meer führt, dort hingekommen? Das können wir auch!

Wir kehren zur "Hauptstraße" zurück, durchqueren VALLEDORIA, im weiten Schwemmland dahinter liegen endlose Melonen- und Tomatenfelder, rattern über die 400 m lange Brücke, die den **Coghinas** überspannt, biegen dahinter links, einem Hinweisschild "**Baia delle Mimose**" folgend – was wird das wohl sein?

Das Teersträßchen folgt dem Hochwasserdamm des Flusses (nach 2 km notieren wir eine Abzweigung) – endet für uns nach 3 km bei einer schattenlosen, aber immerhin gebührenfreien Parkgelegenheit [N 40° 57' 1.1" E 8° 49' 55.3"] – vor einer Schranke! "**Baia delle Mimose**" ist eine Feriensiedlung – und wir müssen 400 Schritte durch den heißen Sand der Dünen stapfen, bis wir an einem zwar einsamen, aber trotzdem ziemlich vermüllten Sandstrand ankommen.

Die 2-km-Abzweigung führt im Zickzack zum nördlichen Nachbarstrand **"Poltu Biancu"**.

Dort steht man nach 3 km direkt am Sandstrand, das Parkangebot ist indes rechts knapp (nur längs an der Stichstraße).

---

(215) WOMO-Badeplatz: Poltu Biancu
GPS: N 40° 57' 33.5" E 8° 50' 22.8"   **max. WOMOs:** 1-2.
Ausstattung/Lage: Sandstrand/außerorts.
Zufahrt: Von Valledoria über die Coghinasbrücke, dahinter links (Baia delle Mimose) und nach 2 km wieder rechts.

Genug salzwassergebadet?

Dann folgen Sie uns ins Landesinnere zu einem Thermalfluss! Wir rollen über die alte **Coghinas**-Brücke wieder nach Süden und biegen inmitten der Tomatenplantagen nach links, Richtung S. MARIA COGHINAS ab. Das lange, saubere Straßendorf liegt in der Mittagsruhe. Wir halten ziemlich am Ende des Ortes rechts, direkt vor der kleinen, romanischen **Kirche Madonna delle Grazie** mit den wuchtigen Stützmauern. Während die Kinder in einer kleinen Anlage mit Kriegerdenkmal auf einer frisch gestrichenen Kanone aus dem II. Weltkrieg herumklettern, geben wir uns dem Kunstgenuss hin: Der alte Pastor freut sich über unseren Besuch – auch noch nach der ersten Frage: „Cattolico o evangelico?"

Er erklärt uns die "Zuständigkeiten" aller seiner Kirchenheiligen, betont stolz das Alter seiner Gemälde und des Altarsteines – und wir sind erstaunt darüber, wie viel man auf italienisch versteht, wenn es nur langsam und getragen ausgesprochen wird.

Santa Maria Coghinas, Chiesa della Madonna delle Grazie

Jetzt wird es aber Zeit für etwas Ruhe und Erholung – und diese findet man mit Sicherheit in einem Thermalbad!

Am Ortsende von SANTA MARIA COGHINAS biegen wir **hinter** dem Friedhof zu den "**Thermen von Casteldoria**", also erst die zweite Abzweigung nach rechts und haben sofort, beherrschend auf einer Bergkuppe, den 5-eckigen **Turm** von CASTELDORIA über uns, das einzige Überbleibsel des mittelalterlichen **Castello dei Doria**, nur noch überragt von den rostroten Zacken des **Monte Ruiu**.

Die zweite Überraschung ist weniger atemberaubend: Die grüne Oase zwischen steilen, roten Felsen kann man nur zu Fuß erreichen (der Parkplatz [N 40° 54' 4.2" E 8° 53' 38.0"] des Thermalbades liegt 400 m vor der Anlage).

Thermenbadeplatz am Rio Coghinas; Blick hinüber

Was erblickt aber unser umherschweifender Blick: Ein Fahrzeug auf der anderen Flussseite, direkt bei einem heiß sprudelnden Thermalwasserrohr! Schnell ist die Zufahrt erfragt: Zurück an der Zufahrt wenden wir uns nach rechts, überqueren Richtung VIDDALBA den Coghinas und biegen dahinter am Kreisverkehr rechts Richtung BORTIGIADAS. Jetzt muss man nur noch aufpassen, dass man nach weiteren 800 m, hinter einer hohen Mauer, nicht die Abzweigung in den Schotterweg nach rechts verpasst (Wegweiser: Li caldani le terme).

Hinweis: Rollt man an dieser Abzweigung vorbei, so kommt man nach weiteren 800 m zu den "Piscine termale", einem neuen Hallenbad. Für 5 €/Std. bzw. 10 €/halber Tag kann man sich dort in garantiert chlorfreiem, echten Mineralwasser aalen.

Mann oh Mann, ragen hier viele Äste in die Piste! Schnell die Klappsäge (von Meister Nakashiwa) herausgeholt und die schlimmsten Kratzaspiranten abgesägt. Dann ist der Weg frei in unser Thermalbadparadies.

(216) WOMO-Badeplatz: Thermen von Casteldoria

GPS: N 40° 54' 3.0" E 8° 53' 55.5"   max. **WOMOs:** 2-3.
Ausstattung/Lage: Warmes Baden im Fluss, Waldbar (saisonal)/außerorts.
Zufahrt: Von S.M. di Coghinas Rtg. Bortigiadas, hinter dem Fluss rechts (s. Text).

Dabei kann man sich heiße Waden holen, denn am Ufer zieht der noch unvermischte Heißwasserstrom des Quellrohres ent-

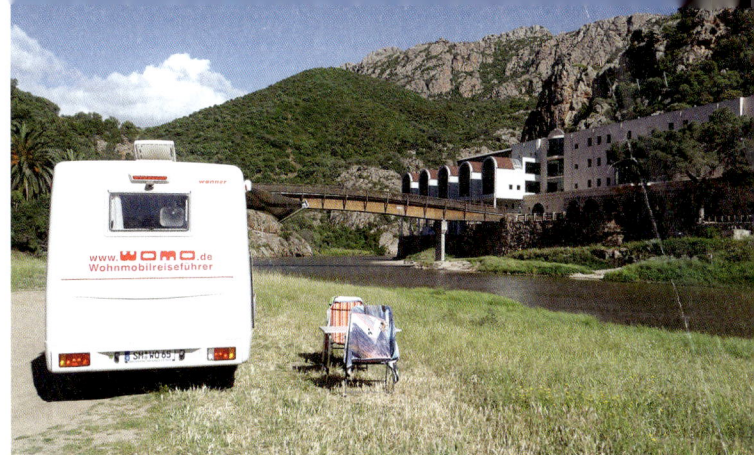

Thermenbadeplatz am Rio Coghinas

lang, während das tiefere Wasser gemütlich-warme Badefreuden verspricht. Durch das warme Wasser hat sich eine üppige Vegetation entwickelt, selbst Palmen fehlen nicht!

Über die Holzbrücke kann man zu den Restaurantgenüssen des Thermalhotels spazieren oder vor ihr auf einem steilen Pfad zum bereits erwähnten Hallenbad hinaufsteigen. Wir fahren zum Friedhof von SANTA MARIA COGHINAS zurück, halten zweimal links und kurven nun ins Gebirge empor, sind bald auf der Höhe des Turmes vom **Castello dei Doria**. Ein kurzes Stichsträßchen führt zu ihm hin, endet nach 300 m bei einem ruhig-aussichtsreich gelegenen Wanderparkplatz.

Dann geht es wieder abwärts und wir spähen erwartungsvoll hinab zum **Stausee von Casteldoria** – aber zunächst können wir keine Abfahrt zu seinen Ufern entdecken. Erst lange nachdem wir die Brücke über einen Seitenarm überquert und nur noch 1,7 km bis zur Straßengabelung PERFUGAS/TEMPIO haben, entdecken wir einen staubigen Fahrweg, der recht steil links hinab führt.

An einem Brunnen mit zwei Tränktrögen und einem Nuraghenstumpf im einsamen Weideland vorbei schrauben wir uns hoffnungsvoll zum See hinab und stehen plötzlich vor einer – Fußgängerbrücke!? Erst das Verkehrsschild belehrt uns, dass durchaus Fahrzeuge bis 2,40 m Breite passieren dürfen.
Vorsichtig jongliere ich 2,10 m WOMO-Breite zwischen zwei Betonpfosten hindurch und über die schwankende Brückenkonstruktion, die aber aus recht stabil wirkenden Metallstreben besteht. Nochmals zwei Betonpfosten, und wir haben wieder festen Boden unter den Füßen bzw. Rädern – aber immer noch keinen Badeplatz, denn die einzige Abfahrt zum Seeufer ist tief zerfurcht, und das Wasser macht aus unmittelbarer Nähe auch einen unnatürlich grünen Eindruck – Heilwasser ist das sicher nicht!

Aufatmend kehren wir zur Teerstraße zurück, biegen links und sagen uns: Nur nicht aufgeben! Der nächste (und viel größere) Stausee ist nahe!

Schnell sind wir an der Gabelung PERFUGAS – TEMPIO, halten uns links, überqueren nach 200 m eine Bahnlinie, nach 400 m ein Flüsschen und schwenken nach 600 m rechts in die Bergstraße nach ÉRULA/TULA ab.

Das schmale Teerband braucht 10 km, bis es sich nach ÉRULA (**Brunnen** rechts gegenüber der Post) hinaufgeschraubt hat, dann schlängelt es sich eine Weile auf einer Höhenlinie entlang, um schließlich zu dem strahlend blauen **Stausee del Coghinas** hinabzuturnen.

Nach insgesamt 20 km haben wir sein Ufer erreicht, überqueren eine kleine, weiße Brücke. 1,8 km später kann man (scharf links, vorbei an einer Pizzeria) genau zu dem **Picknickplatz** am Seeufer hinabrollen, den wir uns erträumt haben: Gemütlich, ruhig, aussichtsreich, mit Liegewiesen und Picknicktischen unter Schattenbäumen – einfach schön!

(217) WOMO-Bade- und Picknickplatz: Lago del Coghinas
GPS: N 40° 45' 33.7" E 9° 0' 47.1"; 173 m.   **max. WOMOs:** 3-4.
Ausstattung/Lage: Tische & Bänke, Mülleimer, Pizzeria, Bademöglichkeit/außerorts.
Zufahrt: Von Castelsardo über Perfugas und Érula zum Stausee, 2 km später links.

3 km sind es von unserem Stausee-Plätzchen bis TULA. Bereits am Ortsbeginn (hinter dem Kinderspielplatz) zweigt nach links ein Sträßchen ab, schneidet mit der **Ponte Frassu** den Südzipfel des Sees ab. Sie ist zwar gesperrt, wird aber von den Einheimischen benutzt (max. bis 5 m Länge/2,10 m Breite).

Folglich rollen wir geradeaus weiter, biegen nach 7 km links in die SS 597 Richtung OLBIA ein, verlassen sie nach 8,5 km wieder – das **Picknickplätzchen** bei der Kirche **Nostra Signora di Castro** können wir nicht auslassen.

Kirche Nostra Signora di Castro

Das Kirchlein steht – wie der Name schon sagt – innerhalb schützender Burgmauern. In dem gepflegten, romantischen Areal kann man fein herumschlendern, das schöne, romanische Kirchlein (XII. Jahrh.) mit der vierbogigen Vorhalle begucken, die weiße Kirchenkatze streicheln und von einem Plateau aus in die weite Landschaft schauen.

Wenn ich jetzt noch berichte, dass der Picknickplatz zu Füßen der Anlage, mit allem Komfort ausgestattet, nur auf Ihren Besuch wartet, dann ist das kaum zu glauben – nicht wahr!?

(218) WOMO-Picknickplatz: N. S. di Castro

GPS: N 40° 42' 46.1" E 9° 2' 52.1"; 228 m.   **max. WOMOs:** 3-4.
Ausstattung/Lage: Tische & Bänke, Mülleimer, Wasserhahn.
Zufahrt: 7 km nach Tula links (SS 597), nach 8,5 km wieder links und noch 1,5 km.

Bereits 1,5 km später kurven wir wieder in die Schnellstraße SS 597 Richtung OLBIA/TEMPIO ein (halten Sie mal Ausschau nach dem eigentümlichen, wie ein Baumstumpf geformten Stein links der Schnellstraße), verlassen sie bereits nach 2,5 km (bei »km 42«) wieder Richtung TEMPIO.

Bald sind wir wieder am Ufer des **Lago del Coghinas**, kaum eine Piste führt zu seinen Ufern. Wir überqueren seinen Ostausläufer auf einer sehenswerten Stahlbetonbrücke; zu ihren Füßen liegen die fotogenen Reste der alten Natursteinbrücke, die bei gefülltem See sicher überflutet ist.

Gleich nach Ende der Brücke sichten wir rechts ein halb fertige Freizeitanlage mit Kanuverleih [N 40° 45' 27.8" E 9° 4' 42.0"]. Wenige Schritte sind es hinab zum Seeufer ...

Alte und neue Coghinasbrücke

Durch Korkeichenwälder mit ihren rostroten, geschälten Stämmen, so als hätten sie rote Hosen an, schrauben wir uns dann ins Gebirge empor – TEMPIO, das Zentrum der sardischen Korkeichenindustrie liegt immerhin fast 600 m hoch.

Später umgibt uns dichte Macchie, die keineswegs immergrün ist. In diesen Höhen hat sie einen beträchtlichen Anteil an sommergrünen Büschen, die im Herbst Früchte tragen und dann eine intensive Buntfärbung zeigen, bevor ihre Blätter fallen. Besonders auffällig sind die Erdbeerbäume (Foto), die gleichzeitig blühen und Früchte in gelb und rot tragen.

Nach 15 km seit der Brücke hat unsere Panoramabergfahrt am **Passo del Limbara** (646 m) ihren ersten Höhepunkt erreicht. Nach links (BALASCIA) kann man auf einem Seitensträßchen durch eine urgewaltige Felslandschaft noch weiter an Höhe gewinnen und findet nach 3000 m auf einem Wiesenstück ein Plätzchen [**219:** N 40° 49' 56.3" E 9° 4' 31.6"; 784 m] zum Träumen, Wandern oder Übernachten.

Dann geht es in Schleifen wieder hinab; 2,3 km nach dem Pass ein angelegter **Picknickplatz** mit fünf **Brunnenmäulern**, Tischen & Bänken. 1000 m später schwenken wir scharf rechts (Wegweiser: Vallicciola/Monte Limbara/Madonna della Neve), das eigentliche Ziel unserer Tour liegt vor bzw. über uns!

Die Straße geht sofort voll zur Sache, und wir schrauben uns brummend Serpentine um Serpentine empor.

Wer sich – oder den Motor – zwischendurch etwas abkühlen möchte, der kann 1600 m nach der Abzweigung an einer **Rifugio** parken und links 50 m in den Wald spazieren, wo rings um die "**Fonte Silva**" ein kleiner **Picknickplatz** mit Tischen und Steinbänken angelegt ist.

Weiter und immer weiter dröhnt der Diesel durch die gewaltige Naturkulisse aus rundgeschliffenen Granitklötzen und sorgsam aufgeforstetem Kiefernwald, für dessen Erhaltung blankgerodete Brandschutzstreifen und Pisten für die Löschfahrzeuge die Landschaft durchziehen.

TEMPIO PAUSANIA liegt weit unter uns im Abenddunst – da erreichen wir den dichten Kiefernwald (mit einigen Mammutbäumen) von VALLICCIOLA. Ein Fahrweg führt nach rechts, einen **Brunnen**, einige Ferienhütten, eine Feuerwehrstation erkennen wir neben dem Schattenwald.

Vallicciola, bei der V/E links der Straße

Uns ist es auch in der Sonne frisch genug in über 1000 m Höhe, so dass wir links der Straße den schön gepflasterten Übernachtungsplatz neben der hypermodernen Ver- und Entsorgungsanlage (defekt?) besetzen mit Blick auf die untergehende Sonne.

(220) WOMO-Wanderparkplatz: Vallicciola

GPS: N 40° 51' 5.0" E 9° 9' 6.6"; 1032 m.   **max. WOMOs:** 2-3.
Ausstg./Lage: Ver-/Entsorgung (?), Tisch & Bank, Mülleimer, Wasserhahn/außerorts.
Zufahrt: Von der Bergstraße Oschiri - Tempio rechts nach Vallicciola noch 6 km.

Der Wecker reißt uns aus einem traumlosen, ruhigen Schlummer – die **Punta Giugantinu**, 300 m über uns, will bestiegen werden!

Wanderung auf die Punta Giugantinu 1333 m (hin & zurück 3 Std.)

In kurzen Hosen, aber griffigen, hohen Turnschuhen und "kleiner Proviantausrüstung" folgen wir zunächst 200 Schritte der Fahrstraße, die zu den Antennenmasten der RAI, der italienischen Fernsehgesellschaft auf einem Nebengipfel des **Monte Limbara** führt. Am Beginn der ersten Kuppe (nach 10 Minuten) biegen wir rechts in einen geschotterten Feuerlöschweg ab. Im Nu haben wir den dichten Kiefernwald unter uns gelassen und können unsere Blicke weit umherschweifen lassen; im Westen, unter weißen Wolkentupfen wie Watteflöckchen, ahnen wir die Meeresküste. Der Weg gabelt sich; wir halten uns rechts, d. h. geradeaus. Bei der nächsten Gabelung, unter einer dreiadrigen Hochspannungsleitung, haben wir direkt vor oder besser über uns zwei Bergkuppen, von denen die linke mit dem Gipfelkreuz unser Ziel ist.

Wir biegen diesmal links, der Weg scheint nun geradewegs zu den Metallgittermasten der Fernseh- und Rundfunkanlagen zu führen. Eine vielfältige Vegetation aus Kiefern, Steineichen, vielen Edelkastanien sowie Weißdorn, an dem schon die orangeroten Beeren hängen und das dichte Unterholz aus Gräsern, Farnen und Blütenpflanzen zeigt uns, dass hier keine Weidewirtschaft geduldet wird. Auffallend ist auch das muntere Vogelgezwitscher aus den Zweigen; ein Zeichen dafür, dass man wenigstens in den Aufforstungsgebieten das Jagdverbot, das die Ausrottung der letzten italienischen Singvögel verhindern soll, überwachen kann. Eine halbe Stunde sind wir erst unterwegs, da treffen wir wieder auf die Teerstraße und halten uns rechts, weiter bergauf. Nach weiteren 15 Minuten passieren wir eine US-Air-Force-Einrichtung mit riesigen Lauschohren, die von einem perfekt italienisch sprechenden Zivilisten bewacht wird, und bald darauf stehen wir erstaunt vor einer bronzenen **Marienstatue mit Jesuskind**, die mit allerlei Krimskrams behängt ist: Ketten, Kreuze, winzige Statuen, aber auch Bonbons, Kugelschreiber – und an der Absperrkette wedelt ein buntes Taschentuch neben dem anderen.

„Andere Länder, andere (Glaubens-) Sitten!" sagen wir uns und entdecken nun, unmittelbar hinter der Marienstatue, im Schatten von Zypressen und Pinien einen **Picknickplatz** mit Steintischen und -bänken, Münztoilette (?) sowie einer schön gemauerten **Brunnenanlage**. Links gegenüber wartet ebenfalls ein großer, gepflasterter **Wanderparkplatz [221:** N 40° 51' 6.9" E 9° 10' 13.1"; 1248 m] – und

Auf dem Monte Limbara, Punta Giugantinu (1333m)

als **Übernachtungsplatz** böte diese Stelle sicher eine gigantische Sicht über die nächtlich beleuchteten Städte....

Unser Wanderweg führt jetzt wieder von der Teerstraße weg, zwischen dem **Brunnen** und den Picknicktischen hindurch. Nach 130 Schritten schwenken wir beim neuen Kirchlein **Madonna della Neve** rechts, dahinter nimmt uns zwischen Pinien ein (zunächst gepflasterter!) Trampelpfad auf, führt weiter direkt auf unseren Berg zu. Besonders kurios ist der Felsstock links von unserem Gipfel, in dem zwei säulenförmige Steine durchlöchert sind – durch einen scheint gerade die Sonne.

Das letzte Stück bis zum Gipfelkreuz ist einfache Kletterei über griffige Granitfelsen ohne loses Geröll – nach 1 1/2 Stunden (vom WOMO aus) haben wir unser Wanderziel erreicht und können uns an dem gigantischen Rundblick über ganz Nordsardinien berauschen. Wer auf diese kleine Wanderung verzichtet, hat sehr viel verpasst: Zwischen den Gebirgsketten leuchtet im Südwesten der **Lago del Coghinas** und im Nordwesten der **Lago di Liscia** – und dahinter erahnt man die Küstenlinie im Dunst. Bei noch klarerer Sicht könnte man zweifelsohne bis Korsika schauen.

Auch talwärts ist die Kletterei über die Felsen – griffige Schuhe vorausgesetzt – keine Kunst, so dass wir den "Gipfelsturm" auch mit Kindern ab zehn Jahren empfehlen können.

Auf dem Rückweg halten wir uns an die Fahrstraße und erreichen unser WOMO nach genau einer Stunde. Für die gesamte Wanderung sollte man also, mit Vesperpause auf dem Gipfel, etwa drei Stunden ansetzen. Fährt man natürlich bis zum **Picknickplatz** bei der Marienstatue, dann ist das Ganze eine Klettereinlage von einem knappen Stündchen!

TOUR 16 (ca. 320 km / 3-5 Tage)

Tempio Pausania – Isola Rossa – Cala Sarraina – Rena Maiore – Santa Teresa – Capo Testa – Valle di Luna – Capo d'Orso – Arzachena – S. Antonio – Costa Smeralda – Golfo Aranci – Olbia

Freie Übernachtung: Isola Rossa, Cala Sarraina, Portobello, Torrevignola, Rena Maiore, Buoncammino, Li Muri, San Giacomo, Liscia Ruja, Costa Smeralda »km 2,3«+»km 1,4«, San Pantaleo.

Trinkwasserstellen: u. a. Tempio, Isola Rossa, Buoncammino, Porto Pozzo, Coddu Vecchiu, San Antonio, San Giacomo, San Pantaleo.

Campingplätze: Vignola Mare, Porto Pozzo, Isola dei Gabbiani, Palau: "Capo d'Orso".

Baden: Isola Rossa, Cala Sarraina, nördl. Vignola Mare, Rena Maiore, Capo Testa, Liscia Ruja, Costa Smeralda (»km 2,3«+»km 1,4«), Golfo Aranci, Spiaggia Bianca, Bados, Pittulongu.

KARTE TOUR 16

Besichtigungen:	u. a. Tempio Pausania, Valle di Luna, Capo Testa, Capo d'Orso, Costa Smeralda, Golfo Aranci (Brunnentempel).
Wanderungen:	Cala Sarraina (Strandwanderung), Valle di Luna, Capo d'Orso, Torstein-Tour.

Besser als das Quellwasser auf dem **Monte Limbara** kann nur das Wasser einer Heilquelle sein – und die finden wir in

TEMPIO PAUSANIA!

Wir schrauben uns wieder zur Hauptstraße hinab, biegen rechts, überqueren zweimal die Schienen einer Schmalspurbahn. Beim Bahnhof stehen zwei kleine, verrostete Dampfloks, auf denen sicher jeder Junge einmal herumklettern möchte.

Inzwischen haben wir die braunen Wegweiser zur **Rinaggiu-Quelle** entdeckt und folgen ihnen durch das Straßengewirr von TEMPIO. Bei einer Agip-Tankstelle geht's schließlich links, wieder aufwärts, an einem riesigen, dosenförmigen Gebäude vorbei, das uns schon vorher auf dem Bergkamm aufgefallen war.

Die Straße endet – rechts wartet ein großer **Parkplatz** [N 40° 53' 45.0" E 9° 5' 36.8"; 598 m] – und dann geht es zu Fuß weiter in ein grünes Paradies, an liebevoll angelegten, lila blühenden Lavendelbeeten vorbei in einen Wald aus verschiedenen mitteleuropäischen Laubbäumen wie Ahorn und Robinien, aber auch Zedern und Pinien. Darin sprudeln die zwei sorgfältig gefassten Mäuler der **Rinaggiu-Quelle**, bei denen der An-

Tempio Pausania; Rinaggiu-Quelle

drang manchmal so groß sein muss, dass man kettengesäumte Zuwege angelegt hat: Links für Feldflaschenfüller mit nur 1-5-Liter-Bedarf, rechts für Kanisterträger mit 5-10-Liter-Wünschen. Und wer keine Kanister hat – der bekommt sie direkt vor der Brunnenanlage zum Kauf angeboten!

Durch das gepflegte Zentrum von TEMPIO PAUSANIA kann man auch in der Mittagszeit im Schatten spazieren gehen und wer Glück hat, findet im Zentrum die Steineichenallee, an deren Ende ein **künstlicher Wasserfall** (Foto) in mehreren Kaskaden, Kühle ausströmend, hinabstürzt. Dort findet in der Abendzeit sicher der obligatorische "Corso" statt – jetzt sind die Cafés fast leer, und Sie können in Ruhe Ihren Campari-Soda genießen. Wir verlassen TEMPIO Richtung SASSARI. 200 m nach der Agip-Tankstelle gabelt sich die Straße, um in ihrer Mitte einem **Parkplatz** [N40° 54' 18.2" E9° 05' 50.4"] mit Grünanlage Platz zu geben. An seinem linken Rande findet man einen **Entsorgungsschacht** und auf der Wiese einen **Wasserhahn** mit Schlauch.

Wir zweigen rechts nach AGGIUS ab. Dieser kleine Gebirgsort liegt dicht unterhalb gewaltiger Felsklöße, und wenn Sie dem Wegweiser "**strada panoramica**" am Ortsbeginn (bei der Tankstelle) nach links folgen, rollen Sie direkt zwischen ihnen dahin (große WOMOs sollten den Ort durchqueren und erst zwischen dem Friedhof und einem **Picknickplatz** [N 40° 56' 5.2" E 9° 3' 57.6"] mit Tröpfelbrunnen und Steintischen links abbiegen).

Wir lassen uns die urgewaltige Umgebung nicht entgehen, die von der "**strada panoramica**" durchquert wird. Im Scheitel-

punkt der Straße geht's hinab durch das **Valle della Luna**, in dem man die abenteuerlichsten **Tafoniformen** (Foto) bestaunen kann, bis wir an der Vorfahrtsstraße wieder links Richtung TRINITA D'AGULTU einschwenken.

Diese Route quert eine

Rückblick aufs Valle della Luna

urtümlich anmutende Landschaft. Überall liegen riesige Felsklumpen verstreut, so als hätten Giganten mit ihnen Murmeln gespielt. Die Korkeichen, die sich vereinzelt ins verbrannte Weideland krallen, sind vom ständigen Westwind fast bis zum Boden gebeugt. Hinter TRINITA haben wir bereits eine tolle Übersicht über das strahlend blaue Meer. Die roten Klippen von ISOLA ROSSA bilden dazu einen geradezu kitschig-schönen Kontrast.

Wir überqueren die SS 200 CASTELSARDO – S. TERESA, rollen auf einer Stichstraße auf ISOLA ROSSA zu. Nach 600 m passieren wir einen **Brunnen** und 3 km weiter biegen wir rechts in ein neues Teersträßchen, dem Wegweiser "**Marinedda**" nach.

Isola Rossa, Badestrand Marinedda (Stellplatz markiert)

Wer diese Abzweigung zur falschen Tageszeit benutzt, muss sich auf der fast zugeparkten Straße hindurchschlängeln, bis er nach etwa 700 m einen Parkplatz hinter dem schönen **Sandstrand** findet (oder auch nicht)! Für diesen Fall rollt man hinter dem Strand weiter nach Norden. Dort, wo die Asphaltstraße endet, führen bergauf Schotterpisten zu einsameren Plätzen oberhalb des Klippenstrandes.

(222) WOMO-Badeplatz: Isola Rossa (Marinedda)

GPS: N 41° 1' 7.6" E 8° 53' 21.6"   **max. WOMOs:** 2.
Ausstattung/Lage: Sandstrand, Mülleimer, Wasser in Isola Rossa/außerorts.
Zufahrt: Von der SS 200 Abstecher Richtung Isola Rossa, nach 3,5 km rechts.

Kommen Sie also erst nach 19 Uhr in diese Gegend, dann kann man das Panorama (samt Sonnenuntergang) am besten genießen. Falls Sie früher anrollen, lohnt sich auch ein kleiner

Bummel am malerischen Hafen des benachbarten ISOLA ROSSA, wo man reichlich Parkraum geschaffen hat (z.B. [N41° 00' 42.6" E8° 52' 40.9"]). Die Einbahnstraßenregelung führt uns auch am schönen **Torre aragonese** (Foto) vorbei, neben dem man die schönsten Abendfotos der Felsenküste machen kann.

Wir flüchten am nächsten Morgen rechtzeitig, wollen die restlichen Badeplätze bis SANTA TERESA für Sie begutachten. Die Abzweigung nach 10 km zur **Costa Paradiso** können Sie gerne ausprobieren – sie führt zu einer piekfeinen Feriensiedlung in traumhafter Landschaft - sogar einen **Tagesparkplatz** [N 41° 3' 20.1" E 8° 56' 54.2"] für WOMOs hat man, weitab des Strandes, eingerichtet. Interessanter sind die nächsten beiden Abzweigungen 4 km und 7 km später (»km 39,3«), auf den Hinweisschildern steht "**Cala Sarraina**" (die zweite Stichstraße ist die bessere!).

Das Teerband führt in eine kleine, malerische, ja geradezu gemütliche **Sandbucht** zwischen bizarren, rostroten Felsen. Das Parkplatzangebot ist leider schräg und total schattenlos – keine Freude für den Kühlschrank und ein Problem für die Nachtruhe – es sei denn, Sie rollen wie wir zurück zu dem ebenen Straßenstück vor der Gaststätte "La Cala". Viele **Spaziergeh- und Kletterpfade** führen nach links und rechts zu weiteren Buchten; es ist eine herrliche Ecke Sardiniens!

(223) WOMO-Badeplatz: Cala Sarraina
GPS: N 41° 5' 11.2" E 8° 59' 4.7" max. WOMOs: 2-3.
Ausstattung/Lage: Mülleimer, Sandstrand, Gaststätte, Klippenwanderweg/außerorts.
Zufahrt: Von der SS 200 bei »km 39,3« Richtung Cala Sarraina 3,1 km.

Wir kehren zur Hauptstraße zurück, biegen links, studieren eine Weile die Schilder, die den Direktverkauf von Schafskäse und Wein anzeigen, starten die nächste Strandsuche 2,3 km weiter (Wegweiser: Portobello Mare). Nun soll man nicht zuviel auf wohlklingende Namen geben, aber dieser Strand trägt ihn zu Recht!

(224) WOMO-Badeplatz: Portobello Mare
GPS: N41° 07' 50.3" E9° 02' 10.2" max. WOMOs: 2-3.
Ausstattung/Lage: Schattenbäume am P, Sandstrand 3 min./außerorts.
Zufahrt: Von der SS 200 bei »km 41,6« links Richtung Portobello.

Der Badeplatz von Portobello Mare

Ein Parkplatzrund mit Schattenbäumen ist für uns der Endpunkt der Straße. Links hebt sich der Schlagbaum zwar nur für
Ferienhausgäste, aber rechts verschwindet ein gepflegter
"Dschungelpfad" in schattigem Grün und öffnet sich nach
3 min. zu einer der schönsten Badebuchten Sardiniens. Ja, ich
weiß, das WOMO ist weit weg. Aber vielleicht passt der Portier
am Schlagbaum auf ...

Die nächste Abzweigung trägt die Aufschrift "Torre Vignola S.
Silverio". Gefährlich aussehende Natursteinmäuerchen flankieren die schmale Bahn, die auf einem riesigen, öden Parkplatz, von dem ein 3-min.-Weg zum Sandstrand mit Felseinla-
gen und zu dem Kirchlein "San Silverio" führt.

(225) WOMO-Badeplatz: Torre Vignola

GPS: N41° 07' 59.5" E9° 02' 55.5"   **max. WOMOs:** > 5.
Ausstattung/Lage: Sandstrand 3 min., saisonale Gebühr/außerorts.
Zufahrt: Links Richtung Portobello, erst an der dritten Gabelung links.
Tipp: 10-min.-Spaziergang nach rechts zum Sarazenenturm.

Wir schwenken links zurück zur SS 200 und kurz darauf nach VIGNOLA MARE, wo wir sofort vom Campingplatz "**Tortuga**" begrüßt werden, der den gesamten Pinienwald beherrscht.

(226) WOMO-Campingplatz-Tipp: "Baia blu la Tortuga"
GPS: N41° 07' 27.7" E9° 04' 03.2"   **Öffnungszeiten:** 1.4. - 23.10.
Zufahrt: Von Olbia 17 km auf der SS 125 nach Süden, an der Straße links.
Ausstattung: Sandstrand, viel Schatten, Laden, Gaststätte, V/E; nächste Stadt: 17 km.
Preise: WOMO + 2 Personen: 20-55 € incl. Strom und V/E.

An einem Kreisverkehr erreichen wir die Küste – eine nette Polizistin winkt uns bedeutungsvoll weiter in eine Einbahnstraße hinein, die sich wieder vom Strand entfernt, jedoch an der "**Area Camper Oasi Gallura**" vorbeiführt.

(227) WOMO-Badeplatz: Vignola Mare (Area Camper Oasi Gallura)
GPS: N 41° 7' 32.7" E 9° 3' 42.7"   **Öffnungszeiten:** 20.5. - 18.9.
Ausstattung/Lage: Sandstrand 150 m, Schatten/Ortsrand.   **Zufahrt:** s. Text.
Preise: 13,50-19,50 €/Tag incl. V/E, Strom: 2,50 €; V/E ohne Aufenthalt: 9 €.

Die Fortsetzung der **Pineta** nach Norden liegt ebenfalls hinter einem schönen **Sand-/Felsstrand** – und so nimmt es nicht Wunder, dass die Einheimischen Pisten gefunden haben, den Pinienwald zu durchqueren. Wir entdecken solche Zufahrten bei »**km 47,8**«, »**km 48,2**« und »**km 48,9**«, die jeweils nach etwa 250 m am Meer ankommen (Zufahrt nur bis VW-Bus-Größe möglich, aber großer, schattiger Parkplatz an der Straße).

(228) WOMO-Badeplatz: »km 47,8«
GPS: N 41° 7' 29.7" E 9° 4' 48.9"   **max. WOMOs:** > 5.
Ausstattung/Lage: Baumschatten, Sandstrand 250 m/außerorts.
Zufahrt: 1100 m östlich Vignola Mare bei »km 47,8« nach links abzweigen.

Bei »km 50,0« führt eine 400 m lange Teerstraße zum großen, aber sehr schrägen **Badeplatz "Lu Litarroni"** [N 41° 7' 49.5" E 9° 6' 13.1"] (zum Strand ebenfalls 250 m).
Bei »km 55« liegt vor dem **Rio Pischina** ein großer Asphaltparkplatz. Die Mündung des Rio daneben ist sommers eine sandige Bucht – wirklich ein schönes Plätzchen ...

3 km weiter im Norden liegt am Südrand der **Cala Vall'Alta** die bezaubernde **Spiaggia di Rena Maiore**. Bei »km 57,8« zweigt ein entsprechend ausgeschilderter Weg links ab – und führt zu weitläufigen Gefilden, die kaum Wünsche offen lassen: Sandbuchten, dazwischen Felsengewirr, dahinter flache Dünen mit vielen Parkbuchten zwischen Gebüsch und Macchie. Sogar eine Imbissbude hat sich etabliert – und Schilf- und Gesträuchmatten verhindern, dass Ihnen Sand auf das morgendliche Marmeladenbrötchen weht. Man steht herrlich direkt hinter dem weiten Sandstrand und hat einen prächtigen Blick bis hinüber zur **Halbinsel La Testa** an der nördlichsten Spitze Sardiniens – und wenn man Glück hat, bis zu den korsischen Bergen.

Leider treibt an der **Rena Maiore** die "Verbotstafelitis" zeitweise Blüten, nicht aber bei unserem letzten Besuch ...!?

(229) WOMO-Badeplätze: Rena Maiore

GPS: N 41° 10' 3.9" E 9° 10' 11.0"; N41° 10' 11.4" E9° 10' 10.1" **max. WOMOs:** 2-3.
Ausstattung/Lage: Sandstrand, Mülleimer, Strandbar, Camp. verboten/außerorts.
Zufahrt: Von der SS 200 bei »km 57,8« bzw. »km 58,2« nach links abzweigen.

Mit dieser empfehlenswerten Ecke hat unser Badeplatzangebot vor SANTA TERESA gleichzeitig seinen Höhepunkt und seinen Abschluss gefunden, denn die SS 200 verlässt nach dem **Camping** "La Liccia" [**230:** N41° 10' 49.5" E9° 10' 40.8"] bei »km 59,4« die immer felsiger werdende Küste.

Wer nach SANTA TERESA DI GALLURA fährt, der muss wichtige Gründe haben – oder keine Ahnung von dem Verkehrschaos, das sich dort alltäglich in der Hauptsaison abspielt. Da wir Sie jetzt gewarnt haben, bleiben nur noch die zwei triftigen Gründe übrig:

Der Hafen mit der Fähre nach Korsika – zu dem es eine

neue Zufahrt: Man biegt 2 km südlich der Stadt am Kreisel nach rechts (Osten) Richtung PALAU/**Costa Smeralda** und folgt 400 m später dem Wegweiser "**Porto**" nach links.

Bleibt der zweite Grund – die Fahrt zur Nordwestecke Sardiniens, der Halbinsel **Capo Testa**, von der aus Sie den obligatorischen Blick nach Norden, auf die weißschimmernden Kreidefelsen der Südspitze Korsikas, werfen müssen.

Zum **Capo Testa** fährt man geradeaus über den Kreisel und biegt genau 1000 m später, hinter einer Agip-Tankstelle, links ab. Diese Zufahrt wie die ins Zentrum ist aber für WOMOs verboten.

Falls Sie unbedingt hin-, das Verbotsschild aber nicht "übersehen" wollen, könnten Sie 150 m vor dem Kreisel, gegenüber dem Spar-Supermarkt, die holperige (**?**) Piste (Wegweiser: Tomba dei giganti) zur Feriensiedlung **Baia S. Reparata** und weiter die Straße zum Capo Testa nehmen ....

"Privatstrand" am Capo Testa mit Blick auf Korsika

Auch baden, selbst surfen ist am **Capo Testa** angesagt, denn an der Landenge zu besagter Halbinsel kann man, naturgemäß, rechts und links der Straße am Strand parken [**231:** N 41° 14' 12.0" E 9° 9' 38.6"]:

Der Nordstrand ist felsplattengetäfelt, bietet dafür aber eine meist ruhige See, der Südstrand ist sandig, dafür oft wellengepeitscht. Surfer können, ihr Brett über die Straße schleppend, zwischen auf- und ablandigem Wind wählen.

Das ewige Baden hängt Ihnen zum Halse heraus? Surfen wollen Sie auch nicht?? Abenteuer wollen Sie erleben???

Dann folgen Sie uns ins **Valle di Luna**, ins verrufene Tal, wo die letzten Hippies in den Felshöhlen hausen und nachts, bei wilden Feten, der Marihuana-Joint die Runde macht!?

Unmittelbar hinter den Leitplanken zwischen dem Festland und der Halbinsel **La Testa** führt halblinks ein geschotterter, schlaggelöcherter Privat-
weg an einem Surfbrett- und Tretbootverleih vorbei. Auf ihm laufen wir ein
knappes Viertelstündchen bis zum Beginn einer Ferienhaussiedlung (genau 1000 m).

Dort wenden wir uns nach rechts, halten rechts an den klotzigen Felsen
vorbei, folgen einem mit Erdhaufen verbarrikadiertem Weg, der immer
schmaler wird und schließlich links ins **Mondtal** hinabkraxelt.

Etwas mulmig wird uns schon! Wir haben einen der wenigen Gewittertage
des sardischen Sommers erwischt. Strömender Regen fließt an unseren
Parkas hinab. Da, wir fühlen es förmlich, folgt uns ein forschendes Augen-
paar. Der Besitzer hockt in einem Schlafsack, der wie eingezwängt in einer
schmalen Höhle rechts des Pfades steckt.

Wir umrunden einen schon in römischer Zeit in zwei Riesenblöcke gespal-
tenen Felsen – da steht urplötzlich eine Seeräubergestalt vor uns, die
blutverkrustete Wade mit einem dreckstarrenden Taschentuch umwickelt.
Er mustert uns wortlos, verschwindet in seinem Felsenloch, gefolgt von
einem klapperdürren Hund.

Die Tafoni-Felsen weichen auseinan-
der, ein malerisches Tal breitet sich zu
unseren Füßen aus. Linkerhand, an
der Felswand, haben die Zeremoni-
enmeister die schwarzen Symbole der
Mondgöttin verewigt, davor liegen
Felshocker im Kreis, Asche und Holzkohle, die Reste der nächtlichen Mond-
beschwörung?

Wir flüchten vor den herabstürzenden
Fluten unter einen überhängenden
Felsen, der uns beschützt wie ein stein-
zeitliches Telefonhäuschen (Foto).

Links klatschen aufgepeitschte Wellen an den Felsstrand, aus einer Spalte steigen die Qualmwolken eines ver-
späteten Frühstücksfeuers auf. Eine
Langhaarige hastet im schwarzen
Gymnastikanzug an uns vorbei, klet-

tert hinab zum Kaffeeklatsch. Rechts rollen die Wogen auf einem kleinen Sandstreifen aus.

Bei unserem nächsten Besuch hat der Sonnenschein die Gruselatmosphäre verscheucht, sardische Familien lagern am Stand, die Kinder planschen, die Väter spielen Fußball auf der blumenübersäten Wiese und wir finden unsere Meinung bestätigt: Das VALLE DI LUNA ist, in romantischer Umgebung, sicher einer der schönsten Badeplätze Sardiniens. Nehmen Sie also die Badesachen mit, wenn Sie dem VALLE DI LUNA, dem Mondtal, einen Besuch abstatten wollen – aber lassen Sie den Geldbeutel lieber im gut verschlossenen WOMO....

Wir haben unsere Arbeit getan und würden nun gerne in Ruhe einen Frappé genießen. Welcher Platz ist dafür besser geeignet als das Terrain einer einsamen Kirche?

Wir kehren nach SANTA TERESA zurück, halten uns zunächst nach Süden und an der ersten Gabelung links, auf PALAU zu, so, als wollten wir zum Fährhafen gelangen, rollen an dessen Abzweigung vorbei und biegen erst 1200 m später, bei »km 14,6« nach rechts (Wegweiser: **Chiesa del Buoncammino**).

Hinter dem Stadion nochmals rechts, und wir stehen im Pinienwald hinter dem schlichten, weißen Kirchenbau.

(232) WOMO-Stellplatz: Chiesa del Buoncammino

GPS: N41° 13' 06.8" E9° 11' 31.5"
max. WOMOs: > 5.
Ausstattung/Lage: Baumschatten, Wasserhahn/ außerorts.
Zufahrt: Am Santa-Teresa-Kreisel rechts, nach 2 km wieder rechts (ausgeschildert).

Wir sind völlig allein, werfen zunächst einen Blick auf den kreuzförmigen Kirchenbau mit zentraler Rundkuppel, im Inneren schreiten wir still über den gekachelten Boden, Maria empfängt uns in segnender Pose unter einem blauen Sternenhimmel ....

Dann gönnen wir uns eine ausgedehnte Kaffeepause im kühlen Schatten und bei völliger Ruhe.

Jetzt wird's wieder Ernst! Wir kehren zur SS 133 b. zurück, biegen rechts und fahren alle erreichbaren Strände ab. Das Ergebnis ist niederschmetternd: **Spiaggia di Marmorata**, **Cala Sambuco**, **Conca Verde**, **Valle dell' Erica** – wir haben sicher keinen ausgelassen! Alle Strände sind entweder total blockiert von Ferienhaussiedlungen oder sind schlicht für WOMOs verboten – assoluto niente!

Bleibt PORTO POZZO, wo man links zum Hafen hinabfahren und neben der Gaststätte einen Badestopp in der stillen, schmalen Bucht einlegen kann. Da fällt unser Blick auf den benachbarten Campingplatz, schön schattig und direkt hinter dem Strand. Das wäre etwas für die Kleinkinderfamilie!

(233) WOMO-Campingplatz-Tipp: "Arcobaleno"
GPS: N40° 26' 22.7" E9° 46' 52.0"   **Öffnungszeiten:** 1.5.-30.9.
Zufahrt: Von S. T. di Gallura auf der SS 133b Richtung Palau bis Porto Pozzo.
Ausstattung: Flacher, ruhiger Sandstrand, Schatten, Gaststätte, V/E; im Ort.
Preise: WOMO + 2 Personen: 21-37 € incl. V/E, Strom: 3,50 €, Hund kostenlos.

Ach ja, biegt man gegenüber der Campingplatzzufahrt rechts zum kleinen Kirchlein, so findet man rechts, am Rande der Wiese, einen Wasserhahn mit langem Schlauch.

Natürlich würden wir Ihnen jetzt gerne unseren Lieblingsplatz "Porto Liscia" führen, aber die Zufahrt ist seit Jahren für WOMOs verboten und am Strand mit einer 2,10-m-Kette versperrt. Sie haben gar kein WOMO, sondern "nur" einen VW-Bus? Dann lesen Sie weiter:

200 m nachdem wir die Abzweigung zum kleinen Bergdorf S. PASQUALE passiert haben, sichten wir links eine frisch gestrichene Cantoniera, die ihre Lage, wie üblich, mit der unübersehbaren Aufschrift »km 2,400« markiert hat.
Links blinken, 'runterschalten!
50 m danach biegen wir in eine schmale Teerbahn ein, die außer einem **Campingverbotszeichen** den Wegweiser "Porto Liscia" trägt. Genau 5 km kurven wir auf ihr durch eine Macchie- und Weideflur, passieren einen Bauernhof, lassen, mühsam ins Fahrbahnrandgesträuch ausweichen, einige entgegenkommende, surfbrettbeladene PKWs vorbei, schlagen zwei letzte Haken durch ein Binsenbüschel-Schwemmland – und sind platt! In der mindestens 4 km breiten Sandbucht von **Porto Liscia** steht kein einziges Haus.
Die einzigen "Bewohner" sind VW-Busse und eine ganze Reihe von PKWs, in denen sich weitere Surf-Fans gerade auf den Heimweg machen, denn wir haben mit der Bucht von **Porto Liscia** [N 41° 11' 34.1" E 9° 17' 22.6"] den besten Surfer-Treff von Sardinien entdeckt: Guter Wind – und trotzdem nicht zu hohe Wellen – was wollen Sie mehr!?

Als Alternative bietet sich der Campingplatz "**Isola dei Gabbiani**" an, sozusagen der östliche Nachbar des Porto-Liscia-Strandes. Der Campingplatz liegt herrlich auf einer kleinen Halbinsel, man kann seinen Standort frei wählen ...

Vor der Zufahrt zum Camping gibt es mehrere Parkplätze, auf denen ein wilder Trubel von Surf- und Kitesurffreaks herrscht, die sich einen Teufel um die vielen WOMO-Verbotsschilder scheren. Lediglich ein kleines Eckchen wird offiziell für WOMOs freigehalten, die dann 1,50 €/Std. berappen dürfen. Da kann man ja gleich auf den Campingplatz gehen!

---

(234) WOMO-Campingplatz-Tipp: "Isola dei Gabbiani"
GPS: N40° 26' 22.7" E9° 46' 52.0"   **Öffnungszeiten:** 22.4.-16.10.
Zufahrt: Von S. T. di Gallura auf der SS 133b bis zur Abzweigung Isola dei Gabbiani.
Ausstattung: Sandstrand, Schatten, Laden, Gaststätte, V/E; im Ort.
Preise: WOMO + 2 Personen: 22-50 € incl. V/E und Strom.

Einige Buchten gibt es noch an der Nordküste zu erforschen – und einen Geheimtipp haben wir auch für Sie!

Deshalb rollen wir als erstes nach PALAU mit dem Fährhafen zu den Inseln **Maddalena** und **Caprera** (diese sind Naturschutzgebiet, freies Übernachten ist dort nicht möglich).

Vor PALAU führt eine Stichstraße nach links zur **Fortezza Altura**. Unterhalb der Festung findet man einen eukalyptusbuschumrandeten **Parkplatz** [N 41° 11' 2.8" E 9° 21' 51.1"], ein bequemer, beleuchteter Spazierweg führt hinauf. Der (schöne) Blick von oben zeigt uns: Die Küste vor PALAU ist völlig zugebaut – interessanter wird es erst weiter östlich ...

Wir folgen folglich im Ort dem Wegweiser "**Capo d'Orso**" (Bärenkap), bis die Teerstraße vor einer weiteren Fortezza endet, links geht's hinab zum "Bärenparkplatz" (Gebühr).

Ein mit Granitbruchsteinen ziemlich holprig gepflasterter Weg bietet einen zehnminütigen Spaziergang durch die schönste Tafonilandschaft, die ich je gesehen habe (einschließlich der

korsischen "Calanche"). Schließlich steht man so nahe vor dem gewaltigen **Steinbären** (der dem Kap seinen Namen gegeben hat) – das man ihn nur mit einem Trick formatfüllend auf die Speicherplatte bekommt.

So wie der Bär sind auch die anderen Riesenfelsgestalten von einer harten Gesteinskruste überzogen, die lange der Verwitterung standhielt.

Wo sie schließlich doch aufgebrochen wurde, gab sie den Weg ins weichere Innere frei wie bei einer Nuss – und tiefe Höhlungen wurden durch die Erosion freigelegt, bis schließlich ganze Felsteile abbrachen und somit abenteuerliche Formen entstanden – Tieren und Fabelgestalten gleich.

Wir wandern durch die versteinerte Welt und erfreuen uns gleichzeitig an dem Panoramablick hinab zu den Buchten und den vorgelagerten Inseln **Maddalena** und **Caprera** sowie der gebirgigen Horizontlinie – Korsika grüßt herüber!

Dann fahren wir 1,2 km Richtung PALAU zurück, halten uns zweimal links (Wegweiser: CANNIGIONE/**Camping** "**Capo d'Orso**").

---

(235) WOMO-Campingplatz-Tipp: "Capo d'Orso"

GPS: N41° 09' 36.3" E9° 24' 04.7"   **Öffnungszeiten:** 15.5.-30.9.
Zufahrt: Von Palau nach Osten (ausgeschildert: Capo d'Orso).
Ausstattung: Sandstrand, Schatten, Laden, Gaststätte, V/E; im Ort.
Preise: WOMO + 2 Personen: 18-50 € incl. V/E und Strom 3,50 €, Hund 0-5 €.

Hinter dem Campingplatz gabelt sich die Straße, so dass wir nach links wieder an die Küste kommen (**Golfo delle Saline**) oder alternativ geradeaus durch eine abwechslungsreiche Felsenlandschaft direkt nach ARZACHENA fahren können.

Die Buchten an der Küstenstrecke haben entweder schaurige Abfahrten oder sie liegen weit vom Strand entfernt – und sind auch noch gebührenpflichtig.

Eigentlich haben wir an dieser Strecke bis CANNIGIONE, wo der **Golfo di Arzachena** endet, nur noch **Parkgelegenheiten** direkt an der Straße entdeckt, von denen aus die Badegäste ihre Klamotten mehr oder weniger weit durch die Macchie zum Strand schleifen müssen – wahrlich keine ideale WOMO-Gegend. Wer also an der Nordküste zwischen ARZACHENA und SANTA TERESA länger verweilen möchte, der müsste entweder seine Maße nach der WOMO-Schranke richten oder einen Campingplatz beglücken.

Wenn die Strände nichts taugen – vielleicht erfreut uns dann der **Lago di Liscia** – schließlich hat er den gleichen Namen wie unsere Lieblingsbucht?

Zunächst aber komplettieren wir unsere schon recht umfangreiche, versteinerte Tier- und Pflanzensammlung, indem wir

den **Steinpilz** von ARZA-CHENA suchen (Foto).

Dies ist jedoch kein Edelpilz aus der Familie der Röhrlinge, sondern das steinerne Wahrzeichen der Stadt, das, gut ausgeschildert, rechts der Hauptstraße auf einem Hangvorsprung gewachsen ist.

Zufahrt: 100 m <u>vor</u> der ersten Ampel rechts (Via Avolta – Via Sassari, dann 100 m links [N 41° 4' 44.2" E 9° 23' 33.5"].

Darf's ein wenig Kultur sein, wenn sie sozusagen am Wegrand liegt?

Wir biegen in ARZACHENA, 100 m <u>nach</u> der Ampel, nach links, auf LUOGOSANTO/S. ANTONIO DI GALLURA zu. 2,9 km südlich dieser Abzweigung machen wir unseren "Kulturabstecher" nach rechts (Wegweiser: LUOGOSANTO/**Tombe Nuragiche**). 2 km weiter zweigen wir zunächst links ab (Wegweiser: **Tombe Nuragiche Coddu Vecchiu**). 200 m später parken wir rechts der Straße auf einem angelegten **Picknickplatz** [**236: N 41° 3' 5.5" E 9° 21' 23.9"**] mit schattigen Tischen & Bänken, **Wasserhahn**, Mülleimer – und natürlich einem Kassenhäuschen (Saisonöffnungszeit: 9-20 Uhr, sonst 10-19 Uhr)!

Von dort führt ein Pfad zu dem unübersehbaren Bauwerk (Foto) mit der üblichen, riesigen Portalstele, die flankiert ist von senkrecht stehenden Steinplatten, die einerseits, wegen ihrer gebogenen Anordnung, wie Stierhörner wirken und andererseits das Auge des Betrachters geradezu magisch auf die kleine Öffnung an der Basis der Portalstele lenken, die die Grenze zwischen der Welt der Lebendigen und der Toten darstellt.

Wir kehren zur Straße nach LUOGOSANTO zurück, fahren 2,5 km nach links, bis wir 500 m hinter der Brücke über die

Bahnlinie wieder nach rechts in einen schmalen Fahrweg einbiegen können. Nach 1,9 km kommen wir an eine Gabelung, dort bleiben wir geradeaus (rechts) und rollen nach weiteren 400 m auf einen Parkplatz [N 41° 3' 58.0" E 9° 20' 4.2"]. Links, oberhalb des Weges, sieht man bereits die große Portalstele

des langen Steinkistengrabes "**Li Lolghi**", das durch Verlängerung und späteren Anbau des halbkreisförmigen Vorplatzes mit Steinstele erst zu diesem "moderneren" Gigantengrab wurde.

Hält man sich an der letzten Gabelung links, so kommt man nach 1200 m zur Ausgrabung "**Li Muri**"

mit weniger aufregenden Kistengräbern – aber einem schönen **Picknickplatz** mit Wasserhahn [**237**: N 41° 4' 13.7" E 9° 19' 11.3"] 150 m entfernt.

Ja, jetzt haben wir Sie zwecks "Kultura" ins Landesinnere gelockt – dabei wollten wir Ihnen eigentlich einen Badesee bieten!

Auf der Hauptstraße zurück rollen wir noch 1000 m nach rechts und schwenken dann links zum **Lago di Liscia** (Wegweiser auch: E.S.A.F.).

Nach 4,2 km stehen wir an einer Straßengabelung oberhalb des Sees. Es lohnt nicht, sich nach rechts zu werden, dort endet die Bahn vor dem Staumauergelände.

Nach links kurven wir weit über dem Seespiegel entlang. Es gibt nur eine Möglichkeit, sich ihm zu nähern: Den Abstecher nach 1300 m zur Gaststätte "Val Karana" mit aussichtsreichen Parkplätzen ...

Auch SAN ANTONIO bietet kaum Aufregendes. Lediglich die frisch sprudelnden **Brunnen** 100 m hinter dem Ortsschild und auf der Piazza sind beachtenswert ...

Wer allerdings die Strecke nach ARZACHENA mit wachem Auge hinabkurvt, der ist verblüfft von der unglaublichen Vielfalt der Gesteinsformen, die Säulen, Höhlen, Köpfen und Fabelgestalten gleichen. Ihr optischer Höhepunkt ist ein **Torstein** rechts oberhalb der Straße, ein Felsbogen, der eine Hügelkuppe wie mit einem gebogenen Schild überdacht.

Da müssen wir hinauf!

Nach 5,5 km sichten wir linkerhand ein kleines Kirchlein mit Picknickplatz (und Wasserhahn neben der Kirche), bestens geeignet für eine Kaffeepause. 1600 m später biegen wir nach rechts in ein schmales Teersträßchen (Wegweiser: SAN GIACOMO), das uns mitten in das bizarre Felsenchaos hineinführt (»km 0«). Bei »km 0,7« halten wir an einer Gabelung links Richtung SAN GIACOMO, bei »km 2,3«

zweigt neben einem trockenen **Brunnen** (oberhalb ein Tafoni in Form eines Blütenkelches) nach links ein Fahrweg ab. Diesen merken wir uns, rollen aber zunächst 2,5 km weiter bis SAN GIACOMO, wo wir links unterhalb einen riesigen **Picknickplatz** [238: N 41° 0' 0.6" E 9° 23' 49.9"; 281 m] beim Kirchlein mit Tisch & Bank & **Brunnen** finden.

Wir kehren zurück zum Blütenkelch, kurven nach rechts und sehen nach 1000 m über uns den **Torstein**. Nach 2 km parken wir rechts der Fahrbahn bei einer Abzweigung [N 41° 1' 34.2" E 9° 22' 27.3"], schnüren die Bergstiefel und beäugen den Hang:

Zunächst müssen wir 100 Schritte den Fahrweg zurück marschieren. Dann geht's rechts durch die Öffnung eines Weidezaunes. Wir stapfen über die Weidefläche, halten direkt auf die Mulde links der Hügelkuppe mit dem **Torstein** zu, klettern (steil) in der Falllinie empor, umrunden schließlich die Hügelkuppe im Uhrzeigersinn und betreten sie nach 30 Minuten von der rechten Seite.

Der Aufstieg ist nicht schwer, aber schweißtreibend. Trittsicherheit ist unbedingt notwendig, wenn auch die grobe Granitstruktur der Felsen zusätzliche Sicherheit verleiht.

Wir möchten besonders betonen, dass es weder Weg noch Steg zum

600 m später mündet die Piste bei »km 28,5« in die Hauptstraße. Wir biegen rechts, kehren frohgemut nach ARZACHENA zurück bzw. biegen 2 km südlich des Ortes rechts zur Umgehungsstraße ab (an der Kreuzung **Brunnen**), halten auf PORTO CERVO zu. Knapp 9 km später wenden wir uns rechts, dem Wegweiser "**Cala di Volpe**" folgend.

Jetzt aufpassen!

Wir passieren nach 1,5 km noch eine letzte Abzweigung, die uns später wieder rechts nach OLBIA zurückführen wird, fahren jedoch geradeaus weiter und holpern 200 m danach rechts in einen zeitweise abenteuerlich welligen Staubweg hinein [**239:** N41° 03' 56.8" E9° 31' 44.9"] (Wegweiser: "**Cala Liscia Ruja**").

Nach 2 bzw. 3 km landen wir an zwei großen, buschumringten saisonal kostenpflichtigen Parkbuchten (1,50 €/Std.). Von dort aus stapfen wir in wenigen Schritten zu einem feinsandigen Strand, fotogen liegen darin einige rostrote Granitfelsen wie Dauersonnenanbeter. Rechts und links rahmen kantige, rotbraune Felsstöcke die große Bucht ein, in der eine ganze Reihe von 2-, 3- und sogar 4-Mastern und einige futuristische Schnellboote vor Anker liegen. Jetzt wissen wir es ganz genau: Wir haben uns ins Reservat der Superreichen, in die **Costa Smeralda** vorgewagt und können sie wie im Zoo besichtigen!

Cala di Volpe

Bald schwanken wir die überdimensionale Piste – bergauf, hügelab – wieder zur Teerstraße zurück, biegen dort rechts, erreichen kurz darauf die Hotelanlage **"Cala di Volpe"**.

Hätten wir das Hinweisschild nicht gesehen – und den Golfclub mit seinen unvergleichlich grünen "greens" gleich gegenüber – so hätten wir ein halbverfallenes Bauerngehöft vermutet. So wirklichkeitsnah ist den Architekten Aga Khans, Multimillionär und Nachkomme Mohammeds in direkter Linie, der Nachbau altsardischer Gemäuer gelungen. Der äußere Schein jedoch muss trügen – für Bett und Tisch zahlt das Ehepaar bereits in der Nebensaison über 1000 Euro – pro Tag, versteht sich!

Wir rollen zurück, an der Schotterstraße zur **Cala Liscia Ruja** vorbei und 200 m später, an der Gabelung, links auf OLBIA und GOLFO ARANCI zu. Ein Bergrücken wird überquert, von einem Parkplatz auf seiner Höhe aus werfen wir einen letzten Blick hinab auf die Luxusspielzeuge der Millionäre – und fühlen uns ganz wohl in unserem WOMO!

Wir sausen nun hinab, nach Süden. Die Küstenlinie des **Golfo di Cugnana** ist links, hinter Macchie und Felsen, zu erspähen. Achten Sie genau auf die Straßenkilometersteine, denn wir haben am Rande der Costa Smeralda, zwischen »km 1« und »km 3«, noch zwei schöne Plätzchen entdeckt!

Eine erste Piste windet sich ab **»km 2,3«** genau 500 m durch die Macchie und endet in einem flachen Binsenbüschelgelände direkt hinter der Düne, mit Blick auf den makellosen **Sandstrand** der **Spiaggia razza di junco**, hier steht man ruhig und schön.

---

(240) WOMO-Badeplatz: »km 2,3« (Spiaggia razza di junco)
GPS: N 41 3' 12.3" E 9 31' 21.6"   **max. WOMOs:** 2.
Ausstattung/Lage: Sandstrand, Bar/außerorts.
Zufahrt: Von der Straße Porto Cervo - Olbia bei »km 2,3« links zum Parkplatz.

Kurz darauf, bei **»km 1,4«**, führte nach links ein bequemes Staubsträßchen 600 m zu einem riesigen Parkrund mit einzelnen Parkbuchten zwischen Macchiebüschen auf einer Landzunge. Rechts führen Fußwege zu einer idyllischen Bucht mit blendendweißem Sand...

Dieses schöne Badeplätzchen hat man neuerdings in der Weise verschlimmbessert, dass man direkt an der Straße große Parkplätze angelegt hat (zum Strand müsste man 500 m laufen). Aber bereits bei unserem letzten Besuch war die Regelung wieder "aufgeweicht", lassen Sie sich überraschen!

---

(241) WOMO-Badeplatz: »km 1,4« (Rena Bianca)
GPS: N 41° 2' 51.4" E 9° 31' 6.0"   **max. WOMOs:** > 5
Ausstattung/Lage: Sandstrand, saisonale Gebühr/außerorts.
Zufahrt: Von der Straße Porto Cervo - Olbia bei »km 1,4« links zum Parkplatz.

Wir kehren zur Teerstraße zurück, biegen links – und halten 300 m darauf kurz an, um uns von der **Costa Smeralda** zu verabschieden. Wie uns die Aufschrift auf einem Felsklotz verrät, endet hier der berühmteste Küstenabschnitt Sardiniens.

Wer noch einmal eine **Tafoni-Wanderung** mit bequemem Wasserfassen verbinden möchte, biegt 900 m später an der Straßengabelung nicht links nach OLBIA, sondern rechts, und tuckert 5 km steil hinauf nach SAN PANTALEO. Unterwegs entdeckt man nach 2 km rechts das **Kirchlein Santa Chiara** mit Parkplatz und schattigem Picknickgelände [N 41° 2' 22.3" E 9° 29' 43.6"], dann links die Zufahrt zur **Mineralwasserfabrik** "Fonti San Pantaleo", wo man für 5 Cent/Liter sogar den WOMO-Tank füllen kann (Mo-Sa 8-13 Uhr)!

In SAN PANTALEO sprudelt das **Wasser** aus einem Tafoni-Stein, prima anfahrbar, 50 m hinter der Esso-Tankstelle links.

San-Pantaleo-Tafoni-Spaziergang (hin & zurück 20 min.)

100 m später schwenken wir vor dem Isa-Markt links in die Via Pompei und nochmals links steil hoch in die Via Manzoni, wo wir rechts parken und unseren Tafoni-Spaziergang in Verlängerung der Straße beginnen. Bereits nach 10 min. erreichen wir eine Schäferhütte (Stazzo Manzoni) mit Blick auf prächtige Granitfelsen. Wer unseren Spaziergang zu einer 3-Std.-Wanderung erweitern möchte, dem empfehlen wir wie immer den Rother (Tour 7).

Sie sind durch SAN PANTALEO gebummelt und in einer Gaststätte versumpft? Dann können wir Ihnen als Nächtigungsplatz den aussichtsreichen, ruhigen Parkplatz bei der "Comune" empfehlen (Foto: Aussicht vom Parkplatz).

(242) WOMO-Stellplatz: San Pantaleo (Comune)
GPS: N 41° 2' 51.4" E 9° 31' 6.0"   max. WOMOs: 2-3.
Ausstattung/Lage: Brunnen und Gaststätte im Ort/Ortsrand.
Zufahrt: Am Supermarkt "Isa" vorbei nach 200 m links (ausgeschildert).

Am **Golfo di Cugnana** finden wir noch ein **Badeplätzen**, leicht zu erreichen und von der Straße aus einfach zu finden – dafür aber auch mit der entsprechenden Geräuschkulisse versehen. Man zweigt 1200 m nach dem San-Pantaleo-Abstecher scharf nach links ab und holpert parallel zur Asphaltstraße 300 m zurück zum Kies-/Felsstrand [N 41° 1' 36.3" E 9° 31' 8.6"].

Ohne weiteren Stopp (obwohl der **Golfo di Marinella** nicht schlecht aussieht) fahren wir weiter nach GOLFO ARANCI, wo die Fähren der "**Sardinia Ferries**" anlegen.

Wir folgen den Wegweisern zum "**Porto**" – auf der Suche nach einem uralten Brunnentempel, dem "**Pozzo Sacro Milis**". Als wir ihn nach nicht enden wollender Suche schließlich doch gefunden haben, stellen wir fest - eigentlich ist es ganz einfach: Man rollt in den Fährhafen zur Anlegestelle Livorno, die Bahnschienen überquerend, passiert das Kriegerdenkmal (mit **Brunnen**) und parkt vor dem Bahnhof [N 40° 59' 43.4" E 9° 37' 33.7"].

Vom Bahnsteig marschiert man rechts der Schienen auf den Wasserturm zu, vor ihm rechts die Stufen hinab zu den unteren Schienen und vor Ihnen wieder rechts. Vor Beginn einer Mauer sieht man die roh behauenen Mauersteine des **heiligen Brunnens** [N 40° 59' 36.1" E 9° 37' 42.8"], in dessen Mittelteil eine Treppe in steilem Winkel nach unten zum "Heiligen Wasser" führt.

GOLFO ARANCI hat einen schönen **Strand**, der über Stichstraßen zu erreichen ist. Am besten hat uns der am Ende der Via A. Diaz mit Palmenparkplatz [N41° 0' 10.8" E9° 37' 6.8"] gefallen ...

Wir nehmen von GOLFO ARANCI die rote, die Küstenstraße nach OLBIA (Wegweiser: OLBIA/Zona Industriale) und erleben bei der Badeplatzsuche eine Enttäuschung nach der anderen: **Spiaggia Bianca**, **Bados, Pittulongu** - selbst das kleinste Zufahrtssträßchen ist mit WOMO-Verbotsschildern zugepflastert - da bleibt uns nur die Kultur!

Kurz vor dem Industriegebiet von OLBIA passieren wir bei »km 3,3« das Hotel **"Pozzo Sacro"** und schwenken 250 m später (vor dem **Centro Cash**) zweimal nach links zum nuraghischen Brunnentempel **Sa Testa** (etwa 1400 - 1000 v. Chr.).

Vom Parkplatz [N 40° 56' 0.6" E 9° 32' 37.6"] sind es 250 Schritte zu Fuß auf einem gepflasterten Weg.

Das **Brunnenheiligtum** hat in der Aufsicht die Form zweier ungleich großer Handschellen. Der erste Kreis diente wohl als Vorraum, im zweiten führt eine steile Treppe, flankiert von den typischen, schrägverkanteten Seitenwänden, zum "Heiligen Wasser".

Die Steinbearbeitungstechnik von "**Sa Testa**" und "**Milis**" ist wesentlich gröber, wirkt wesentlich archaischer als die des Schmuckstückes "**Santa Cristina**". Da man im viel jünger wirkenden Tempel "**Santa Cristina**" erstaunlicherweise eine Bronzestatue fand, die sich eindeutig ins Jahr 1100 v. Chr. datieren ließ, war und ist die Verwirrung der Archäologen groß.

Entsorgung: Von Sa Testa 1500 m weiter Richtung OLBIA (Zona industriale Porto), gerade über einen Kreisel und danach die erste links (Zona industriale Settore 2, Via Mozambico), nach 50 m links Kläranlage [N40° 56' 05.3" E9° 31' 25.1"]. Kräftig hupen - und das Tor öffnet sich (dann den Anweisungen folgen, Benutzung ist kostenlos).

Nach Besichtigung des Heiligen Brunnens starten wir durch, für den Stadtbummel in OLBIA sollte man sich rechtzeitig, das heißt möglichst vor 8 Uhr, einen **Parkplatz** sichern.

Wir finden ihn, indem wir am ersten Kreisel 400 m südlich der Fährhafenzufahrt scharf links schwenken [N 40° 55' 23.9" E 9° 30' 24.3"].

Quert man die Hafenallee, so steht man nach wenigen Schritten auf dem **Corso Umberto I**, der Flaniermeile.

Die wenigen Straßen des alten OLBIA sind schnell durchschlendert – und schwer bepackt kehren wir zum WOMO zurück, das sich, für unseren letzten Tag auf Sardinien, schon auf den Stellplatz am ruhigen Badeplatz **Lido del Sole (Süd)** freut (Abzweigung in MURTA MARIA – Sie erinnern sich?!).

TRICKS UND TIPPS – alphabetisch geordnet

Abwasser
Adressen
Ärztliche Hilfe
Auto siehe Fahrzeug
Autobahngebühren
Autofahrer siehe Einreise
Autohilfsdienste
Autopapiere siehe Einreise
Autowerkstätten siehe Autohilfsdienste

Baby
Babykost siehe Baby
Benzin siehe Treibstoff
Bergwandern/Bergsteigen

Campingplätze siehe Freies Camping
Campingtoilette siehe Toilette

Devisen
Diebstahl
Diesel siehe Treibstoffe

Einreiseformalitäten
Ersatzteile siehe Autohilfsdienste

Fähren
Fahrzeug
Filmen/Fotografieren
Flora/Fauna
Freies Camping

Gas
Gaststätten siehe Preise
Geld siehe Devisen
Geschichte siehe Kulturgeschichte
Geschwindigkeitsbegrenzung s. Verkehr
Getränke
Gewicht siehe Fahrzeug

Haustiere
Höhlen

Insektenplage

Kartenmaterial
Klima
Konserven siehe Lebensmittel
Krankheit siehe ärztliche Hilfe
Kühlschrank
Kulturgeschichte

Lebensmittel
Literatur

Medikamente

Nachrichten siehe Rundfunk, Zeitungen
Nacktbaden

Öffnungszeiten
Oktanzahl siehe Treibstoff

Packliste
Pflanzen siehe Flora/Fauna
Post
Preise

Redewendungen
Reisetage/Reisezeit
Reparaturbuch siehe Literatur
Rundfunk/Fernsehen/Internet

Sonnenschutzmittel
Sprache siehe Verständigung
Straßenhilfsdienst siehe Autohilfsdienste
Straßenverhältnisse s. Verkehr
Surfen

Telefon
Temperaturen siehe Klima
Tierwelt siehe Flora/Fauna
Toilette
Treibstoffe
Trink-, Wasch-, Spülwasser

Urlaubszeit siehe Klima, Reisezeit

Verkehr
Versicherung s. Einreiseformalitäten
Verständigung
Vignette siehe Autobahngebühren

Wasserkanister siehe Trinkwasser
Wassertemperaturen siehe Klima
Wasserversorgung siehe Trinkwasser
Wechselstuben siehe Devisen
Wetter siehe Klima
Windsurfen siehe Surfen
Wohnmobil siehe Fahrzeug

Zauberei - Outdoornavigation mit GPS
Zum Schluss -
in eigener Sache

ABWASSER

Nicht jedermann betrachtet WOMOs mit wohlwollendem Auge! Mit Sicherheit beschwört man jedoch Ärger herauf und versaut den Ruf der ganzen Sippe, wenn man sein Abwasser seelenruhig unter dem Fahrzeug heraustrielen lässt! Auch folgende "Methoden" sind nicht zu tolerieren:

* Einen Eimer unter den offenen Abwasserhahn stellen und die stinkende Brühe 2x täglich ins nahe Gebüsch schütten.
* Einen Eimer mit Loch im Boden unter den offenen Abwsserhahn stellen.

Abwasser ist sicher nicht "schädlich" für die Umwelt, aber der o.a. Umgang mit ihm schadet dem Ruf aller WOMO-Fahrer.

Deshalb: Wenn schon im **absoluten Notfall** keine offizielle Entsorgungsmöglichkeit vorhanden ist:

Tipps:
>> An Tankstellen fragen.
>> Mit Eimer abfüllen und in öffentliche Toiletten tragen.
>> Mit Eimer abfüllen und in die Bordtoilette gießen.
>> Ödland, mindestens 100 m von jedem Gewässer entfernt, suchen und dort entleeren.

ADRESSEN

Zwar pocht jeder "echte" Sarde auf die Eigenständigkeit seiner Heimat, trotzdem ist Sardinien "nur" eine (autonome) Provinz Italiens. Das macht die lange Fährreise zu einer Bootchenfahrt wie zur Insel Mainau – kein Mensch will Pässe oder Autopapiere sehen. Erst in einem Notfall erwartet man, dass Sie sich ausweisen können!

Notfälle sind für wohnmobile Sardinienurlauber Krankheiten, Verkehrsunfälle, Diebstähle oder schlicht der Verlust der Personalpapiere – wodurch auch immer. Was soll man tun, wenn einer der Notfälle eintritt?

Tipps:
>> *Jede Hauptstadt der vier Provinzen Sardiniens hat ein* **Provinzamt für Fremdenverkehr EPT** *(Ente Provinciale per il Turismo). Dort erhält man nicht nur reichhaltiges Prospektmaterial und Stadtpläne, sondern von den stets fremdsprachenkundigen Angestellten auch Rat und Hilfe:*
I-09125 CAGLIARI, Piazza Defennu 9, Tel.: 070/651698, Fax: 663207
I-08100 NUORO, Piazza Italia 19, Tel.: 0784/30083, Fax: 33432
I-09170 ORISTANO, Via Cagliari 278, Tel.: 0783/74191, Fax: 302518
I-07100 SASSARI, Viale Caprera 36, Tel.: 079/299544, Fax: 299415
>> *Ihnen übergeordnet ist der* **sardische Fremdenverkehrsverband ESIT** *(Ente Sardo Industrie Turistiche). Hier erhält man Informationen für ganz Sardinien, briefliche Anfragen und Prospektwünsche werden (wenn auch mit südländischer Langsamkeit) erfüllt:*
I-09124 CAGLIARI, Via Mameli 97, Tel.: 070/60231, Fax: 664636
>> *Auch auf lokaler Ebene werden Sie betreut! Die* **städtischen Fremdenverkehrsämter A.A.S.T.** *(Aziende Autonome di Soggiorno e Turismo) kümmern sich natürlich in erster Linie um die Vermietung von Ferienwohnungen und Privatzimmern, aber für Informationen über den Ort und seine nächste Umgebung sind Sie dort am besten aufgehoben. Allerdings sprechen die Angestellten oft nur perfekt – italienisch!*
>> *Ist der Ort klein oder touristisch weniger interessant, gibt es oft noch ein lokales Informationsbüro* **Pro Loco***, das die gleichen Aufgaben wie A.A.S.T. wahrnimmt, jedoch nur in der Hauptsaison besetzt ist. Oft sieht es den Schwerpunkt seiner Arbeit auch eher als Organisator örtlicher Festivitäten und Umzüge – lassen Sie sich überraschen.*
>> *Eine deutsche Botschaft gibt es auf Sardinien leider nicht, auch Österreich und die Schweiz gehen leer aus. Entweder man telefoniert mit Rom:*

Deutsche Botschaft, Roma, Tel.: 06/884 741
Österreichische Botschaft, Roma, Tel.:06/855 8241
Schweizer Botschaft, Roma, Tel.:06/808 3641
oder man bemüht sich in das:
> Deutsche Generalkonsulat, I-09100 Cagliari, Via Grazia Raffa 9
Tel.: 070/307 229

>> Sie möchten sich zu Hause genauer über Ihr Urlaubziel informieren?
Das Staatliche Italienische Fremdenverkehrsamt (E.N.I.T.) hat Büros in:
10117 Berlin, Friedrichstr. 187, Tel.: 030/247 83 97, Fax: 247 83 99
eMail: enit-berlin@t-online.de
60329 Frankfurt, Kaiserstraße 65, Tel.: 069/23 74 34, Fax: 23 28 94
A-1010 Wien, Kärntnerring 4, Tel. 01/505 16 39 12; Fax: 505 02 48
CH-8001 Zürich, Uraniastraße 32, Tel.: 043-466-40-40 Fax: 466-40-41
>> Informationsmaterial verteilen auch die Automobilclubs, auf Touristikmessen wird man aber besser versorgt.
>> Deutschsprachige Sardinieninfos im Internet:
www.sardinien.com – Daten & Fakten, sehr umfangreich und kompetent.
www.campingsardinien.de – Infos über sadische Campingplätze
www.ilnuraghe.com – einheimische Produkte online kaufen.
www.sardinien.de – Karte und schöne Bilder der Insel.
www.bjoerns-sardinienseiten.de – viele Infos: Klima, Geschichte, Fotos.
www.faehresardinien.de – alle Infos zu den Sardinienfähren.
www.sardinienforum.de – Infos einholen und weitergeben im Forum.

ÄRZTLICHE HILFE

Krank im Urlaub? Das ist so ziemlich das letzte, was man sich wünscht. Manchmal ist es jedoch nur das kleine Unwohlsein, das den Tag vermiest oder es ist ein Medikament ausgegangen. Was tun?

Tipps:
>> Fremdsprachen sind nicht die Stärke der Italiener, aber bei einem Arzt kann man zumindest englisch, wenn nicht sogar deutsch erwarten. Adressen fremdsprachenkundiger Ärzte erhalten Sie beim Touristenbüro.
>> Sie sind in einer gesetzlichen Krankenkasse versichert?
Für Italien (sowie alle Länder der Europäischen Union, des Europäischen Wirtschaftsraumes und die Schweiz) ist kein Auslandskrankenschein mehr erforderlich! Lassen Sie sich vor der Reise bei Ihrer Kasse kostenlos die neue Europäische Krankenversicherungskarte EHIC (Euroean Health Insurance Card) ausstellen. Im Ausland genügt es dann, die Karte beim Arzt oder im Krankenhaus vorzulegen. Für Länder wie z.B. Kroatien oder die Türkei braucht man weiterhin einen Auslandskrankenschein
>> **WOMO-TIPP:** Leisten Sie sich eine Auslandskrankenversicherung (für knapp 1 € pro Tag) und lassen Sie sich privat behandeln! Sie müssen zwar Arztrechnungen und Medikamente bar bezahlen, werden jedoch äußerst zuvorkommend bedient – und nach Ihrer Rückkehr bekommen Sie, bei korrekt ausgefüllten Rechnungen, die Beträge erstattet.
>> Italiener sind in der Regel sparsame Leute. Bei kleineren Wehwehchen kürzen sie deshalb ab – und befragen gleich den Apotheker. Dort gibt es die meisten Arzneien ohne Rezept – und im Vergleich zu Deutschland sehr billig.
>> Lassen Sie vor dem Urlaub nach Ihren Zähnen schauen. Zahnbehandlungen in Italien sind nur etwas für harte Männer!
>> ADAC-Arzt: 0049/89/22 22 22.
>> Im schlimmsten aller schlimmen Fälle: Wenn Sie einen Auslandsschutzbrief haben, werden Sie, Ihre Familie und das WOMO kostenlos nach Hause transportiert.

AUTOBAHNGEBÜHREN, VIGNETTE

Wegezoll ist eine Jahrtausende alte Erfindung. Es hat keinen Sinn, über ihn zu jammern, sondern man sollte sich stets nur fragen: Bekomme ich auch etwas geboten für mein Geld oder kann ich ihn umgehen.

Tipps:
Schweiz, Österreich:
>> *Wir haben Ihnen bereits bei den Anreiserouten alle mehr oder minder sinnvollen Möglichkeiten aufgezählt, Sie haben die Qual der Wahl.*
>> *Bedenken Sie beim Kauf der Vignette (ca. 35 €), dass sie ein ganzes Jahr gilt. Vielleicht kann man aus der Not eine Tugend machen und schon im Januar zum Skilaufen in die Schweiz fahren!?*
>> *Sie haben sich die Brennerautobahn ausgesucht? Pro Strecke wird man Sie mit zusätzlich 8 € schröpfen.*
>> *Auch die Treibstoffpreise auf den Autobahnen sind eine Art Extra-Gebühr. Tanken Sie abseits der Autobahn (siehe "Treibstoffe").*
Italien:
>> *An den italienischen Autobahnen führt für den Süditalien-Urlauber kein Weg vorbei. Wir haben es immer mal wieder versucht, bei der Anreise auf Landstraßen auszuweichen – man kommt einfach nicht voran.*
>> *Im Internet finden Sie unter www.arboe.or.at bei "Reise" einen Gebühren-rechner. Die Wohnmobil-Gebühren werden stets nach der Achsenzahl und der Fahrzeughöhe berechnet , WOMOs kommen meist in die Kategorie B. Die Preise sind immerhin etwas niedriger als in Frankreich und Spanien. Pro Kilometer sind etwa 6 Cent zu berappen.*
>> *Besonders nervig ist, wenn man auch noch aufs Bezahlen warten muss! Kreditkartenbesitzer können die mit "VIACARD" gekennzeichneten, ver-kehrsarmen, blauen Spuren benutzen:*
>> *Erst das Billet in den Schlitz stecken, dann die Kreditkarte, diese wieder herausziehen – die Schranke öffnet sich, und ohne Unterschrift und Geheimzahl geht es in Sekunden weiter (Quittungsknopf = Richiesta scontrino).*

AUTOHILFSDIENSTE

Irgendwann passiert es jedem einmal: Das Auto gibt keinen Mucks mehr von sich.

Tipps:
>> *Die Insellage Sardiniens und die damit verbundene Isolation, auch von der Ersatzteilversorgung, hat die Mechaniker findig gemacht. An mancher Tankstelle wird man sich eher um Ihre Probleme bemühen als in den großen Werkstätten des Festlandes.*
>> *Bei einem unverschuldeten Unfall (incidente) auf jeden Fall den Notruf der Polizei anrufen (Tel. 112, siehe auch "Telefon"). Notieren Sie nicht nur das Kennzeichen Ihres Unfallgegners, sondern auch dessen Versicherungs-nummer/Versicherungsgesellschaft. Beide Angaben finden Sie auf einem viereckigen Aufkleber hinter der Windschutzscheibe. Sind Sie eindeutig Schuld, können Sie auch auf die Polizei verzichten, falls Ihr Unfallgegner einverstanden ist (das spart Ihnen das obligatorische Bußgeld).*
>> *Der italienische Automobilclub ACI hat einen Straßenhilfsdienst wie der ADAC. Er ist in ganz Italien unter der Tel. Nr. 116 zu erreichen.*
>> *Haben Sie ein technisches Problem, dann rufen Sie den deutschsprachi-gen Notrufdienst von ADAC/ACI in Rom an: Tel. Nr. 06/49 54 730 (von Sardinien aus). Die ADAC-Notrufzentrale in München ist rund um die Uhr besetzt: Tel. 0049/89/22 22 22 .*
>> *Bei Unfall unverzichtbar - der mehrsprachige "Europäische Unfallbericht". Ausdrucken unter: http://europaeischer-unfallbericht.unfallskizze.de/*

BABY

Mit einem Baby oder Kleinkind in den WOMO-Urlaub? Wir haben nur gute Erfahrungen gemacht. Kinder ändern ihr Verhalten im Urlaub wesentlich weniger als Erwachsene; sie kämen z. B. nie auf die Idee, sich wie Fleisch in der Sonne braten zu lassen. Vorsicht ist stets bei Sonnenschein, speziell im Gebirge und am Meer, angeraten. Magen- und Darmkomplikationen bleiben meist aus, wenn man noch Babykost füttert.

Tipps:
- >> *Schon vor der Reise mit Sonnenbaden und Eincremen anfangen.*
- >> *Hütchen und baumwollenes T-Shirt sind Pflicht, der Rest des Körpers ist wesentlich unempfindlicher.*
- >> *Nach dem Baden sofort abtrocknen, erneut mit Sonnenschutzcreme einreiben.*
- >> *Babykost, Windeln und spez. Medikamente (Kinderarzt fragen!) von zu Hause mitbringen. Selbstverständlich erhält man alles auch in Sardinien, aber Vertrautes erspart Ärger.*
- >> *Buggy oder Babyrückentrage sind für Besichtigungen unentbehrlich. Kein noch so geduldiges Kleinkind tippelt freiwillig durch Gegenden, denen es kein Interesse abgewinnen kann.*
- >> *Getränkewünsche unbedingt erfüllen und zwar mit schwach gesüßtem Tee (als Pulver mitnehmen). Gekaufte Getränke sind oft zu zuckerhaltig, um erfrischend zu wirken.*
- >> *Wasser unbedingt entkeimen. (siehe "Trinkwasser").*
- >> *Wichtigste Urlaubsutensilien für Ihr Kind sind: Lieblingsschmusetier, Sandspielsachen, Schwimmflügel, Schwimmreif, Malsachen für die Fahrt.*

BERGSTEIGEN/BERGWANDERN

Wer das Landesinnere Sardiniens nicht besucht, hat Sardinien nicht gesehen – und das Landesinnere ist zu zwei Dritteln Gebirge! Allerdings kann man hier kein Wanderwegenetz wie in den Alpen erwarten. Und was noch schlimmer ist: Es gibt kaum Wanderliteratur oder Wanderkarten! Lediglich den Rother Wanderführer Sardinien (siehe "Literatur") kann man hervorheben. Er beschreibt aber kaum Rundwanderungen, wie sie der WOMO-Urlauber braucht. Wir haben deshalb einige der schönsten Gegenden Sardiniens für Sie erwandert.

Tipps:
- >> *Wandern im Sommer ist anstrengend, wenn man zwei eiserne Regeln nicht befolgt: Starten so früh wie möglich (im Morgengrauen) – rasten in der stärksten Mittagshitze (von 13 – 15 Uhr).*
- >> *Auch bei gutem "timing" kommen Sie im Sommer ins Schwitzen. Wir haben deshalb eifrig nach Quellen am Wege Ausschau gehalten und sie genau beschrieben. Trotzdem müssen Sie sich reichlich mit Trinkwasser eindecken (pro Kopf und Stunde mindestens 1/2 Liter)!*
- >> *Wir kennen kein Urlaubsland, dessen Vielfalt an Steinen uns so fasziniert hat – und die Ausdauer, mit der die Macchie zwischen ihnen wuchert. Beide, scharfkantige Steine und dornige Macchie, setzen dichte Jeans und Bergstiefel als Basisbekleidung für Touren voraus.*
- >> *Der höchste sardische Berg (Punta La Marmora im Gennargentu-Massiv) ist "nur" 1834 m hoch. Glauben Sie aber ja nicht, in der sardischen Gebirgswildnis auf Bergschuhe, Anorak, Rucksack mit Trinkflaschen, Proviant und Kompass verzichten zu können.*
- >> *Wenn Sie Glück haben, entdecken Sie auf Ihren Touren als Markierungen Steinmännchen (kleine Steinpyramiden). Sonstige Markierungen oder gar Wegweiser gibt es im Gebirge (noch) nicht.*
- >> *Auf unseren Touren sind wir kaum einer Menschenseele begegnet. Gehen*

Sie deshalb nie allein auf Gebirgswanderung. Wenn Sie sich verirren oder verletzen, findet Sie so bald niemand!

>> *Gebirge haben nie beständiges Wetter. Brechen Sie eine längere Tour lieber ab, wenn das Wetter umzuschlagen beginnt. Heftige Stürme, Regen, ja sogar Hagelschauer, aber auch dichter Nebel können zu wahrhaft ungemütlichen, mit Kindern zu unverantwortlichen Situationen führen.*

>> *Jede Wandertour, sei sie ein Gipfelsturm oder eine mehr gemütliche Rundwanderung, belohnt Sie mit atemberaubenden Blicken auf eine grandiose Landschaft.*

>> *Als Notbehelf wagen wir es kaum, Ihnen die Landkarten des IGM (Instituto Geografico Militare) im Maßstab 1:25.000 zu empfehlen, denn sie sind zum Teil so veraltet, dass eingezeichnete Wege oft von Macchie überwuchert, dafür neue Wege noch gar nicht eingezeichnet sind. Andererseits haben wir die eingezeichneten Quellen oft gefunden.*

Ein Verzeichnis der Sardinienkarten hat Ihr Buchhändler im GeoCenter-Katalog, die beste Sardinienautokarte erhalten Sie beim WOMO-Verlag (Bestellzettel am Buchende).

DEVISEN/GELDABHEBUNG

Mit dem Euro gibt es ja wohl keine Probleme mehr!?
Aber natürlich kann man aus Sicherheitsgründen nicht seine ganzen Urlaubs-finanzen in bar herumschleppen.

Tipps:

>> *Für die Anfahrt durch Deutschland, die Schweiz (oder Österreich) und Italien muss genügend Bargeld vorhanden sein, um Treibstoff, Maut sowie eventuelle Gaststätten- und Übernachtungskosten bezahlen zu können. Franken tauscht man vor Urlaubsantritt ein, unterwegs hat man kaum Muße dazu.*

>> *Die besten Erfahrungen bei der Bargeldversorgung haben wir mit unserer ec-Karte (+ Geheimzahl) gemacht. Fast alle Banken haben einen Automaten, der Sie auch außerhalb der Öffnungszeiten nicht im Stich lässt.*
Aber: Nicht überall gibt es Banken! Sorgen Sie also rechtzeitig für Nach-schub, sonst stehen Sie mit Ihrer schönen ec-Karte an einer ländlichen Tankstelle – und der Typ möchte unbedingt Bares ...

>> *Reiseschecks kosten beim Erwerb **und** bei der Einlösung Gebühren, werden aber bei Verlust meist sofort ersetzt.*

>> *Kreditkarten sind inzwischen auch in Sardinien verbreitet. Gut geeignet sind sie zur Bezahlung in Gaststätten und größeren Einkaufsläden sowie auf der italienischen Autobahn (Viacard-Spur der Mautstellen). Nach der Bargeldbeschaffung am Geldautomaten werden Sie gerupft wie eine Weihnachtsgans (Beispiel: 250,00 Euro abgehoben, 260,00 Euro abge-bucht). Es gibt aber Banken, zu deren Service auch kostenlose Bargeld-abhebung mit Kreditkarten gehört.*

DIEBSTAHL

Geht man an geparkten, italienischen PKWs vorbei zum Strand, kann schon eine leichte Berührung zum Aufheulen der sensiblen Alarmanlage führen – dabei hatte der neugierige Blick ins Wageninnere gerade offenbart, dass der vorsichtige Fahrzeugbesitzer sogar das Autoradio ausgebaut und mit zum Strand geschleppt hatte.
Wie soll sich der solchermaßen gewarnte und verschüchterte WOMO-Besitzer verhalten? Er kann ja schlecht den ganzen Haushalt mit an den Strand oder in die Gaststätte nehmen!
Tipps:

>> *Geklaut wird dort, wo es sich lohnt! Das sind in Sardinien die Großstädte*

Cagliari und Sassari sowie die überlaufenen Strandgebiete. Dabei ist der schnelle Griff ins Auto die beliebteste Bereicherungsmethode.

>> *ACHTUNG! Die großen Supermärkte um Olbia sind besonders gefahrdet!*

>> *Geradezu sträflicher Leichtsinn wird von uns immer wieder beobachtet, der geradezu zum Diebstahl verleitet: Heruntergekurbelte Scheiben, offene WOMO-Türen – und die ganze Familie drängt sich um die Eiskühltruhe an der Tankstelle. Oder: Alle Mann liegen am Strand, die WOMO-Fenster sind sperrangelweit offen, auf dem Tisch liegen Geldbeutel und Fotoapparat. Wir können nur raten: Geld, Papiere und Schmuck gehören in einen festgeschraubten Tresor (Camping-Fachhandel, ca. 50-100 Euro), für größere Wertgegenstände wie Fotoapparat, Fernglas oder gar Videokamera empfiehlt sich eine ebenfalls festgeschraubte Blechkiste im Staufach oder unter den Führerhaussitzen.*

>> *Lassen Sie alle Wertgegenstände zu Hause, die Sie nicht unbedingt brauchen. Statt der teuren goldenen Uhr tut´s im Urlaub auch eine für 5 Euro vom Wühltisch.*

>> *Im Gegensatz zum Festland sind Autodiebstähle in Sardinien fast unbekannt – schon gar nicht von Wohnmobilen. Wohin sollte der Dieb sie auch auf die Schnelle bringen? Deshalb sind Wertgegenstände – die obigen Sicherheitsmaßnahmen vorausgesetzt – im WOMO immer sicherer als in der Handtasche oder im Geldbeutel.*

>> *Eine Diebstahlsicherung möchten wir Ihnen trotzdem ans Herz legen – aber nur, wenn Sie sie auch regelmäßig benutzen – unseren WOMO-Knackerschreck! Er verbindet die beiden Fahrerhaustüren miteinander und macht somit (auch nachts) das Öffnen unmöglich. In Sekundenschnelle angebracht und unübersehbar schreckt er jeden Dieb ab.*

EINREISEFORMALITÄTEN

Für Urlauber aus Deutschland, Österreich oder der Schweiz gilt folgendes: Personalausweis (carta d'identità), Führerschein (patente), Kraftfahrzeugschein (libretto di circolazione) und Grüne Versicherungskarte (obwohl nur in der Schweiz vorgeschrieben) nicht vergessen.

Tipps:

>> *Reisebedarf und Reiseproviant für den persönlichen Gebrauch kann zollfrei eingeführt werden. Nach unseren Erfahrungen werden Campingartikel und -proviant nicht beanstandet. Bedenken Sie aber bei der Packerei: Lebensmittel sind in Sardinien nicht teurer als in Deutschland*

>> *Die Deckungssummen der Autoversicherungen sind in Italien viel geringer als bei uns. Überlegen Sie, ob unter diesen Umständen nicht der Abschluss einer kurzfristigen Vollkasko- und Insassenunfallversicherung angeraten ist.*

>> *Auf den Fähren werden Fahrzeuge prinzipiell nur auf Gefahr des Eigentümers befördert. Hier empfiehlt es sich besonders, sein wertvolles Gefährt durch eine Seetransportversicherung abzusichern.*

>> *Sie haben auf der Heimfahrt das WOMO voller guter alkoholischer Tropfen? Eigenbedarf ist innerhalb der EG zollfrei!*

FÄHREN

Inseln sind etwas exklusives, schon die Überfahrt ist ein Abenteuer für sich. Das "Drumherum" kann jedoch ganz schön stressen, wenn man nicht Vorsorge trägt.

Tipps:

>> *Buchen Sie so frühzeitig wie möglich bei einem großen Reisebüro, das Sie gut kennen. Fällt eine Fähre aus, haben Sie dort die größere Sicherheit, Ihr Geld wieder zu bekommen.*

>> *Inzwischen bucht man besonders bequem "online". Im Anreisekapitel*

haben wir die URL der Fährlinien ausgedruckt (siehe auch "Adressen").

>> *Lassen Sie sich nicht einreden, "vor Ort" bekäme man seine Tickets billiger, außerdem könne man die Buchungsgebühr sparen. Ein, zwei Tage im Hafen auf einen freien Platz warten ist viel, viel teurer – oder haben Ihre Nerven keinen Preis?*

>> *Sie haben Bedenken, ob Sie auch pünktlich an der Fähre sind (Unfall, Krankheit)? Dafür gibt es Reiseausfallversicherungen.*

>> *Kommen Sie mindestens **zwei** Stunden vor dem Ablegetermin zum Fährhafen, denn Sie müssen Ihr Ticket bestätigen lassen (einchecken). Wer weiß, welche Formalität man sich nächstes Jahr für Sie ausdenkt, die Sie ohne Hetze viel ruhiger erledigen können.*

>> *Haben Sie auf der Fähre Ihr WOMO verlassen, können Sie während der Überfahrt in der Regel nicht hinein (die Türen der Fahrzeugdecks werden verriegelt). Machen Sie sich vorher schon eine Liste, was Sie an Deck alles brauchen (Ausweise, Geld, Verpflegung, Getränke, Kinderspielzeug, Lektüre) und packen sie alles in eine Tasche, bevor Sie an Bord fahren.*

>> *Schließen Sie das WOMO gut ab, für Wertsachen haben Sie hoffentlich einen Safe im WOMO.*

>> *Bereits bei den Anfahrtsrouten hatten wir Ihnen die Fährlinien und -orte vorgestellt. Wir empfehlen Ihnen, wenn Sie eine kurze Anreise lieben, den Fährort Genua. Sie haben einen Hund dabei? Die kürzeste Fährstrecke ist Piombino - Olbia.*

FAHRZEUG

Wenn das Auto nicht mehr läuft, "läuft" gar nichts mehr im Urlaub. Nur das beruhigende Gefühl, alles getan zu haben, damit Motor, Zündanlage, Reifen und Fahrgestell die "Insel der Steine" klaglos überstehen, kann stressfreie Urlaubstage garantieren.

Tipps:

>> *Kundendienst vor dem Urlaub nicht vergessen; besonders wichtig: Ölwechsel, **5x** Luftdruck, **2 x** Batteriedienst (u.a. 24 h laden).*

>> *Ersatzteile mitnehmen (evtl. als Paket von der Werkstatt mit Rückgaberecht bei Nichtgebrauch):*
* *Gaszug*
* *Bremsseil*
* *Reservezündkerzen*
* *Reserve-Birnenset komplett?*
* *Reserve-Keilriemen*
* *Ersatz-Sicherungen*

>> *Pannenausrüstung komplett?*
* *Reservekanister 20 Liter, voll?*
* *1-2 Liter Öl*
* *Ölfilter (falls Ölwechsel ansteht)*
* *1/2 Liter destilliertes Wasser*
* *Reserverad mit Profil, Luftdruck O.K.?*
* *Ersatzschlauch (auch bei schlauchlosen Reifen!)*
* *Abschleppstange, ausprobiert?*
* *passender Wagenheber, ausprobiert?*
* *Warndreieck*
* *Warnblinkleuchte*
* *Luftpumpe*
* *Erste-Hilfe-Koffer komplett?*
* *Werkzeugkoffer komplett?*
* *Verzeichnis der Auslandskundendienststätten meiner Automarke, neu!*
* *Reparaturbuch*

>> *Scheibenwaschanlage gefüllt, "Scheibenkratzer" mit Gummilippe und Schaumstoffwulst (Insekten!) vorhanden?*

>> *Feuerlöscher O.K.?*

>> *Am Tag vor der Abfahrt mit allen Teilnehmern und dem fertig gepackten WOMO auf die öffentliche Waage fahren (z. B. Raiffeisenlager). Übergewicht, wenn möglich, vermindern. Jedes Kilo zusätzliches Gepäck erhöht nicht nur den Treibstoffverbrauch, sondern beeinflusst Fahrverhalten, Bremsweg, Lenkbarkeit und Steigfähigkeit negativ.*

FILMEN/FOTOGRAFIEREN

Zweifelsohne verstärken die mitgebrachten optischen oder sogar akustischen Urlaubserinnerungen die Vorfreude auf die nächste Reise. **Für jegliches Film- und Videomaterial gilt: Reichlich von zu Hause mitbringen!** Die Preise in den Urlaubsländern sind stets höher, von der Auswahl ganz zu schweigen.

Tipps:

>> *Kaufen Sie rechtzeitig Fotomaterial, nutzen Sie Sonderangebote im Frühjahr. Im Kühlschrank halten die Filme jahrelang, ohne zu altern.*

>> *Ihre Digitalkamera ist neu? Dann bedenken Sie: Die mitgelieferte Speicherkarte ist ein (schlechter) Witz. Sie brauchen pro Bild etwa 0,5 MB!*

>> *Nicht nur die Natur und Ihre Lieben sind fotografierenswert. Für die schönen Fresken in den dunklen Kirchen und die herrlichen Tropfsteinhöhlen brauchen Sie einen kräftigen Elektronenblitz, ein Stativ wäre auch gut!*

>> *Denken Sie an einen Vorrat der benötigten Batterien (am besten aufladbare NiMH-Akkus) für Blitzgerät und Kamera.*

>> *Ein 12-V-Ladegerät für die Batterien der Digitalkamera, Videokamera usw. sollte immer an Bord sein (oder ein Wechselrichter).*

>> *Schauen Sie öfter nach dem Objektiv. Seeseitiger Wind bläst Salzwasserspritzer auf die Linse. Vorsichtig mit einem angefeuchteten Läppchen abtupfen, dann trockenwischen.*

>> *Machen Sie Ihre Fotos möglichst vor 10 und nach 16 Uhr, andernfalls hilft nur ein UV-Filter gegen Verschleierung.*

>> *Auch Unterwasseraufnahmen sind ohne großen Aufwand möglich. Im Fachhandel gibt es Wasserschutzetuis bis 10 m Tauchtiefe.*

FLORA/FAUNA

Die unselige Jagdleidenschaft der meisten Italiener – und hier sind die Sarden keine Ausnahme – deren stumme Zeugen hunderte von Schrothülsen im Gebirge sind, macht auch vor dem kleinsten Vögelchen nicht halt. Zwar wurde eine Reihe von Verboten erlassen, aber Wilderei macht offensichtlich die Sache erst so richtig spannend. Folglich bekommt der Urlauber größeres Getier nur in Form von Chausseeschweinen, -rindern, -eseln usw. zu Gesicht. Die Mönchsrobbe, die an der früher menschenleeren Felsküste bei Dorgali und in der Meereshöhle Bue Marino (=Meerochse) lebte, ist vermutlich längst ausgestorben.

Der Sardische Hirsch ist bis auf Restbestände in den Sette Fratelli ausgerottet, das seltene Mufflon, Sardiniens Symboltier, wird auf einen Restbestand von weniger als tausend Tieren geschätzt. Eine kleine Herde hat man auf die hermetisch abgeriegelte Insel Asinara (nördlich des Capo del Falcone) gebracht.

Von den vielen Adlern und Geiern, die in den Erzählungen des "alten Sardinien" eine Rolle spielen, werden die letzten Brutpaare von örtlichen Gruppen des WWF vor Eierdieben und Nesträubern bewacht. Ein einziges Exemplar haben wir einmal bei unserer Schluchtentour durchs Tal des Flumeneddu gesichtet. Wesentlich besser kommen die Flamingos mit der Touristenflut zurecht:

Im Stagno di Mistras nahe der Halbinsel Sinis beobachteten wir nahe der Straße hunderte von ihnen im seichten Wasser.

Wildschweine und als größte Raubtiere Fuchs und Wildkatze sind häufig (wie uns die Forstarbeiter an der Funtana Bona berichteten), zu sehen bekommt man sie selten.

Trotzdem kreucht und fleucht vieles in der hitzeflimmernden Macchie: Schlangen (keine giftigen), Eidechsen, Geckos, Grillen, Schmetterlinge und unzählige weitere Insekten.

Wer im Frühjahr nach Sardinien kommt, wird überwältigt sein vom duftenden Blütenmeer der Macchie: Cistrose, Erdbeerbaum, Myrthe, Baumheide, Lavendel, Rosmarin, Oleander...

Leider liegt die Urlaubszeit der meisten von uns später. Trotzdem sollte man der Pflanzenwelt mehr als einen Blick gönnen:

Die leichtere Zugänglichkeit des Inselinneren (im Vergleich zu Korsika) hatte die Abholzung weiter Waldgebiete (ohne Wiederaufforstung) leicht gemacht. Erst in jüngster Zeit bemüht man sich, die verkarstenden Flächen wieder zu bewalden. Dazwischen werden breite Brandschutzstreifen gerodet, um die täglich aufflackernden Waldbrände leichter eindämmen zu können. In den Aufforstungsgebieten findet man vor allem Kiefer und Eukalyptus, in den Resten der ursprünglichen Wälder dominieren zum Teil uralte Steineichen und sommergrüne Eichen, in manchen Gegenden, zum Beispiel in der Gallura, herrscht die Korkeiche vor; Esskastanie, Eibe, Stecheiche und Wacholder sind auch nicht selten.

Ein Macchiespaziergang gleicht einer Expedition! Nicht nur, dass festes Schuhwerk und die dichtesten Jeans gerade gut genug sind, auch ein Kompass kann nicht schaden! Während in den total verkarsteten Gebieten nur noch dürftige Distelbüsche die Waden verkratzen, wuchert an anderen Stellen ein übermannshoher, dichter Buschwald, in dem man jede Orientierung verlieren kann, da man immer wieder undurchdringliche, verfilzte Gebiete umgehen muss.

FREIES CAMPING

Wo kein Kläger, da kein Richter. Nirgends trifft dieses Sprichwort mehr zu als beim Campieren außerhalb "offiziellen Geländes". Damit niemand Grund zur Klage hat, muss aber gerade der WOMO-Fahrer einiges beherzigen!

Tipps:

Schweiz:

>> *Bereits das einmalige Übernachten im WOMO ist in manchen Kantonen verboten, wird jedoch außerorts offensichtlich geduldet. Fahren Sie noch bei Tageslicht von der Hauptstraße ab und suchen Sie sich in ein paar hundert Meter Entfernung einen Wald- oder Wiesenweg. Kein Mensch wird sich um Sie kümmern.*

>> *Schweizer Polizisten sind außerordentlich freundliche Menschen! Es ist ihnen offensichtlich peinlich, einen WOMO-Fahrer wegzuschicken. Meist kommen sie erst während des Frühstücks – und das darf man selbstverständlich noch beenden, bevor man weiterzieht.*

Österreich, Italien (Festland):

>> *Einmaliges Übernachten ist prinzipiell gestattet, es sei denn, ein Gemeinderat entscheidet sich (meist aus kommerziellen Gründen) dagegen. Hier dreht der erfahrene Camper den Zündschlüssel wieder um – und sucht sich ein anderes Revier (aber auch eine andere Gaststätte)!*

Sardinien:

>> *Der Tourist tötet, was er liebt! Dieser Spruch gilt in besonderem Maße für den Ruf Sardiniens, die "Trauminsel der Wildzelter" zu sein. Steigender Bekanntheitsgrad der Traumbuchten sorgte dafür, dass ganze Zeltstädte entstanden, und die kurzsichtige Unbekümmertheit ihrer Bewohner verschaffte den Kommunen das zweifelhafte Vergnügen, nach der Saison*

Riesenberge von Müll zu beseitigen. Wen wundert´s, dass man nach und nach einen Pinienwald nach dem anderen von nichtzahlenden Urlaubern räumte und stattdessen lieber einen Campingplatz etablierte. Nur an wenigen Stellen duldet man noch – wohl als Gewohnheitsrecht der Einheimischen – die Ausbreitung einer Zeltstadt.

>> *Diese Einschränkung des Wildzeltens weiß auch ein italienischer Polizist sehr wohl vom Übernachten im Wohnmobil zu unterscheiden.* **Einmaliges**

Übernachten ist (meist) erlaubt, *sofern niemand gestört wird. An diese Anweisung hält sich die Polizei in Sardinien ziemlich genau, wie wir aus offiziellen Unterredungen mit der Polizei in Olbia und vielen Berichten wissen.*

>> *Das heißt: Die Polizei wird erst nach Aufforderung "aktiv", will heißen scheucht Camper von ihren erwählten Plätzchen weg, ansonsten schaut sie nur nach "Recht und Ordnung". "Aufforderungen" ergehen meist von unterbeschäftigten Campingplatzbesitzern oder erbosten Ferienhausbewohnern, wenn die WOMO-Besatzdichte an "ihrem" Strand zu hoch wird.*

Schlussfolgerungen:

>> *Meiden Sie Campingplatznähe, große Ortschaften und WOMO-Massenansammlungen!*
>> *Sorgen Sie aktiv mit dafür, dass es keinen Grund zur Klage gibt! Machen Sie lieber mehr Dreck weg, als Sie selbst gemacht haben.*
>> *Beteiligen Sie sich nicht an der Unsitte, den Abfall in Plastikbeuteln an den Wegrad zu legen, wo er vergammelt. Streunende Tiere zerreißen die Beutel, alles fliegt herum und verstänkert und verschandelt die Landschaft. In jeder Ortschaft, in zunehmendem Maße auch an den Stränden, gibt es genügend Müllcontainer, die regelmäßig geleert werden.*

Hilfen bei der Platzsuche:

>> *Nutzen Sie jede Gelegenheit, mit anderen WOMO-Fahrern Tipps und Plätze auszutauschen. Markieren Sie diese Stellen auf Ihrer Sardinien-Karte.*
>> *Die schönsten Plätzchen liegen einsam, sind oft nicht von der Straße aus einsehbar. Deutlich werden sie vor allem durch die vielen staubigen Reifenspuren, die auf die Teerstraße führen und durch aufgestellte Verbotsschilder, die durchkreuzte Zelte oder Wohn<u>wagen</u> zeigen, an der Einmündung der Piste.*
>> *Viele Abzweigungen zu Stränden sind mit Verbotsschildern für <u>alle Fahrzeuge</u> (außer PKWs) vollgepflastert. Von italienischen WOMO-Freunden werden diese nur belächelt, Nordeuropäer fragen sich: Winkt mir beim Übertreten eine Strafe? Nach unseren Recherchen werden diese Verbote, wenn überhaupt, nur in der Hauptsaison und dann durch "Wegschicken" "bestraft".* **Diese Auskunft geben wir ohne jegliche Gewähr!**
>> *Besitzt die Straße Kilometersteine, haben wir im Text die Abzweigungen durch Straßenkilometerangaben auf 100 m genau gekennzeichnet. Beachten Sie: Nehmen in Ihrer Fahrtrichtung die Zahlen auf den Kilometersteinen ab, dann liegt z. B. »km 12,4« 400 Meter* **vor** *km 12!*

>> *Einheimische geben Ihnen gern Auskunft: „Dove trovo la (promissima) spiaggia?" = „Wo finde ich den (nächsten) Strand?"*

Campingplätze in Sardinien:

Schon um dem Ruf Sardiniens als "Trauminsel für Wildzelter" abzuhelfen, musste eine Campingplatzindustrie aus dem Boden gestampft werden, bevor man die wilden Zeltkolonien mit rigorosen Razzien räumen konnte. Heute existieren auf Sardinien fast 100 Campingplätze, die sich vor allem auf die Nordostküste konzentrieren. Die meisten Plätze öffnen erst im Mai und schließen bereits wieder im September, dafür sind sie im August hoffnungslos überbelegt. Die Ausstattung ist, wenn man das berühmte Preis-Leistungs-Verhältnis anlegt, nur als ausreichend zu bezeichnen. Zwar findet man fast immer einen Laden, ein Restaurant und verschiedene Sportmöglichkeiten angeboten, dafür sind die Preise auch mit die höchsten in Europa: Für zwei Personen + Stellplatz sind 15-35 (50) Euro zu berappen, Strom geht immer, Dusche meist separat.

E.S.I.T., Via Mameli 97, 09124 Cagliari sendet Ihnen auf Wunsch kostenlos das aktuelle Verzeichnis: "Annuario Hotels & Campings" zu, in dem in Kurzform nicht nur die Platzausstattung, sondern auch die Preise angegeben sind.

GAS

Außer der Zweitbatterie die einzige Energiequelle beim Freien Camping. Bei einer vierköpfigen Familie muss man mit einem Gasverbrauch von 3 kg pro Woche rechnen. Einen ordentlichen Happen "frisst" davon der (Absorber-) Kühlschrank.

Tipps:

>> *Sie haben eine graue Camping-Europa-Umtauschflasche? In Sardinien kennen wir **zwei Füll- bzw. Umtauschstellen** (siehe Tour 1 + 11).*

>> *Sie besitzen einen Gastank oder eine sog. Tankflasche? Dann sind Sie schon besser dran! Wir haben uns umgehört, die Augen offengehalten und eine Reihe von Gastankstellen entdeckt. Auf den Tourenkarten haben wir sie mit "GPL" gekennzeichnet.*

>> *Wir wissen aber durch Umfragen, dass man in vielen Orten auch deutsche Gasflaschen füllen lassen kann. Einfach im Tourismusamt oder im nächsten Eisenwarengeschäft (Ferramenta) fragen. So fanden auch wir z.B. die Fa. Murelli, Via XX. Settembre 12 in Tortoli [N39° 55' 36.2" E9° 39' 36.8"].*

Was tun dagegen?

>> ***1. Möglichkeit:** Sie leihen sich zu Hause bei Ihrem Flaschner eine zusätzliche 11-kg-Flasche. Oft wird eine Leihgebühr verlangt.*

>> ***2. Möglichkeit:** Die kleineren blauen Camping-Gaz-Flaschen werden zu hohen Preisen getauscht, für eine 3-kg-Flasche (das ist die größte) voll gegen leer verlangt man über 12 Euro. Aber in der Not frisst der Teufel Fliegen – und die blaue Flasche bekommt man eben nicht nur auf den meisten Campingplätzen, sondern auch in vielen Eisenwarengeschäften.*

GETRÄNKE

In den Gaststätten der Urlaubsländern hat man oft das Gefühl, besonders beim Getränkekonsum weidlich ausgenommen zu werden. Dieses Gefühl trügt in Sardinien sicherlich nicht. Lediglich beim Wein sieht es besser aus. Sie sind kein Weintrinker? Schade! Aber selbstverständlich erhalten Sie auch Bier, Mineralwasser und Fruchtsäfte in jedem Lokal, allerdings s.o.

Tipps:

>> *Weinkennern eine bestimmte Marke zu empfehlen, ist risikoreich. Der rote Cannonau, besonders aus Oliena, Dorgali oder Jerzu und der weiße Vernaccia di Oristano haben mich nie enttäuscht.*

>> Aber auch der Kauf direkt im Weingut kann zu ungeahnten Genüssen führen! Die Weine direkt vom Erzeuger (Vino di proprietà) werden fast überall auf der Insel angepriesen und sind oft ausgesprochen preiswert.

>> Bier wird in zur Freude durstiger Kehlen meist in 0,66-Liter-Flaschen angeboten; Profis kaufen gleich einen ganzen Karton voll, wenn er im Sonderangebot angepriesen wird.

>> Cola, Fruchtsaftgetränke und Mineralwasser gibt es meist in riesigen Plastikflaschen, die dann den Müllbeutel blockieren.

>> Es gibt eine ganze Reihe von sardischen Likör-, Aperitif- und Schnapsspezialitäten. Probieren Sie sie erst in einer Gaststätte, bevor Sie eine ganze Flasche kaufen. Eine Besonderheit ist der Filu è ferru, ein meist hochprozentiger Schnaps aus Trester, der nicht nur mit behördlichem Segen gebrannt wird. Der Name "Eisendraht" deutet darauf hin, dass man ihn bereits vor der zu erwartenden Razzia in der Erde vergrub und lediglich ein Stück Draht herausschauen ließ. Folglich lautet auch in Sardinien die Begrüßung des besten Freundes nicht: „Heben wir einen?" Sondern: „Gehen wir einen Draht ziehen?"

>> Kaffee gibt es überall zu "deutschen" Preisen. Es ist nicht nötig, größere Mengen mitzuschleppen.

>> Am liebsten verwenden wir Zitronentee-Pulver oder selbst angerührtes Limo-Pulver.

>> Auch bei Bergtouren verbessert ein Löffel Limopulver den "Wassergeschmack".

>> Vorhandene Wasserstellen haben wir stets angegeben. Lediglich in den nordwestlichen Küstenregionen um Castelsardo und Santa Teresa hielt uns deutlicher Chlorgeschmack und -geruch vom Wasserfassen ab.

HAUSTIERE

Hunde, Katzen und was sonst noch als Haustier kreucht und fleucht, darf man mit nach Sardinien bringen, wenn die Einreisepapiere stimmen. Verlangt wird ein internationaler Impfpass mit Tollwutimpfbescheinigung (nicht älter als 1 Jahr, nicht frischer als 1 Monat!). Das amtstierärztliche Attest soll auch die Herkunft aus einem seuchenfreien Gebiet bescheinigen und gilt vom Tage der Ausstellung an einen Monat.

Auf den Fähren der MOBY LINES und der SARDINIA FERRIES hat niemand an unserem Hund Anstoß genommen (auch nicht im Restaurant). Bei der TIRRENIA müssen Hunde, die nicht mehr in ein Körbchen passen, im WOMO bleiben – oder im Zwinger untergebracht werden.

Sarden scheinen keine ausgesprochenen Hundefreunde zu sein. In öffentlichen Gebäuden wie Museen, Banken, Postämtern und vielen Gaststätten besteht Hundeverbot, ebenso in den Wäldern der staatlichen Forstverwaltung und an vielen Stränden!

HÖHLEN

Ein Teil Sardiniens besteht aus Kalkgestein – und das scheint vom Sickerwasser durchlöchert zu sein wie ein Käse. An unseren Touren liegen eine ganze Reihe von wunderschönen Tropfsteinhöhlen, wo Touristen bequem in die malerisch beleuchtete Tiefe steigen können.

Sie möchten auf eigene Faust "Höhlenforscher" spielen? Auch für Sie haben wir Betätigungsfelder gefunden, so z. B. "Su Coloru" bei LAERRU.

Auskünfte über die sardischen Speleoclubs erhalten Sie vom:

Club Alpino Italiano, Gruppe Speleo,
Via Principe Amadeo 25, I-09100 Cagliari.

INSEKTENPLAGE

Stechmückenschwärme wie in Finnland gibt es an den sardischen Stränden nicht. Vielleicht darf man aber in Erinnerung rufen, dass viele sardische

Flussniederungen und Stagnos (Lagunen) früher malariaverseucht waren. Erst nach 1945 hat man der Anopheles, der Überträgerin der Malaria, unter Einsatz von Spritzflugzeugen und viel DDT den Garaus gemacht. An mancher alten Häuserwand findet man noch den Nachweis des letzten Spritzmitteleinsatzes mit der Jahreszahl, z. B. "DDT 1948". Mücken gibt es aber trotzdem noch – und schon ein einziger Moskito kann die Nachtruhe einer ganzen WOMO-Besatzung vermiesen.

Auch der malerischste Sonnenuntergang lässt sich nicht genießen, wenn sich durstige Insektenrüssel durch die Jeans bohren.

Tipps:

>> *Schmieren oder sprühen Sie sich in entsprechenden Gebieten vor Sonnenuntergang mit Autan ein. Die Pyrethrum-Räucherspiralen haben nach unserer Erfahrung eher bei marmelade-gierigen Wespen Erfolg*

>> *Haben Sie noch keine Fliegenrollos in Ihrem WOMO, so können Sie Moskitogaze zu Ihren Fenstern passend mit Klettenband umnähen, das Gegenstück rings um die Fenster kleben und die Gaze nur bei Bedarf andrücken.*

>> *Bedenken Sie: Alle Öffnungen nach außen müssen verschlossen sein, auch Türen und Dachluken. An der Eingangstür ist es praktisch, die Gaze in der Mitte längs mit einem Reißverschluss zu unterteilen oder zwei Teile in der Mitte überlappen zu lassen.*

>> *Sprühen Sie eine Stunde vor dem Zubettgehen das WOMO mit Insektenspray aus. Gegen Mücken im Wageninneren hilft auch keine Moskitogaze!*

KARTENMATERIAL

Während wir uns in südlichen Urlaubsländern häufig von der Intuition, dem Sonnenstand oder den hilfreichen Eingeborenen leiten lassen mussten, gibt es für Sardinien recht ordentliches Kartenmaterial.

Standardwerk: Michelin-Karte Nr. 366 Sardinien, Maßstab 1:200.000, ca. 7,50 Euro (mit Ortsverzeichnis, Entfernungstabelle und Stadtplänen von Sassari, Cagliari und Olbia). Sie ist auch beim WOMO-Verlag erhältlich.

Sie gehört in jedes Handschuhfach, denn auf ihr ist, vergleichbar unseren Generalkarten, **jede** Straße, nahezu jedes Haus und die Bezeichnung fast aller Flüsse, Berge, Täler **und** Nuraghen eingetragen, die Gebirge sind geschickt durch Satellitendarstellung hervorgehoben.

Das Konkurrenzprodukt von Marco Polo (Die Generalkarte Italien Nr. 9) im gleichen Maßstab und zum gleichen Preis zeigt besser die Waldflächen, ist dafür bei den Straßen nicht so übersichtlich.

Recht gut kommt man auch mit dem Gratismaterial zurecht, das von den Fremdenverkehrsämtern versandt wird: Einer "Carta Geoturistica Sardegna" im Maßstab 1:350.000 auf der Vorderseite, die sehr übersichtlich ist und vier Spezialkarten mit den Themen Umwelt, Archäologie, Camping und Freizeit sowie Gastronomie und Gewerbe auf der Rückseite.

Das italienische "Istituto Geografico Militare" (IGM), vergleichbar unseren Landesvermessungsämtern, hat gute topographische Karten im Maßstab 1:100.000, 1:50.000 und 1:25.000 anzubieten. Man erhält sie in deutschen Buchhandlungen über Geo-Center, Stuttgart, in Sardinien kann man in **keiner** Buchhandlung erwarten, die gewünschten Blätter vorzufinden. Wer sich auf **unsere** selbst erkundeten, genau beschriebenen Wandervorschläge beschränken will, der dürfte auch ohne Wanderkarte zurechtkommen.

Für die Anreise reichen unsere Karte "Anreiserouten", die Übersichtskarten der Automobilclubs oder der Autoatlas.

Sehr hilfreich ist die Karte AL 36: Mit dem Anhänger über die Alpen, die man beim ADAC bekommt.

Die Italienkarte Nr. 735 von Michelin (gibt's bei WOMO) zeigt auch dann noch den Weg, wenn man von der Hauptreiseroute mal abweichen möchte.

KLIMA

Das Mittelmeerklima ist eigentlich schnell beschrieben: Fast regenlose, heiße Sommer von Juni bis Oktober; ohne eigentlichen Herbst, heftige Winterregen von November bis Februar. Frühling, die schönste Jahreszeit, von März bis Mai. Dies alles gilt auch für Sardinien, aber nur für den Küstenbereich.

Tipps:

>> *Auch die heißen Sommer sind dadurch erträglich, dass den ganzen Tag eine Seebrise weht. Durch die schnellere Erwärmung der Gesteine steigt über der Insel die heiße Luft auf – kühlere Meerluft wird nachgesaugt.*

>> *Sommergewitter sind sehr selten, dann aber recht ergiebig und oft von heftigen Böen begleitet. Bringen Sie Sonnenschirm und Sonnensegel rechtzeitig in Sicherheit, räumen Sie alles Verwehbare ins Fahrzeug, verschließen Sie alle Fenster, manchmal peitschen Sandwolken durch die Gegend. Rollen Sie das Segel des Surfbretts zusammen, ziehen Sie Ihr Schlauchboot hoch aufs Ufer.*

>> *Im Gebirge gelten andere Maßstäbe! Die Regenfälle sind häufiger, manchmal kommt es auch zu schweren Stürmen, Hagelschauern und dichtem Nebel. Gehen Sie deshalb nur bei stabiler Wetterlage auf Tour.*

>> *Als Badeinsel empfiehlt sich Sardinien von Mai bis Oktober, denn die statistischen Meerwassertemperaturen betragen:*

Januar-März:	*13 – 14 °C*	*August:*	*23 – 24 °C*
April:	*14 – 15 °C*	*September:*	*23 – 21 °C*
Mai:	*16 – 17 °C*	*Oktober:*	*20 – 19 °C*
Juni:	*19 – 20 °C*	*November:*	*18 – 16 °C*
Juli:	*21 – 22 °C*	*Dezember:*	*15 – 14 °C*

Die Temperaturen der Seen und Flüsse liegen (je nach Lage über Meereshöhe) 3 – 5 °C niedriger, im Sommer also bei 16 – 22 °C.

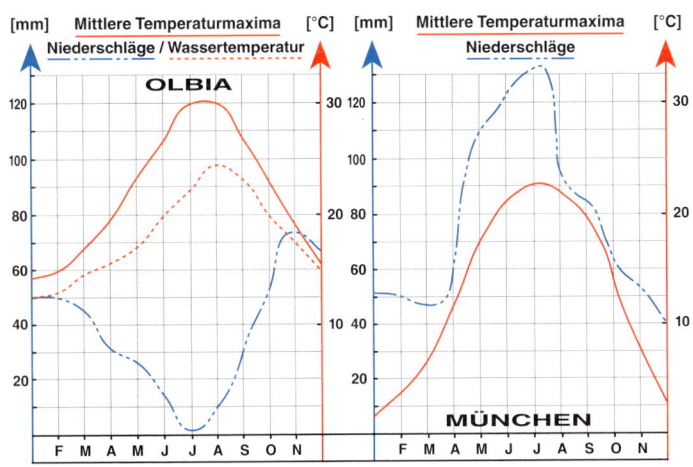

KÜHLSCHRANK

Die DOMETIC-Kühlschränke mit den Anschlüssen für 220V/12V/Gas, die in den meisten Wohnmobilen eingebaut sind, haben eine robuste Natur ohne bewegliche Verschleißteile. Trotzdem sind sie ein Sorgenkind für jeden Camper, denn ohne Kühlung kommt ein WOMO-Haushalt kaum noch aus.

Tipps:

>> *Schon bei geringer Schräglage des Fahrzeugs sinkt die Kühlleistung stark.*
   ***Abhilfe:** Mit Wasserwaage oder voll gefülltem Wasserglas waagerechten*

- Stand des WOMOs kontrollieren, durch Aufbocken, Eingraben eines Rades oder Platzwechsel verbessern.
- >> Seit einiger Zeit gibt es Geräte, die auch bei stärkerer Neigung des WOMOs gut kühlen. Achten Sie darauf beim Neukauf.
- >> Während der Fahrt, vor allem aber beim Tanken, ist der Betrieb mit Gas gefährlich, außerdem geht das Flämmchen oft im Fahrtwind aus. Schaltet man auf 12 V und vergisst nach Ankunft das Ab- bzw. Umstellen, so ist eine vollgeladene 50-A-Batterie nach ca. 5 Stunden leer und oft auch kaputt. Ein separates Kühlschrankrelais (meist bereits eingebaut, sonst im Campinghandel) hilft das zu verhindern. Die neuesten Geräte (AES-Typ) schalten automatisch um. Achten Sie darauf beim Neukauf!
- >> Ist die Kühlleistung bei Gasbetrieb nicht zufriedenstellend, sind folgende Punkte zu überprüfen:
  - * Liegen die Zu- und Abluftgitter möglichst nach Norden, also nicht im Sonnenschein?
  - * Ist der Kühlschrank nicht zu vollgestopft?
  - * Ist überhaupt ein Abluftkanal montiert?
  - * Liegt überall, vor allem an der Unterseite der Tür, das Dichtgummi an?
  - * Ist das Flämmchen überhaupt noch an (von außen kann man das Zischen hören, am oberen Gitter spürt man die Wärme bzw. riecht das verbrannte Gas)?
- >> Ist die Kühlleistung bei Gasbetrieb nicht zufriedenstellend, kann man 1-2 Gebläselüfter an der Kühlschrankrückseite installieren (lassen), die idealerweise mit einem kleinen Solarpaneel betrieben werden sollten.
- >> Was halten Sie von einem richtigen (Kompressor-)Kühlschrank (in Verbindung mit einer Solaranlage)?

KULTURGESCHICHTE

Eine Insel gleicht einem Verkaufstisch, den man vor einem Geschäft aufgestellt hat – der Umsatz ist hoch, manches wird leider auch ohne Bezahlung mitgenommen.

Auch in Sardinien haben sich die verschiedensten Völker "bedient", haben die Küstenstriche geplündert, das Land erobert und wieder verloren.

Wegen der abgeschiedenen Insellage hielt man noch vor wenigen Jahren die alten Kulturen Sardiniens für rückständig im Gegensatz zu denen der Festlandsgebiete. Funde datierte man deshalb regelmäßig jünger oder hielt sie schlicht für Fälschungen. Die reichen Bodenschätze der Insel übten bereits vor tausenden von Jahren eine solche Anziehungskraft auf die umliegenden Völker aus, dass regelmäßige Handelsbeziehungen mit dem gesamten Mittelmeerraum bestanden und natürlich lebhaften kulturellen Austausch nach sich zogen.

180.000 – 6.000 v. Chr. = Altsteinzeit (Paläolithikum)
Die ersten Eroberer hinterließen vor über 100.000 Jahren ihre Spuren im Norden der Insel – wahrscheinlich kamen sie von Korsika oder über eine damalige Landbrücke vom italienischen oder gar afrikanischen Festland. **Feuerstein**- und Knochenwerkzeugfunde in der Grotta Corbeddu bei Oliena.

6.000 – 2.700 v. Chr. = Jungsteinzeit (Neolithikum)
Der erloschene Vulkan Monte Arci (südöstl. Oristano) mit seinen reichen **Obsidian**vorkommen ist Ursache vielfältiger Handelsbeziehungen, denn das schwarze vulkanische Glas war in der Jungsteinzeit das begehrteste Material zur Herstellung von Waffen und Werkzeugen. In die Jungsteinzeit datiert man nicht nur die Obsidianfunde, sondern auch die **Feenhäuser** (domus de janas). Diese Felskammergräber, in den sardischen Legenden als Wohnungen "guter Feen" beschrieben, entwickelten sich in einem langen Kulturzeitraum von einfachen "Backofengräbern" bis zu unterirdischen Palästen, den Wohnungen

der Lebenden bis aufs "i-Tüpfelchen" nachgeahmt.

2.700 – 1.800 v. Chr. = Kupferzeit

In diese Zeit einer verwirrenden Kulturenvielfalt werfen wir unser Augenmerk vor allem auf die Menhirstatuen und die befestigten Hüttendörfer.

1.800 – 500 v. Chr. = Nuraghenkultur, Bronzezeit

Zu Beginn der Bronzezeit wandeln sich Bild und Zahl der Funde in Sardinien wesentlich: Überall auf der Insel werden aus riesigen Steinklötzen beeindruk-kende Wach-, Schutz- und Wehrbauten errichtet, die nur auf Sardinien zu findenden Nuraghen. Auf Kinder machen sie den Eindruck umgedrehter Sandeimer; dem Forscher, aber auch dem interessierten Laien bieten sie ein Bild protziger Stärke. Im Gegensatz zu mittelalterlichen Wachtürmen ist ihr "Innenleben" wesentlich vielgestaltiger, komplizierter, ja raffiniert in Planung und Konstruktion und von solch gigantischer Größe, dass es den folgenden Generationen meist zu mühsam war, die gewaltigen Bauquader für "moderne-re" Bauten wegzuschleppen.

Auch, oder gerade die Nuraghen unterliegen einer auffälligen Entwicklung: Am einfachen Verteidigungsturm wurden oft Um- und Anbauten vorgenommen, bis eine uneinnehmbare Verteidigungsfestung mit Wehrtürmen, Ringmauern und geschützten Innenhöfen entstanden war, um die sich ein ganzes Nurag-hendorf scharte, dessen komplette Einwohnerschaft sich im Verteidigungsfall in die "Burg" flüchten konnte.

Parallel zur Entwicklung der Nuraghen wandeln sich auch die Begräbnisge-wohnheiten. Die sardischen Märchenerzähler fanden schnell einen Zusam-menhang zwischen Riesen, riesigen Nuraghen und den "Gigantengräbern", in deren bis zu 15 m langen Kammern die "gigantischen" Nuragher sich zur letzten Ruhe ausstrecken konnten. Nun waren, wie Skelettfunde zeigen, die Helden auf den Nuraghen mit 1,55 – 1,65 m ausgesprochen kleinwüchsig, und so nimmt es nicht Wunder, dass in den Massengräbern der Nuragherzeit bis zu 200 Skelette Platz fanden.

Parallel zum Begräbniskult, also in der Anbetung der Verstorbenen, beteten die Nuragher auch die in den Naturgewalten steckenden Kräfte an. Eine besondere Rolle spielte im sommertrockenen Sardinien (wer einen sardischen Sommer erlebt hat, der versteht es gut) die Wassergötter. Und so sind die Brunnentempel neben den Nuraghen, hier vor allem wegen ihrer mathema-tisch schwierigen und handwerklich präzisen Ausführung, Orte der Bewunde-rung für den interessierten Sardinienbesucher.

800 – 238 v.Chr. = Phönizisch-karthagische Zeit

Als die Macht der Mykener nachließ, übernahmen die Phönizier deren Han-delsrouten. Mit der Zeit begnügten sie sich nicht mehr mit Handelsbeziehun-gen, sondern errichteten Kolonien in Zypern, Sizilien, Spanien, Nordafrika (Karthago) und Sardinien. Die ältesten Phönizierstädte Sardiniens waren Karali (Cagliari) und Tharros, denen weitere, geschickt angelegte Hafenstädte folgten. Umfangreiche Ruinenfelder zeugen vom Wohlstand, dem hohen kulturellen Niveau und den religiösen Sitten ihrer ehemaligen Einwohner.

238 v.Chr. – 455 n. Chr. = Römische Besetzung

Im Zuge der Eroberung des gesamten Mittelmeerraumes fiel auch Sardinien an das Römische Reich. Während der gesamten Besatzungszeit mussten sich die römischen Söldner jedoch mit den Barbaren der Berggebiete (später deshalb: Barbagia) herumschlagen. Ein Übriges tat die Malaria, so dass ein Aufenthalt in einer sardischen Garnison einer Strafversetzung gleichkam. Nach einer Übergangsphase entfalteten die Römer ihre für Kolonien typische Bautätigkeit: Straßen, Aquädukte, Thermen, Amphitheater. Neben eindeutig "römischen" Bauten werden auch noch punische Bauwerke errichtet, so der Tempel von Antas.

455 – 1323 = Völkerwanderung bis genuesische Abhängigkeit.
In einer wechselvollen Zeit, in der sich schließlich nach den Vandalen die oströmischen Byzantiner auf Sardinien niederließen, die wiederum von den Sarazenen attackiert wurden, verarmte Sardinien.

Schließlich eroberte der Kalif von Cordoba den Süden der Insel, was nun den Papst Benedikt VIII. auf den Plan rief, der die Insel für den Kirchenstaat beanspruchte. Er rief die mächtigen Stadtstaaten Pisa und Genua zu Hilfe, und im Jahre 1016 schlug ein vereinigtes Heer von Pisanern, Genuesen und Sarden die Sarazenen.

Pisa und Genua teilten die Insel unter sich auf und beuteten die Insel wie eine Kolonie aus. Ein Großteil der Wälder wurde abgeholzt, die Ausbeute der Minen abtransportiert. Trotzdem entfaltete sich eine gewisse wirtschaftliche Blüte, die ihren Niederschlag auch in enormer Bautätigkeit findet: Klöster, Kirchen, ja ganze Städte wurden neu errichtet. Die pisanisch/genuesischen Kirchenbauten, für die meist Baumeister aus dem inzwischen romanischen Italien importiert wurden, sind weit über das Land verstreut und meist in gutem Zustand.

1323 – 1708 = Spanische Herrschaft
„Wenn zwei sich streiten,..."

1297, der ewigen Streiterein zwischen Pisa und Genua müde, belehnte Papst Bonifaz III. den König von Aragon mit dem "Königreich Sardinien". Erst 1323 gelang es ihm, die Pisaner zu schlagen und die Insel zu besetzen, und dies in der Bedeutung des Wortes: Die neuen spanischen Herren brachten nicht nur neue, höhere Steuern mit, sondern ganze Siedlerheere, die die Einheimischen von ihren angestammten Gebieten verdrängten. In dieser Zeit wurden entlang der Küste etwa 80 Wachtürme gebaut, die, im Sichtkontakt zueinander, die Bevölkerung vor den Sarazenen warnten. Die Hafenstädte wurden zu uneinnehmbaren Kriegshäfen ausgebaut.

1708 – 1860 = Habsburg und Savoyen
Im Verlauf des Spanischen Erbfolgekrieges kam Sardinien an die Österreicher, die es mit Savoyen-Piemont gegen Sizilien tauschten. Diese führten ihre eigenen Gesetze ein, förderten den Ackerbau gegenüber der Viehwirtschaft. Um die Ackerflächen vor dem weidenden Vieh zu schützen, durfte man sie (nach dem Kauf) mit Steinmauern umgeben. Die Hirten hatten in der Regel kein Geld, um Weideland zu kaufen und verarmten.

Noch heute zeugen die endlosen tancas (Steinmäuerchen) in Sardinien davon, wie das Land zerstückelt wurde.

1861 – heute = Von Italiens Einheit bis heute
1861 wurde Vittorio Emanuele II. aus dem Hause Savoyen-Piemont König von Italien. Bis heute hat sich Sardinien (wie Südtirol) den Status einer autonomen Region erkämpft (die wir meist nur an zweisprachigen Ortsschildern erkennen; aber an den Schulen steht schon wieder sardisch auf dem Lehrplan).

Gegenüber den Festlandsitalienern, aber auch gegenüber den immer stärker werdenden Touristenströmen kommt zuerst eine Ablehnung zum Vorschein. Bei näherem Kennenlernen entpuppt sich der Sarde aber als liebenswürdiger Mensch und großzügiger Gastgeber.

LEBENSMITTEL (siehe auch "Getränke")
Wir unterscheiden in Anreisetage und eigentlichen Urlaub in Sardinien. Während wir im Urlaub die einheimische Küche genießen und eigene Gerichte meist frisch zubereiten, werden unterwegs nur Dosen aufgemacht.

Tipps:

>> *Außer einer "Grundausstattung" an Teigwaren, Reis sowie Gewürzen empfiehlt sich, einen Vorrat an Fleisch- und Wurstkonserven mitzubringen; deren Preise sind hoch, die Auswahl ist gering.*

>> *Wer auf die Dauer das labberige Weißbrot (=pane bianco) aus der Bäckerei (=panificio) nicht ausstehen kann, muss sich "Mestemacher Brot" in der Dose oder heimisches, lange haltbares Vollkornbrot mitbringen. Ab und zu bekommt man auch dunkleres, länger genießbares Roggenbrot (=pane segale). Im Landesinneren werden statt Brot oft Riesenbrötchen in vielerlei Formen angeboten. Unbedingt probieren muss man "pane karasau"; dünne, knusprige Fladen, die lange haltbar sind – das Brot der Hirten. Gießt man kochendes Wasser darüber und gibt Tomatensoße und Ei dazu, dann hat man schon "Pane frattau", eine landestypische Vorspeise.*

>> *ACHTUNG! Brot morgens kaufen, sonst stehen Sie vor leeren Regalen!*

>> *Das Angebot an Obst, Gemüse und Salat ist reichhaltig, die Preise sind jedoch relativ hoch, Touristenpreise eben. Einheimische versorgen sich aus dem eigenen Garten.*

>> *Das Frischfleischangebot in der Metzgerei (=Macelleria) ist reichlich, die Preise liegen jedoch höher als in Deutschland. Dafür ist das Fleisch aus den kleinen Metzgereien, die von den sardischen Bauern versorgt werden, erstklassig. Supermärkte beziehen ihre Ware meist vom italienischen Festland. Bei Volksfesten werden Spanferkel am Spieß gebraten. Eine Portion "porcheddu" sollte man sich dann keinesweges entgehen lassen.*

>> *Das Frischwurstangebot ist von der Vielfalt und vom Geschmack her recht dürftig, wesentlich besser sind die "salame", die Salami und die diversen geräucherten "Schweinespezialitäten", allen voran der kernige Schinken (prosciutto). Die Preise sind aber auch hier happig.*

>> *Käse ist ein sardisches Grundnahrungsmittel. Ziegen und vor allem Schafe sind die Milchlieferanten. Vom "Dolce sardo", einem weichen und milden Käse über den "Pecorino sardo", dem Würzigen, spannt sich ein weiter Bogen bis zum "Fiore sardo", einem harten, würzigen Schafskäse, der durch Räucherung und lange Lagerung immer schärfer wird.*

LITERATUR

Ein wichtiges Buch über Sardinien haben Sie schon – den WOMO-Führer, gute Karten haben wir Ihnen auch bereits empfohlen. Natürlich kennen wir Ihre speziellen Urlaubsinteressen nicht. Wir können Ihnen aber zu Büchern raten, ohne die wir in Sardinien nicht auskommen.

Tipps:

>> *Rainer Pauli: Sardinien, DuMont-Kunstreiseführer (nur noch antiquarisch) (Neidlos erkennen wir an: Große Klasse).*

>> *Eberhard Fohrer: Sardinien (Michael Müller Verlag).*

>> *Mithra Omidvar: Rother Wanderführer Sardinien **(gibt's bei WOMO).***

>> *Bildband "Sardinien" (Bucher Verlag).*

>> *HB Bildatlas 136: Sardinien*

>> *Reiseführer Natur: Korsika, Sardinien (BLV)*

>> *Schönfelder: Die Kosmos-Mittelmeerflora..*

>> *Polunin: Pflanzen Europas (Sonderausgabe, BLV).*

>> *Campell: Der Kosmos-Strandführer.*

>> *Kauderwelsch Sprechführer: Italienisch **(gibt's bei WOMO).***

>> *Staatliches Italienisches Fremdenverkehrsamt:*
   10117 Berlin, Friedrichstr. 187, Tel.: 030/247 83 97, Fax: 247 83 99
   60329 Frankfurt, Kaiserstraße 65, Tel.: 069/23 74 34, Fax: 23 28 94
   A-1010 Wien, Kärntnerring 4, Tel. 01/505 16 39 12; Fax: 505 02 48
   CH-8001 Zürich, Uraniastraße 32, Tel.: 043-466-40-40 Fax: 466-40-41
   Prospekte, Karten, Adressen.

MEDIKAMENTE

Natürlich können wir hier keine ärztliche Voraussage machen, was Ihnen im Urlaub alles passieren kann, aber nach der Statistik wollen wir einige Wahrscheinlichkeiten abwägen.

Tipps:

>> *Schauen Sie nochmals nach, ist Ihr Erste-Hilfe-Koffer noch gut gefüllt (Mullbinden, Heftpflaster, Schere, Pinzette, Fieberthermometer)?*

>> *Mittel gegen Durchfall sind ein "Muss" in fremden Ländern, fragen Sie Ihren Arzt. Kohletabletten sind "härteren Sachen" zunächst vorzuziehen.*

>> *Aufregung und langes Sitzen bei der Anfahrt kann aber auch zu Verstopfung führen – führen Sie mit den richtigen Mitteln ab!*

>> *Wie steht es mit Reisekrankheit? Fahren Sie zum ersten Mal mit einem WOMO, könnte Ihnen vielleicht das Schwanken oder die ungewohnte Sitzstellung aufstoßen. Sorgen Sie vor!*

>> *Das Mittelmeer ist nicht immer ruhig, und mancher wird schon beim Anblick eines Schiffes seekrank. Dagegen gibt es Tabletten, die sehr sicher wirken sollen. Zusätzlich hilft der Verzicht auf jede Nahrungsaufnahme.*

>> *Kinder sind ein Fall für sich! Nehmen Sie auf jeden Fall die Medikamente mit, die Sie sowieso das Jahr über brauchen.*

>> *Soventol z.B. hilft nicht nur gegen Insektenstiche, sondern lindert auch Sonnenbrand.*

>> *Zwei Elastik-Binden für verstauchte Füße und Salbe gegen Prellungen (z.B. Mobilat) sollten nicht nur bei der Bergtour dabei sein.*

>> *Zwar kein Medikament, aber manchmal die letzte Rettung (statt eines Schlafmittels): Ohropax gegen Straßenlärm.*

>> *Was brauchen Sie sonst noch alles gegen Erkältungen, Magenbeschwerden, Sodbrennen, Blähungen, Völlegefühl? Schleppen Sie nicht alles mit! Die sardischen Apotheken sind in fast allem gut sortiert – und fast alles gibt es im Notfall auch ohne Rezept.*

>> *Last not least: Das Merfen-Orange für die kleine Schürfwunde und gegen den großen Schmerz, ein Wund-Desinfektionsmittel, das nicht brennt, aber wegen der schönen Farbe bei Kindern besonders beliebt ist. Gegen Brennen im Salzwasser hilft Sprühpflaster.*

>> *Und wenn alles nichts mehr hilft: Beim ADAC-Arzt können Sie sich von Sardinien aus unter der Nummer: **0049/89/22 22 22** Rat holen.*

NACKTBADEN

Italien ist nicht Frankreich – das merkt man am schnellsten beim Wechsel von einem korsischen zu einem sardischen Strand. Nur etwa 30% der Damen verzichten auf das Tragen eines Bikinioberteiles.

FKK-Fans sichteten wir nur an ganz entlegenen Stellen. Das Campingplatzverzeichnis informiert Sie darüber, wo Sie ganz offiziell Ihre Hüllen fallen lassen dürfen.

ÖFFNUNGSZEITEN

Sardinien ist nicht Orient, aber auch nicht Preußen! Die an jeder Ladentür angeschlagenen Öffnungszeiten werden, wenn überhaupt, nur in den größeren Städten eingehalten. (Etwa 8-12.30/16-20 Uhr, Bäckereien auch Sonntag Vormittag).

Heilig ist allerdings die Mittagspause – zwischen 13 und 16 Uhr läuft nichts. Dies haben ausgefuchste Städtetouristen längst spitzgekriegt und finden vor 8 Uhr und vor 15.30 Uhr auch im Zentrum einen guten Parkplatz, bevor der Ansturm einsetzt. Auch Tankstellen halten sich an diese Öffnungszeiten. Sonntags und nachts läuft nur an Tankstellen Geldschein-Automaten etwas!

Banken sind nur montags bis freitags geöffnet, jede scheint ihre eigenen Öffnungszeiten zu haben. Sie bewegen sich im Bereich 8-14 Uhr.

Die kleineren Postämter bedienen Mo – Sa nur vormittags, in größeren Ortschaften Mo – Fr auch nachmittags.

Während Ausgrabungsgelände von 9 Uhr bis Sonnenuntergang offen haben, sind Kirchen von 12 – 16, manchmal 17 Uhr verriegelt. Die einsamen pisanischen Kirchen in der freien Landschaft können in der Regel überhaupt nicht von innen besichtigt werden.

PACKLISTE

Brieftasche/Handtasche/Geheimfach
Pässe, Personal-, Kinderausweis (gültig!)
Führerscheine, Vollmacht
Fährtickets
Grüne Karte (gültig!)
KFZ-Schein
Impfbücher/Impfpass Haustier
Fotokopien aller dieser Papiere
Bargeld/Brustbeutel
Devisen/Reiseschecks
Euroscheckkarte, Kreditkarte (Visa)
Auslandskrankenscheine
Zusatzversicherungen/Schutzbrief
Vignette/Brenner-Mautkarte (ADAC)
Fotokopien alles Papiere

_____

Wohnmobilhaushalt
Wecker (Fähre!)
Einkaufstasche (groß)
Kaffee-, Teekanne
Filtertüten/Filter
Geschirr/Gläser
Vesperbrettchen/Bestecke
Brotmesser/Kartoffelschäler
Schöpflöffel/Schneebesen
Töpfe/Dampftopf
Pfannen/Sieb
Topflappen
Butterdose/Plastikdöschen mit Deckel
Flaschentrage
Thermoskanne
Eierbehälter
Küchenpapier/Alufolie
Nähzeug/Schere
Klebstoff/Klebeband
Wäscheleine/Klammern
Waschpulver
Plastikschüssel
Abtreter
Schuhputzzeug
Kabeltrommel
Verbindungskabel CEE-Schuko
Stecker (Ausland)
Doppelstecker
Gasflaschen (voll?)
Handfeger/Kehrschaufel
Putzlappen
Klappspaten/Klappsäge
Hammer/Nägel/Axt
Zündhölzer/Feuerzeug
Gasanzünder
Taschenlampen
Kerzen
Petroleumlampe/Petroleum
Ersatzbirnen 12 V/220 V
Ersatzsicherungen für jedes Gerät
Ersatzwasserpumpe
5 m passender Wasserschlauch
Feuerlöscher
Insektenspray/Insektenlampe

Moskitogaze für Fenster und Tür
Toilette/Clo-Papier
Toilettenchemikalien (oder Schmierseife)
Dosen-, Flaschenöffner, Korkenzieher
Spülmittel/Bürste
Scheuerpulver
Geschirrtücher
Leim/5 m Schnur
5 m Schwachstromkabel zweiadrig
Wasserschlauch mit Passstück für
        verschiedene Wasserhähne
Trichter
Wasserentkeimungsmittel
Müllbeutel

_____

_____

Reiseapotheke
Mittel gegen Seekrankheit
Soventol (lindert Insektenstiche usw.)
Husten-, Schnupfenmittel
Fieberzäpfchen
Mittel gegen Durchfall
Mittel gegen Kopfschmerzen
Mittel gegen Verstopfung
Nasen-, Ohrentropfen
Halsschmerztabletten
Wundsalbe/Brandsalbe
Wunddesinfektionsmittel (Merfen-Orange)
Sprühpflaster
Elastikbinden
Salbe gegen Prellungen
Fieberthermometer
Pinzette
Auto-Verbandskasten O.K.?
Persönliche Medikamente

_____

Auto
Allgemeines Wohnmobil-Handbuch
WOMO-Knackerschreck
Bedienungsanleitungen
Bordbuch/Wörterbücher
Reiseführer/Campingführer
Straßenkarten/Autoatlas
Auffahrkeile/Stützböcke
Wasserwaage
D-Schild
Panello (rot-weiße Tafel) bei überstehender
        Ladung (z. B. Fahrräder)
Kundendienst gemacht?
Ersatzteilset von der Werkstatt?
Pannenausrüstung komplett?
Reservekanister voll?
1-2 Liter Reserveöl
Reserverad Luftdruck O.K.?
Abschleppstange, ausprobiert?
Passender Wagenheber, ausprobiert?
Luftpumpe
Warndreieck
Arbeitshandschuhe
Werkzeugkoffer komplett?
Kundendienststellenverzeichnis, neu?

_____

_____

Kleidung
Unterwäsche
Socken/Strümpfe
Hemden/Blusen
Schuhe/Sandalen
Hausschuhe
T-Shirts/Shorts
Hosen/Jeans
Kleider/Röcke
Pullover/Jacken/Stola
Anoraks/Windjacken
Sonnenhüte/Kopftücher
Nachthemden/Schlafanzüge
Bikinis/Badehosen
Wanderstiefel
Sonnenbrille/Ersatzbrille

_____
_____
_____

Campingartikel
Stühle/Tisch/Liegestühle
Liegematten/Hängematte
Markise
Sonnensegel/Stangen/Häringe/Leinen
Grill/Grillzange/Holzkohle
WOMO-Pfannenknecht

_____
_____
_____

Unterhaltung
KW-Radio
Schreibzeug/Adressbuch
Handarbeitszeug
Kinderspielzeug
Malutensilien
Bücher/Spiele
Kassettenrekorder/Kassetten
CD-Player/CDs
Taucherbrillen
Wasserball/Fußball/Wurfringe
Frisby/Indiaca usw.
Schlauchboot/Pumpe/Ruder
Luftmatratzen
Sandspielzeug
Schwimmflügel/Schwimmreif
Surfbrett/Zubehör
Fotoapparat/Filme
Videokamera/Kassetten
Ersatzbatterien/Ladegerät für 12 V
Rucksäcke
Kartentasche
Fernglas
Kompass
Iso-Matten/Zelte/Kochtopfset
Feldflaschen/Taschenmesser/Angelzeug
SOS-Kettchen (vor allem für Kinder)
Mitbringsel für evtl. Einladungen

_____
_____

Lebensmittel
Getränke (Limo, Bier, Wein)
H-Milch/Dosenmilch/Coffeemate
Milchpulver/Limopulver/Zitronenteepulver

Wurst-, Fischdosen
Fertiggerichte/Beutelsuppen
Tee/Kaffee/Kaba
Müsli
Butter/Margarine
Brot/Dosenbrot
Reis/Nudeln/Grieß
Kartoffelbrei/Mehl
Babykost
Puddingpulver
Schokolade/Bonbons/Kaugummi
Marmelade/Nutella
Bratfett/Öl/Essig
Majonnaise, Senf
Zwiebeln
Gewürze
Ketchup/Maggi/Salz
Zucker/Süßstoff
Kartoffeln
Eier
Zwieback/Salzstangen

_____
_____
_____

Wäsche / Toilettenartikel
Schlafsäcke, Bettwäsche, Kopfkissen
Laken (Spannlaken)
Hand-, Badetücher, Waschlappen
Geschirrtücher
Tempo-Taschentücher
Kämme/Bürsten
Haarfestiger/Lockenwickel/Haarspangen
12 V-, Akku- oder Nassrasierer
Nageletui/Hygieneartikel
Empfängnisverhütungsmittel
Windeln/Creme/Babycreme
Seife/Rei in der Tube
Sonnencreme, -öl
Fettstift (Labello)
Zahnbürsten/Zahnpasta
Autan gegen Mücken
Ohropax gegen Lärm

_____
_____

Nicht vergessen!
Post/Zeitung abbestellen
Offene Rechnungen bezahlen
Haustier abgeben
Blumen versorgen
Mülleimer leeren
Kühlschrank abstellen?
Antennen herausziehen
Wasch-, Spülmaschine, Bügeleisen aus?
Wasser, Gas, Heizung, Boiler abgestellt?
Rolläden schließen
Haustür verschließen!
Nachbarn/Verwandte benachrichtigen:
Reiseroute, Autokennzeichen mitteilen.
Reserveschlüssel abgeben.

_____
_____
_____

POST

PT – Poste e Telegrafo, das ist das Serviceangebot der italienischen Post – ein Telefon sucht man dort vergebens! Die italienischen Telefonzentralen werben mit einem Telefonhörer und den Buchstaben S.I.P. Dort kann man telefonieren, ohne dauernd Geldstücke nachwerfen zu müssen und sich für weitere Anrufe zu Hause Magnetkarten (Carta Telefonica, gibt's auch ins Bars mit dem S.I.P.-Zeichen) kaufen.

Tipps:

>> *Für Briefmarken braucht man nicht im Postamt anzustehen. Man erhält sie auch in jedem Tabacchi-Laden: „Ich möchte einige Briefmarken." = „Vorrei dei francobolli."*

>> *Erfahrungsgemäß braucht Post, gleich welche, eine Woche von Italien nach Deutschland. Per Luftpost geht sie ohnehin, Sie können sich den Aufpreis also sparen.*

>> *Die Post ist im ländlichen Sardinien nur von 8.40 – 13.20 Uhr geöffnet. Im Gegensatz zu Banken aber auch samstags. Nur in Großstädten bedient die Hauptpost auch nachmittags.*

PREISE

Wer glaubt, Italiener seien ja wohl keine so reichen Leute – und die Preise seien deshalb auch niedrig im Lande, der sieht sich zumindest auf Sardinien getäuscht. Ausspruch eines wütenden Sarden: „Hoffentlich sind die Touristen bald weg, damit wir wieder zu normalen Preisen einkaufen können!"

Sparsamen Leuten ist folglich dringend anzuraten, vor allem Fleisch- und Wurstkonserven mitzubringen.

Gaststättenbesuche gehören zum Studium eines Urlaubslandes – das Sardinienstudium ist ausgesprochen teuer! Wir haben nach dem Besuch vieler Urlaubsländer und vieler Gaststätten für Sardinien folgende Theorie aufgestellt: In Griechenland z.B. verdient der Wirt an jedem Gast wenig – und hat seine Freude an vielen Gästen. In Sardinien reicht dem Wirt ein besetzter Tisch pro Tag – die restliche Zeit macht er Siesta. Besonders ärgert man sich über die "Coperti", ein italientypischer Preis für das Gedeck (ca. 1.80-2 €).

Die Treibstoffpreise sind in Italien inzwischen mit denen in Deutschland vergleichbar.

Für einen Tag auf einem Campingplatz muss man fürs WOMO und zwei Personen 15 - 35 (50) Euro berappen.

Ein 3-Minuten-Telefonat nach Deutschland kostet etwa 1,50 €, Mo – Sa von 22 – 8 Uhr und sonntags ist's 25% billiger.

Aber inzwischen hat ja jeder sein Handy dabei – und stöhnt über die unverschämten Roaming-Gebühren!

Postkarte oder Brief nach Deutschland 75 Cent.

REDEWENDUNGEN

Wir wollen und können den unter "Literatur" angegebenen Kauderwelschsprechführer (gibt's bei WOMO) nicht ersetzen, aber **ein Dutzend** wichtiger Begriffe sollten Sie eigentlich auswendig können:

Guten Morgen (Tag)	buon giorno (bonn schorno)
Guten Abend	buona sera
Gute Nacht	buona notte
Auf Wiedersehen	arrivederci (arrivedertschi)
Bitte!	Prego!
Vielen Dank	Mille grazie
Entschuldigung	Mi scusi!
Ja/nein	Si/No.
Rechts/Links	destra/sinistra
Geradeaus	diritto

Was kostet das? .... Quanto costa?
Ich möchte.. .... Vorrei...
Wie kommt man
zum Strand? .... Como si arriva a la spiaggia?

REISETAGE/REISEZEIT

Keine Angst, wir wollen Ihnen an dieser Stelle nicht Ihren Urlaubstermin ausreden, denn nach Sardinien können Sie gar nicht zur falschen Jahreszeit fahren – **es sei denn, Sie wollen sich im FERRAGOSTO, dem traditionellen italienischen Ferienmonat August dort tottrampeln lassen.** Hier soll lediglich der Reiserhythmus angesprochen werden, der sich auf der Hin- und Rückreise empfiehlt.

Tipps:
>> *Starten Sie in Deutschland nicht am ersten Ferientag Ihres Bundeslandes oder gar am Samstag früh, sonst beginnt Ihr Urlaub gleich mit Stau.*
>> *Fahren Sie entweder sofort nach der Schule am letzten Schultag los oder, wenn Sie keine schulpflichtigen Kinder haben, an den Wochentagen Dienstag bis Donnerstag.*
>> *Die Verkehrsdichte an den schweizer Grenzübergängen und an den Alpentunnels ähnelt den Bewegungen der Quecksilbersäule im Sommer: Abends, nachts und morgens ist es am kühlsten – und am leersten.*
>> *Warten Sie mit der Suche nach einem Übernachtungsplatz nicht bis zur Dunkelheit. Das geht fast nie gut! An jedem Seitensträßchen finden Sie bei Tageslicht ein Wald- oder Wiesenplätzchen – bei Nacht geraten Sie an die unmöglichsten Stellen.*
>> *Von der deutschen Grenze bis zum Fährhafen Livorno sind es nur runde 600 km. Diese Strecke ist bequem an einem Tag zurückzulegen. Sie sollten jedoch so planen, dass Sie 2 Stunden vor Abfahrt der Fähre ankommen. Kalkulieren Sie Staus und eine Reifenpanne mit ein – die Fähre wartet nicht auf Sie!*
>> *In der Hauptanreisestrecke Basel - Gotthardtunnel - Livorno haben wir schöne und vor allem ruhige Übernachtungsplätze für Sie gesucht. Sie sind in der Karte "Anreiserouten" eingezeichnet und genau beschrieben.*
>> *Je früher Sie an der Fährstation ankommen, desto weniger Hektik herrscht dort. Lassen Sie sich rechtzeitig abfertigen – und schauen Sie dann bei einem Kaffee den anderen zu! Lassen Sie sich von der Reihenfolge der Verladung nicht irritieren! WOMOs werden oft erst am Schluss herangewunken, wenn die niedrigen PKW-Decks gefüllt sind.*

RUNDFUNK / FERNSEHEN / INTERNET

Mancher behauptet ja, er könne im Urlaub völlig abschalten. Dazu gehören jedoch Ruhe und Zufriedenheit. Ich bin nur ruhig, wenn ich weiß, dass zu Hause in Deutschland alles seinen gewohnten Gang geht. Aktuelle Nachrichten sind für mich unverzichtbar.

Tipps:
>> *Deutsche Sender können Sie in Sardinien, günstige tektonische Bedingungen vorausgesetzt, nur (in miserabler Qualität) auf Mittelwelle empfangen. Es sei denn, Sie legen sich eine Satellitenschüssel zu. Dann können Sie sogar Ihren Heimatsender auf UKW und in Top-Qualität hören.*
>> *Möchten Sie auch im Urlaub nicht auf Informationen aus der Heimat verzichten, empfehlen wir einen Kurzwellenempfänger! Selbst mit preiswerten Geräten kann man zumindest die "Deutsche Welle" auf dem 49-m-Band empfangen. Verfolgen Sie aber in der Presse die Entwicklung des DRM (Digital Radio Mondial), der digitalen Kurzwelle – denn bald kann man auch weltweit Kurzwelle in Super-Qualität empfangen.*

Deutsche Welle:	49-m-Band:	6075 kHz
	31-m-Band:	9545 kHz
	19-m-Band:	15275 kHz
Deutsche Welle digital:	3995, 6130, 7265, 9655, 9685, 12080 kHz	
RTL digital:		6095 kHz
BR-B5 aktuell digital:		6085 kHz

>> Auch in Sardinien hat das Internetzeitalter Einzug gehalten. In allen größeren (und auffällig vielen kleinen Ortschaften) gibt es bereits Internetcafés. Dort können Sie für wenige Cent:
a) In deutschen Zeitungen blättern, z.B. www.faz.net
b) Deutsche Fernsehsender angucken, z.B. www.zdf-online.de
c) Urlaubsgrüße per eMail senden.

SONNENSCHUTZMITTEL

Immer wieder trifft man in südlichen Gefilden bedauernswerte Kreaturen, die die Gefahren der UV-Strahlung am Meer nicht ernst genommen haben und nun wie halb gepellte Kartoffeln herumlaufen.

Tipps:
>> Beginnen Sie mit dem Sonnenbaden möglichst nicht erst im Urlaub. Falls Sie wie ein weißer Käse in Sardinien ankommen sollten, gehören Sie nach jedem Bad zunächst wieder unter den Sonnenschirm.
>> Es gibt zwar Sonnenmilch und Sonnencremes mit den erstaunlichsten Schutzfaktoren. Ihre Filterwirkung kann aber die Sonne nicht völlig von Ihnen abhalten.
>> Nach jedem Bad müssen Sie sich in den ersten Tagen abtrocknen und sofort wieder eincremen. Wassertropfen auf der Haut wirken wie Sammellinsen und können zu Verbrennungen führen.
>> Auch wer nie Probleme mit Sonnenbrand hat: Das Salzwasser laugt die Haut aus, macht sie trocken und rissig. Sie müssen sich ja nicht gleich mit Olivenöl einschmieren, aber spätestens nach der abendlichen Süßwasserdusche sollten Sie den **ganzen** Körper eincremen.
>> Kinder, vor allem Babys, sollte man beim Spiel in der Sonne gut im Auge behalten. Pflicht sind:
Sonnenhütchen und anfangs T-Shirt sowie regelmäßiges Eincremen.
>> Surfer und Schnorchler sind besonders an den Rückenpartien gefährdet. Ziehen Sie ein altes T-Shirt an!
>> Eine gute Sonnenbrille ist in Sardinien jedem anzuraten. Brillenträger sind mit Colormatic-Gläsern gut bedient. Nicht nur am Strand, auch beim Rundgang durch antike Stätten und im Gebirge schmerzen die Augen ohne entsprechenden Schutz.
>> Haben Sie Ihr WOMO in der Sonne geparkt, erreicht die Temperatur im Führerhaus oft abenteuerliche Höhen. Eine Alu-Isoliermatte, die man auch als Liegematte benutzen kann, sorgt hinter (noch besser vor) der Windschutzscheibe für Abhilfe.

SURFEN

Kaum noch ein WOMO, das ohne ein bis viele Surfbretter auf die Fähre rollt. Kommen sich die vielen Gabelbaum-Akrobaten da nicht an Sardiniens Gefilden in die Quere?

Tipps:
>> Denken Sie bereits bei der Buchung der Fähre an die Gesamtlänge Ihres WOMOs. Überstehende Masten müssen bezahlt werden – und auf der Straße kassiert die Polizei, falls man bei überstehender Ladung keine rot-

weiß gestreifte Langguttafel (50 x 50 cm) mit vier Reflektoren am Fahrzeugheck angebracht hat!

>> *Sardinien ist als Surfrevier noch nicht in aller Munde – an den meisten Stellen geht es noch ausgesprochen einsam zu – was das Surfen anbetrifft. Eine Insel hat eben wahnsinnig viel Strand!*

>> *Zwei ausgesprochene Starkwindgebiete sind an der Nordküste (Bucht von Porto Pollo) und an der Meerenge zur Halbinsel La Testa westlich Santa Teresa zu finden. An den anderen Stränden geht´s ausgesprochen familienfreundlich zu. Vor allem die weiten, flachen Sandstrände der Westküste bieten auch dem Anfänger bequeme Übungsreviere.*

TELEFON

Telefonieren kann man in Sardinien von jedem Dörfchen aus – überall stehen Telefonhäuschen herum. Oft sind es auch nur rote, an die Wand geschraubte Hauben und die Passanten amüsieren sich über die lautstarken Verständigungsversuche mit der Heimat.

Tipps:

>> *Von Sardinien nach Deutschland wählt man 0049, nach Österreich 0043, in die Schweiz 0041.*

>> *Die Landesvorwahl für Sardinien (wie Italien) ist 0039.*
   ***ACHTUNG!** In Italien, also sowohl aus dem Ausland wie auch innerhalb des selben Ortsnetzes, muss inzwischen immer die Null mitgewählt werden! Ausnahme: Notrufnummern.*

>> *Ein 3-Minuten-Gespräch kostet tagsüber 1,50 Euro, Mo-Sa 22-8 Uhr und So nur 1,20 Euro.*

>> *Fast alle Telefonapparate haben Schlitze für Münzen und für Telefonkarten. Deshalb sollte man sich gleich bei Urlaubsbeginn in einer öffentlichen Telefonzentrale der S.I.P. (mit Telefonsymbol) oder einer der vielen Bars (mit S.I.P.-Aufkleber) eine Telefonkarte kaufen.*

>> *Telefonservice "Deutschland direkt":*
   *Sie können ein kostenloses R-Gespräch führen über eine **deutsch**sprachige Vermittlung. Der **Angerufene** zahlt für die Vermittlung 5 Euro und für jede Gesprächsminute 60 Cent. Wählen Sie einfach: 172-0049.*

>> *Falls Sie vor einem Postamt stehen – dort kann man nicht telefonieren! Post und Telefondienst sind in Italien zwei völlig getrennte Einrichtungen.*

>> *Besonders praktisch nicht nur für Vielreisende sind die prepaid-Karten, die inzwischen von mehreren Vertreibern (bei der Telekom heißen sie T-Card) angeboten werden. Mit ihnen kann man von allen Ländern Europas aus telefonieren .*

Wichtige Telefonnummern in Sardinien

Polizei-Notruf (Carabinieri):	112
Unfallrettung	113
Pannennotruf des ACI:	116
Deutsches Konsulat	070/307 229
ADAC-Notruf in Rom:	06/4954730

TOILETTE

Einer der Gründe dafür, dass das Freie Camping in so vielen Ländern verboten wird, ist mit Sicherheit die Verunstaltung und Verseuchung der Landschaft mit Fäkalien. Die Benutzung einer Campingtoilette ist deshalb ein absolutes "Muss" für jeden engagierten Camper.

Tipps:

>> *Immer mehr WOMO-Freunde haben in den letzten Jahren Sardinien*

besucht. Es geht keinesfalls an, dass man seinen Haufen in die freie Landschaft setzt und dann noch mit rosa Papier verziert. Wer keine Campingtoilette benutzen möchte, muss seinen Haufen vergraben.

>> Auch wenn es mit der vollen Campingtoilette nicht bis zu einem Campingplatz oder einer öffentlichen Toilette reicht, ist die für die Umwelt und die Menschen beste Methode der Entsorgung das Vergraben der Fäkalien auf Ödland. Da unser Urlaubsland nur dünn besiedelt ist, braucht man in den seltensten Fällen weiter als ein paar Kilometer zu fahren, bis man in unbesiedeltes und landwirtschaftlich kaum genutztes Gebiet kommt.

>> Es gibt auch erste Entsorgungsstationen in Sardinien außerhalb von Campingplätzen. Wir haben Sie im Text und auf den Tourenkarten genauestens markiert (natürlich auch die öffentlichen Toiletten!).

>> Nach kurzer Zeit beginnt der Toiletteninhalt zu stinken. Diesen Duft soll man (lt. Werbung) mit giftigen Chemikalien bekämpfen! Sich selbst und die Umwelt schützt man jedoch am besten, wenn man auf Toilettenchemikalien verzichtet! Gute Ergebnisse haben wir bei der "Duftbekämpfung" mit Schmierseife (Schlecker) gemacht (2 EL mit 1 l Wasser vermischen), andere schwören auf Oranex (Orangenschalenkonzentrat) aus dem Bio-Laden.

>> Der beste Geruchsabzug ist noch immer ein Schornstein! Man bastelt ihn für Pfennigbeträge, indem man am Toilettenunterteil ein Loch bohrt, einen gewinkelten Schlauchstutzen (evtl. mit Absperrhahn) anschließt und einen Schlauch durch den Fahrzeugboden führt. Schon nimmt der Fahrtwind Ihre Düfte mit.

>> Noch besser ist die Schornstein-Wirkung, wenn sie von einem Ventilator unterstützt wird. Nach Einbau einer SOG-Toilettenentlüftung sind üble Gerüche (auch ohne Chemikalien) für immer passé:
Fa. SOG-Dahmann, Tel.: 02605-952 762; www.sog-dahmann.de

>> **Eine dringende Bitte zum Schluss:**
Gießen Sie den Toiletteninhalt nicht einfach ins Gebüsch. Das ist die unhygienischste Form der Fliegenvermehrung und die sicherste Methode, auch wohlwollende Gemeinden zu Wohnmobilfeinden zu machen. Wer den Inhalt seiner Campingtoilette hinters Gebüsch gießt, den soll beim nächsten Mal der Blitz beim Schei... treffen!

TREIBSTOFFE

Italien ist ein Land mit hohen Treibstoffpreisen (jetzt auch Diesel!). Es ist nicht einzusehen, dass man sich auch hier noch schröpfen lassen soll, wenn man schon die Autobahngebühren kaum umgehen kann.

Tipps:

>> Auch in Italien muss man die Treibstoffpreise vergleichen – an den Autobahntankstellen wird man nicht so geschröpft wie in Deutschland.
Aber Achtung: Besonders an den preiswerten AGIP-Stellen haben wir für den gleichen Treibstoff Spuren mit verschiedenen Preisen gesehen (die billigen sind mit "Fai da te - mach' es selbst" gekennzeichnet).

>> Im hektischen Trubel versucht der eine oder andere Tankwart, einen zusätzlichen Verdienst zu ergaunern: Lassen Sie sich nicht bedienen! Achten Sie vor dem Tanken, ob die Anzeige auf Null steht und den richtigen Literpreis anzeigt! Schreiben Sie den Rechnungsbetrag auf und vergleichen Sie ihn mit dem Visa-Beleg, wenn Sie nicht bar bezahlen!

>> Treibstoffpreise: Wir haben einen schlechten Draht zur OPEC. Deshalb empfehlen wir, die aktuellen Preise vor der Abfahrt beim Automobilclub zu erfragen.

>> Sie müssen während der Siesta-Zeit, sonntags oder an Feiertagen tanken - Sie Armer! Das geht nur an einer der (vielen) Tankstellen mit Visa- oder Geldscheinautomaten (keine verknitterten Scheine einlegen!).

TRINK-, WASCH-, SPÜLWASSER

Während wir beim Abwasser die Formel aufgestellt haben: 10 Liter x Personen-zahl = Volumen des Tanks, braucht man pro Person eine Frischwasserkapa-zität von mindestens 15-20 Litern, komfortabel wäre erst die dreifache Menge, denn eine ordentliche Dusche gehört zum Abschluss eines heißen Tages!

Tipps:

>> *Die Suche nach Trinkwasser ist für unsere Leser vorbei. An jeder Tour sind genügend Trinkwasserstellen angegeben. Viele Brunnen haben inzwischen einen Hahn mit 1/2"-Gewinde. Falls nicht, sollten Sie eine handelsübliche Gießkanne dabei haben ...*

>> *Es gibt Camper, die kochen jeden Tropfen Wasser ab. Das verbraucht unnötig Gas. Außerdem schmeckt das abgekochte Wasser durch den Verlust des gelösten Kohlendioxids fade. Andererseits kann man auch nicht jedem munter plätschernden Brünnlein bedenkenlos trauen, selbst wenn alle Einheimischen „Eau potable!" beteuern.*

>> *Behandeln Sie Wasser stets mit keimtötendem Mittel, wenn Sie nicht mit eigenen Augen sehen, wie es aus einer Quelle sprudelt. Nur dann ist Sicherheit vor Infektion vorhanden. Bedenken Sie: Eine Entkeimung von 10 Litern Wasser kostet weniger als drei Pfennige, eine Diarrhöe mehrere Urlaubstage. Außerdem verhindern Entkeimungsmittel die Nachverkei-mung des Wassers im Tank.*

>> *Wir empfehlen als Entkeimungsmittel "Chlorosil". Sein Anteil an Hypochlo-rit sorgt für die Sofortentkeimung des Wassers, d. h. es kann nach wenigen Minuten getrunken werden. Sein zweiter wirksamer Bestandteil sind Silber-Ionen, die die Nachverkeimung des Wasser über Wochen hinweg verhindern.*

>> *ACHTUNG! Alle Entkeimungsvorschriften gelten nur für optisch reines, also klares Wasser. Trübes Wasser müsste vorher gefiltert werden.*

>> *Irgendwann geht an jedem Strand der Trinkwasservorrat aus! Wie kann man sparen?*

Salzwasser: Geschirrspülen klappt wunderbar, wenn das "Spüli" keine "Anio-nischen Tenside" enthält. Auf der Flasche nachschauen oder einfach ausprobieren. Haarewaschen geht prima! Auch hier ist Seife nicht geeig-net, man nehme flüssige "Seife", die keine Alkalien enthält, erkennbar am neutralen pH-Wert (ungefähr 7).

Fluss-, See-, Bachwasser: Wenn das Wasser optisch rein ist, kann man es zum Spülen, Waschen und Haarewaschen verwenden. Nur zum Zähne-putzen muss man es vorher abkochen oder chemisch entkeimen.

VERKEHR

Dem WOMO-Fahrer kann es nur darum gehen, sein großes und schweres Gefährt unbehelligt bis zum Urlaubsziel und zurück zu transportieren. Dabei kann ihm allerhand passieren – vor allem dann, wenn er zum ersten Mal ein Wohnmobil steuert!

Tipps:

>> *Geschwindigkeitsbegrenzungen nötigen uns meist nur ein müdes Lächeln ab:*

	Schweiz	Österreich	Italien	Sardinien
Autobahnen	120	130	110	110
Landstraßen	80	100	90	90
Innerorts	50	50	50	50

>> *Promillegrenze in allen Ländern 0,5.*
   Es besteht Anschnallpflicht, Kinder haben hinten zu sitzen.

>> **Straßenverhältnisse:**
   *Über die Anfahrtsstrecken brauchen wir kein Wort zu verlieren:
   Die Autobahnen sind einwandfrei, die sonstigen Straßen, speziell in den
   Alpen, erfordern wegen geringer Überholmöglichkeiten, Kurven und star-
   ker Steigungen wesentlich längere Fahrzeiten. "Schlechte Wegstrecken"
   gibt es auf den empfohlenen Routen nicht.*

>> *Sardinien hat für "südländische Verhältnisse" gute Straßen. Aber Sie sind
   mit dem WOMO-Führer unterwegs, und der führt Sie nicht nur die Haupt-
   verkehrsstraßen entlang. Auf den letzten "stradas biancas", den weißen
   Schotterstraßen, werden Sie nicht nur eine Menge Staub schlucken, wenn
   Sie bei Gegenverkehr nicht rechtzeitig die Fenster hochkurbeln, sondern
   auch auf Waschbrettrillen ordentlich durchgeschüttelt werden.*

>> *Für die Pisten zu den Stränden und Ufern fühlt sich die Straßenbauverwal-
   tung nicht zuständig. Hier muss sich jeder Pilot auf sein Fahrzeug und sein
   Können – und zur Not auf die Schiebekräfte seiner Mitfahrer verlassen.
   Gehen Sie sandige Strecken zunächst zu Fuß ab. In einsamer Gegend
   lieber wenden als versacken.*

>> *Eine Klappsäge (Baumarkt) hilft, Kratzer an den Seitenfenstern und -
   wändern zu vermeiden, indem man die vorwitzigsten Äste absägt.*

>> *Steckt die Karre bis zum Auspuff drin: Räder frei schaufeln, viele Leute zum
   Schieben zusammenbitten, im zweiten Gang (bei Hinterradantrieb Hand-
   bremse leicht anziehen) langsam anfahren, dabei Lenkung nie stark
   einschlagen (genaue Infos im "Allgemeinen Wohnmobil Handbuch").*

VERSTÄNDIGUNG

Gehen Sie einfach davon aus, dass in Sardinien niemand eine Fremdsprache
spricht, dann werden Sie nie enttäuscht und ganz selten positiv überrascht.
Tatsache ist, dass kaum ein Einheimischer deutsch, englisch oder französisch
kann – also schlagen wir uns auf italienisch durch!?

Tipps:
>> *Südländer sind Meister in der Gebärdensprache. Tun Sie es ihnen nach,
   so kommen Sie auch ohne Worte aus.*

>> *Ärzte, Apotheker und Juristen sprechen mit Sicherheit englisch oder
   deutsch (Infos im Touristenbüro).*

>> *Polizisten haben im allgemeinen keine Fremdsprachenkenntnisse! Beste-
   hen Sie deshalb bei Problemen auf einem Dolmetscher (interprete).*

>> *Sie sprechen perfekt italienisch? Klasse! Aber wundern Sie sich nicht,
   wenn Sie manches Gespräch unter Einheimischen nicht verstehen! Sardisch ist mehr ein Fall für den Lateinlehrer und wird von Festlands-
   Italienern genau so wenig verstanden.*

ZAUBEREI – OUTDOOR-NAVIGATION MIT GPS

Das GPS (Global Positioning System) ist ein vom US-Verteidigungsministeri-
um entwickeltes Satellitensystem zur weltweiten Standortbestimmung. Bereits
ab 100 € bekommt man ein handy-kleines Gerät (www.garmin.de), mit dem
man auch bei Nacht und Nebel jederzeit feststellen kann, wo man sich befindet
– und wie man zu einem Platz findet, von dem man die Koordinaten hat.
In diesem Reiseführer sind für alle Übernachtungsplätze die Koordinaten
(Kartendatum: WGS 84 = World Geodetic Survey 1984) angegeben. Besitzer
von GPS-Geräten (bei denen man Koordinaten eingeben kann, z.B. der Fa.
Garmin oder TomTom) geben sinnvollerweise die Koordinaten vor dem Urlaub
per Hand in das Gerät ein.
Wer es noch bequemer haben möchte, erwirbt beim WOMO-Verlag die
entsprechende "GPS-CD zum Buch" – und die GPS-Daten werden automatisch vom Computer auf das GPS-Gerät überspielt.

Zum Schluss:

IN EIGENER SACHE – ODER DER SACHE ALLER!?

Urlaub mit dem Wohnmobil ist etwas ganz besonderes. Man kann die Freiheit genießen, ist ungebunden, dennoch immer zu Hause, lebt mitten in der Natur – **wo man für sein Verhalten völlig selbst verantwortlich ist!**

Seit nunmehr 26 Jahren geben wir Ihnen mit unseren Reiseführern eine Anleitung für diese Art Urlaub mit auf den Weg. Außer den umfangreich recherchierten Touren haben wir viele Tipps allgemeiner Art zusammengestellt, unter ihnen auch solche, die einem WOMO-Urlauber eigentlich selbstverständlich sein sollten, denn weil wir als Wohnmobiler die Natur in ihrer ganzen Schönheit und Vielfalt hautnah erleben dürfen, haben wir auch besondere Pflichten ihr gegenüber, die wir nicht auf andere abwälzen können.

Jährlich erhalten wir viele Zuschriften, Grüße von Lesern, die mit unseren Reiseführern einen schönen Urlaub verbracht haben und sich herzlich bei uns bedanken. Wir erhalten Hinweise über Veränderungen an den beschriebenen Touren, die von uns bei der Aktualisierung der Reiseführer Berücksichtigung finden.
Aber: Wir erhalten auch Zuschriften über das Verhalten von Wohnmobilurlaubern, die sich **egoistisch, rücksichts- und verantwortungslos** der Natur und ihren Mitmenschen – nachfolgenden Urlaubern und Einheimischen – gegenüber verhalten.
In diesen Briefen geht es um die Themen Müllbeseitigung, Abwasser- und Toilettenentsorgung. Es soll immer noch Wohnmobilurlauber geben, die ihre Campingtoilette nicht benutzen, dafür lieber den nächsten Busch mit Häufchen und Toilettenpapier "schmücken", die den Abwassertank nicht als Tank benutzen, sondern das Abwasser unter das WOMO trielen lassen, die ihren Müll neben dem Wohnmobil liegenlassen und davondüsen, alles frei nach dem Motto: **"Nach mir die Sintflut!"**

Liebe Leser!

Wir möchten Sie im Namen der gesamten WOMO-Familie bitten: Helfen Sie aktiv mit, diese Schweinereien zu unterbinden! Jeder Wohnmobilurlauber trägt eine große Verantwortung, und sein Verhalten muss dieser Verantwortung gerecht werden.

 Sprechen Sie Umweltferkel an, weisen Sie sie auf ihr Fehlverhalten hin und machen Sie mit dem WOMO®fan-Aufkleber deutlich: **Ich verhalte mich umweltgerecht!**
Der nächste freut sich, wenn er den Stellplatz sauber vorfindet, denn auch er hat sich seinen Urlaub verdient!
Vor allem aber: Wir erhöhen damit die Chance, dass uns unsere über alles geliebte Wohnmobil-Freiheit noch lange erhalten bleibt.

Helfen Sie mit, den Ruf der Sippe zu retten! Verhindern Sie, dass einzelne ihn noch weiter in den Schmutz ziehen!
Wir danken Ihnen im Namen aller WOMO-Freunde –
Ihr WOMO-Verlag

Stichwortverzeichnis

Der 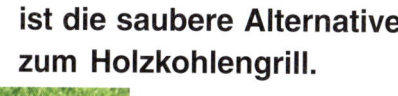-Pfannenknecht

**ist die saubere Alternative
zum Holzkohlengrill.**

* Kein tropfendes Fett,
* Holz statt Holzkohle,
* vielfältige Benutzung –
* vom Kartoffelpuffer bis zur
  Gemüsepfanne.

Massive Kunstschmiedearbeit, campinggerecht zerlegbar,
Qualitäts-Eisenpfanne von Rösle,
bequeme Handhabung im Freien, einfachste Reinigung.

Nur 49,90 € – und nur bei WOMO!

Der -Aufkleber

* passt mit 45 cm Breite
  auch auf Ihr Wohnmobil.

* ist das weit sichtbare Symbol für alle WOMO-Freunde.

Nur 2,90 € – und nur bei WOMO!

Der -Knackerschreck

* ist die universelle und **sofort
  sichtbare Einbruchssperre**.
* Wird einfach in die beiden Türarm-
  lehnen eingehängt, zusammenge-
  schoben und abgeschlossen.
  (tagsüber unter Einbeziehung des
  Lenkrades, nachts direkt, somit ist Not-
  start möglich).
* Passend für Ducato, Peugeot, MB
  Sprinter sowie VW (LT & T4).
* Krallen aus 10 mm starkem Edel-
  stahl, d. h. nahezu unverwüstlich.

Ab 44,90 € – und nur bei WOMO!

Info-Blatt für das WOMO-Buch: Sardinien '12
(ausgefüllt erhalte ich 10% Info-Honorar auf Buchbestellungen direkt beim Verlag)

Lokalität: Seite: Datum:
(Stellplatz, Campingplatz, Wandertour, Gaststätte, usw.)

○ unverändert   ○ gesperrt/geschlossen   ○ folgende Änderungen:

Lokalität: Seite: Datum:
(Stellplatz, Campingplatz, Wandertour, Gaststätte, usw.)

○ unverändert   ○ gesperrt/geschlossen   ○ folgende Änderungen:

Lokalität: Seite: Datum:
(Stellplatz, Campingplatz, Wandertour, Gaststätte, usw.)

○ unverändert   ○ gesperrt/geschlossen   ○ folgende Änderungen:

Lokalität: Seite: Datum:
(Stellplatz, Campingplatz, Wandertour, Gaststätte, usw.)

○ unverändert   ○ gesperrt/geschlossen   ○ folgende Änderungen:

Lokalität: Seite: Datum:
(Stellplatz, Campingplatz, Wandertour, Gaststätte, usw.)

○ unverändert   ○ gesperrt/geschlossen   ○ folgende Änderungen:

Lokalität: Seite: Datum:
(Stellplatz, Campingplatz, Wandertour, Gaststätte, usw.)

○ unverändert   ○ gesperrt/geschlossen   ○ folgende Änderungen:

Meine Adresse und Tel.-Nummer:
(nur komplett ausgefüllte, zeitnah eingesandte Infoblätter können berücksichtigt werden)

Wir bestellen zur sofortigen Lieferung: (Alle Preise in € [D], Preisänderungen vorbehalten)

☐ Wohnmobil Handbuch	19,90 €	☐ Heitere WOMO-Geschichten ... 6,90 €
☐ Wohnmobil Kochbuch	12,90 €	☐ Gordische Lüge – WOMO-Krimi ... 9,90 €
☐ Multimedia im Wohnmobil	9,90 €	☐ WOMO-Aufkleber "WOMO-fan" .. 2,90 €

☐ WOMO-Pfannenknecht	49,90 €
☐ WOMO-Knackerschreck ab	44,90 €
Fahrzeugmarke/Bj.:	

WOMO-Reiseführer: Mit dem WOMO ins/durch/nach....

☐ Allgäu	17,90 €	☐ Marokko	17,90 €
☐ Auvergne	17,90 €	☐ Neuseeland	19,90 €
☐ Baltikum (Est-/Lettland/Litauen)	18,90 €	☐ Niederlande	18,90 €
☐ Bayern (Nordost)	19,90 €	☐ Normandie	17,90 €
☐ Belgien & Luxemburg	17,90 €	☐ Norwegen (Nord)	19,90 €
☐ Bretagne	18,90 €	☐ Norwegen (Süd)	19,90 €
☐ Burgund	17,90 €	☐ Österreich (Ost)	19,90 €
☐ Dänemark	17,90 €	☐ Österreich (West)	17,90 €
☐ Elsass	18,90 €	☐ Ostfriesland	17,90 €
☐ Finnland	18,90 €	☐ Peloponnes	19,90 €
☐ Franz. Atlantikküste (Nord)	17,90 €	☐ Pfalz	17,90 €
☐ Franz. Atlantikküste (Süd)	17,90 €	☐ Piemont/Ligurien	17,90 €
☐ Griechenland	19,90 €	☐ Polen (Nord/Masuren)	17,90 €
☐ Hunsrück/Mosel/Eifel	19,90 €	☐ Polen (Süd/Schlesien)	17,90 €
☐ Irland	18,90 €	☐ Portugal	17,90 €
☐ Island	17,90 €	☐ Provence & Côte d'Azur (Ost)	18,90 €
☐ Korsika	17,90 €	☐ Provence & Côte d'Azur (West)	17,90 €
☐ Kreta	14,90 €	☐ Pyrenäen	17,90 €
☐ Kroatien (Dalmatien)	19,90 €	☐ Sardinien	18,90 €
☐ Languedoc/Roussillon	19,90 €	☐ Schleswig-Holstein	19,90 €
☐ Loire-Tal/Paris	17,90 €	☐ Schottland	17,90 €

☐ Schwabenländle	18,90 €	☐ Süditalien (Osthälfte)	17,90 €
☐ Schwarzwald	19,90 €	☐ Süditalien (Westhälfte)	17,90 €
☐ Schweden (Nord)	18,90 €	☐ Süd-Tirol	18,90 €
☐ Schweden (Süd)	17,90 €	☐ Thüringen	19,90 €
☐ Sizilien	17,90 €	☐ Toskana & Elba	19,90 €
☐ Slowenien	17,90 €	☐ Trentino/Gardasee	17,90 €
☐ Spanien (Nord/Atlantik)	17,90 €	☐ Tschechien	18,90 €
☐ Spanien (Ost/Katalonien)	17,90 €	☐ Tunesien	17,90 €
☐ Spanien (Süd/Andalusien)	17,90 €	☐ Türkei (West)	18,90 €
		☐ Umbrien & Marken mit Adria	17,90 €
		☐ Ungarn	17,90 €

.... und jährlich werden's mehr!

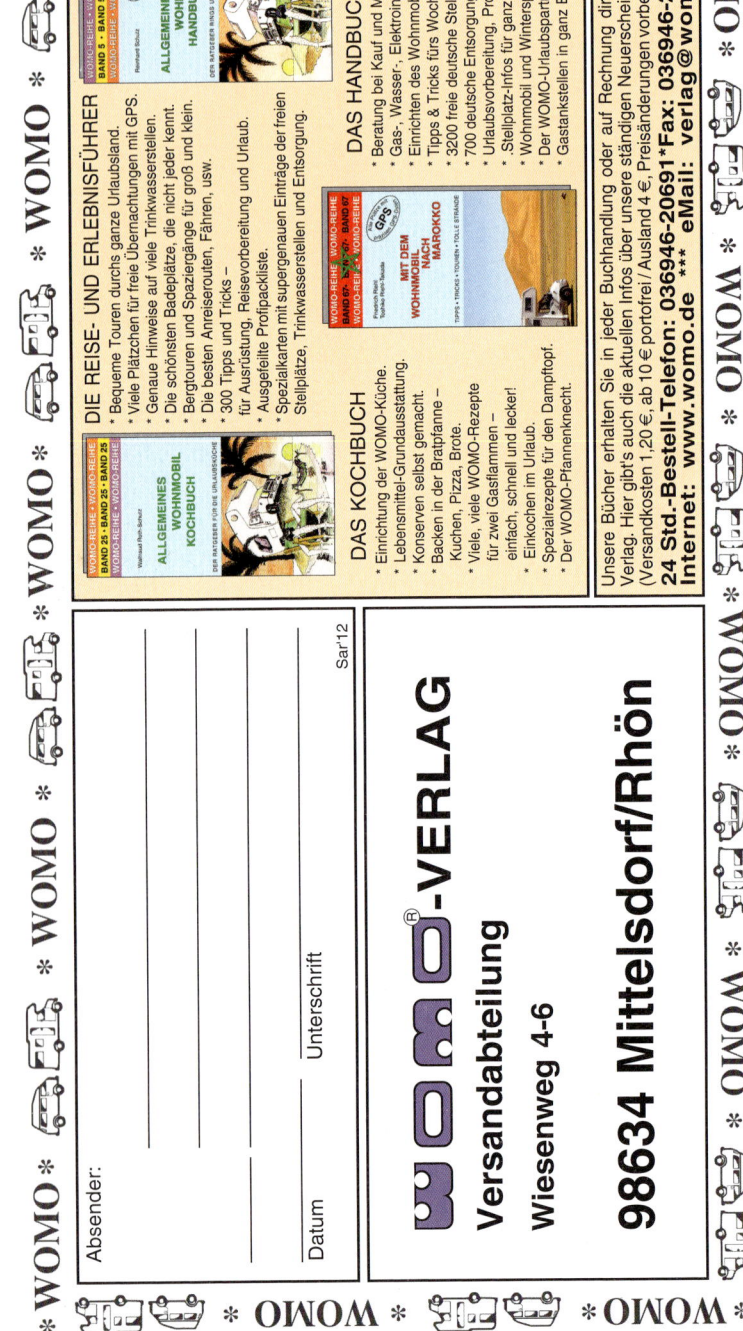